《经济学基础》学习指导及习题集

张旭祥　邬晓鸥　主　编
何俊辉　李中亚　副主编

中国农业出版社

编 写 说 明

本书是中国农业出版社2015年出版的《经济学基础》的配套学习辅导书。本指导书对教材内容进行了系统的归纳和梳理，使学生能在较短时间内掌握《经济学基础》的内容要点。本书除了对教材的课后练习题进行详细解答外，还补充了大量习题，使学生能够巩固所学知识。

【学习目的】提示了各章的内容重点以及与前后各章的关系，向学生说明学习该部分内容的意义。

【学习要求】列出了本章需要了解和掌握的主要知识点，便于学生对应复习。

【主要概念】将本章所涉及的重要概念集中到一起，可以与后面的【基本概念释义】配合使用，方便学生对基本概念的复习和掌握。

【内容要点】对本章的主要知识点进行梳理，分析各个知识点的内容和逻辑关系。该部分是本章教材内容的浓缩，既体现了简洁性，又保证了内容的完整性和连贯性，相当于本章的简化版，可以帮助学生理清本章的结构，让学生能够用较短时间掌握本章的基本内容。

【课后练习题参考答案】主要针对教材课后练习题中的计算题和选择题，特别是对计算题进行了比较详尽的解答。

【本章习题】精选了大量练习题，不仅可以满足本教材同步学习所用，也可供学生考研复习。单项选择题、多项选择题与判断题考查学生对基本概念和基本原理的掌握情况，计算题考查学生运用数理方法分析经济问题的能力，分析论述题则培养学生运用经济学理论解释和分析经济现象和理论问题的能力。

本书在编写过程中参考了大量同类的学习辅导书和资料，在此对这些作者表示诚挚的感谢。

由于作者水平有限，本书难免有错漏之处，敬请广大读者批评指正。

目　　录

编写说明

第一章　导论 …… 1
第二章　供求理论 …… 10
第三章　弹性理论 …… 21
第四章　消费者行为理论 …… 36
第五章　生产者行为理论 …… 52
第六章　成本与收益 …… 71
第七章　市场理论 …… 88
第八章　不确定性与博弈论 …… 111
第九章　分配理论 …… 124
第十章　微观经济政策 …… 136
第十一章　国民收入核算理论 …… 149
第十二章　国民收入决定理论 …… 158
第十三章　宏观经济问题 …… 170
第十四章　宏观经济政策 …… 181

参考答案 …… 193

参考文献 …… 232

第一章　导　　论

【学习目的】

本章是经济学的总论部分，介绍经济学及其相关的基本概念，让学生对经济学有一个初步和整体的了解。

【学习要求】

掌握经济学及稀缺性、机会成本与效率的基本概念，能够运用机会成本分析社会经济活动，能够用生产可能性曲线来说明效率；了解经济学的研究对象，熟悉主要的经济体制及各自的优缺点；掌握微观经济学与宏观经济学的含义及其相互关系，掌握实证经济学与规范经济学的区别与联系，了解经济学的基本研究方法。

【主要概念】

经济学、自由物品、经济物品、稀缺性、机会成本、效率、生产可能性曲线、微观经济学、宏观经济学、实证经济学、规范经济学、流量、存量、静态分析、动态分析、比较静态分析、经济模型。

【内容要点】

本章第一节从稀缺性的概念出发，介绍经济学研究的目的和解决的主要问题，并进一步阐述了经济学的基本概念。相对于人类无限多样的需要而言，再多的“经济物品”也是不足的，即“经济物品”具有稀缺性。面对稀缺性人们需要作出选择，经济学是研究选择的科学，它所要解决的问题是：生产什么、如何生产、为谁生产、一国的资源是否得到了充分利用。

在衡量一项选择是否最优时，涉及到机会成本的概念，即把资源用于某一用途时，所放弃的其它可供选择的最好用途。在研究如何充分利用资源的问题时，涉及到效率的概念，效率和机会成本的概念都可以用生产可能性曲线来说明。在生产可能性曲线上的点，代表有效率的生产，说明经济资源得到充分利用。生产可能性曲线还可以来分析机会成本。

生产什么、如何生产、为谁生产都是资源配置的问题，不同经济体制配置资源的方式不同。计划经济用指令性计划来解决资源配置和利用问题，效率较低，优点是公平；市场经济由价格机制来解决资源配置和利用问题，优点是有效率，缺点是不能很好地解决资源利用问题和缺少公平；混合经济依靠市场制度来解决资源配置问题，依靠国家干预来解决资源利用问题。这种体制被认为是最好的制度，效率和公平可以得到较好的协调。

第二节从经济学分类的角度，阐述了微观经济学与宏观经济学、实证经济学与规范经济学的含义及其相互关系。微观经济学以个体行为，即某个厂商或某个家庭的经济行为作为研究对象，研究的基本问题是资源配置问题，强调价格机制的作用，又称价格理论；宏观经济学以整个国民经济活动作为研究对象，研究的基本问题是资源利用问题，研究的重点是国民收入的决定，又称收入理论。实证经济学描述、解释、预测经济行为，不涉及价值判断问题，规范经济学则是对经济运行进行评价。

第三节介绍了经济学研究的基本方法，包括个量分析与总量分析、局部均衡分析与一般均衡分析、静态分析、比较静态分析和动态分析方法以及经济模型。个量分析是指以单个经济主体作为研究对象，总量分析是指把多个经济主体作为一个整体当作研究对象，微观经济学采用个量分析方法，宏观经济学采用总量分析方法。个量分析和总量分析，作为一种数量分析的具体形式，都广泛地采用边际分析方法。所谓边际分析，就是分析自变量每增加一单位或增加最后一单位的量值会如何影响和决定因变量的量值。

边际分析与均衡分析都是重要的经济分析方法，均衡是指这样一种状态：各个决策主体的决策正好相互协调，在外界条件不变的情况下，每个决策主体都不愿意调整自己的决策，不愿意改变自己的经济行为。均衡分析可以分为局部均衡分析与一般均衡分析。局部均衡分析把研究范围只局限于某一市场或某一经济单位的某种商品或某种经济活动，并假定这一商品市场或经济单位与其它市场或经济单位互不影响。一般均衡分析把整个经济体系视为一个整体，从市场上所有商品的价格、供给和需求是互相影响的、互相依存的前提出发，考察各种商品的价格、供给和需求同时达到均衡状态时的价格决定。

按照是否考虑时间因素，均衡分析可以分为静态分析、比较静态分析和动态分析。静态分析就是分析经济现象的均衡状态以及有关的经济变量达到均衡状态所需要具备的条件，并不讨论达到均衡状态的过程，是一种静止地孤立地考察某些经济事物的方法。比较静态分析就是分析在已知条件发生变化以后经济现象均衡状态的相应变化，以及有关的经济总量在达到新的均衡状态时的相应变化，即对经济现象有关经济变量一次变动的前后进行比较。动态分析则考察时间因素的影响，对经济变动的实际过程进行分析。

【基本概念释义】

自由物品：指人类无须经过劳动或支付某种代价就能自由取用的物品。

经济物品：必须借助生产资源通过人类加工出来的物品。

稀缺性：相对于人类需要的无限性，再多的“经济物品”也是不足的，它是一种相对稀缺性。

经济学：是研究人类社会如何进行选择，来使用稀缺的资源以生产各种商品，并把商品分配给社会的各个成员或集团以供消费之用。

机会成本：是指把资源用于某一用途时，所放弃的其它可供选择的最好用途。

效率（也称帕累托效率或帕累托最优）：在不使其他人境况变坏的前提下，一项经济活动如果不能再增进任何人的经济福利，则该经济活动是有效率的。

生产可能性曲线：是指社会在既定的经济资源和生产技术条件下所能生产的两种产品最大产量的组合。

微观经济学：以单一经济单位为考察对象，研究单一经济单位的经济行为，以及相应的经济变量的单项数值如何决定。

宏观经济学：以整个国民经济活动作为考察对象，研究社会总体经济问题以及相应的经济变量的总量是如何决定及其相互关系。

实证经济学：是指描述、解释、预测经济行为的经济理论部分。

规范经济学：以一定的价值判断作为出发点，提出行为的标准，并研究如何才能符合这些标准。

局部均衡：在其它条件不变的情况下来分析某一时间、某一市场的某种商品的供给与需求达到均衡时的价格决定。

一般均衡：把整个经济体系视为一个整体，从市场上所有商品的价格、供给和需求是互相影响的、互相依存的前提出发，考察各种商品的价格、供给和需求同时达到均衡状态下的价格决定。

【本章习题】

一、单项选择题

1. 经济物品是指（　）。

A. 有用的物品　　B. 稀缺的物品

C. 要用钱购买的物品　　D. 有用且稀缺的物品

2. 下列物品中不具有稀缺性特点的是（　）。

A. 空气　　B. 瓶装矿泉水　　C. 食物　　D. 安全保卫

3. 人们在经济资源的配置和利用中要进行选择的根本原因在于（　）。

A. 产品效用的不同　　B. 人们的主观偏好不同

C. 经济资源的稀缺性　　D. 经济资源用途的不同

4. 经济学可定义为（　）。

A. 研究政府如何对市场机制进行干预的科学

B. 消费者如何获取收入并进行消费的学说

C. 研究如何最合理地配置稀缺资源于诸多经济性用途的科学

D. 企业取得利润的活动

5. 根据经济学的定义，经济学研究（　）。

A. 人与物的关系　　B. 人与人的关系

C. 物与物的关系　　D. 以上关系都研究

6. 机会成本的经济含义是（　）。

A. 使用一种资源的机会成本是放弃这种资源另一种用途的收入

B. 使用一种资源的机会成本是放弃这种资源在其他用途中所能得到的最高收入

C. 使用一种资源的机会成本是放弃这种资源用于次优用途的收入

D. 使用一种资源的机会成本是放弃这种资源继续使用而必须支付的费用

7. 假定学生选择上学一年的学费为 4 000 元，选择外出打工一年可获得 6 000元，则该学生选择上学的机会成本是（　）。

A. 4 000 元　　B. 6 000 元

C. 10 000 元　　D. 无法确定

8. 生产可能性曲线内的某点表示（　）。

A. 资源没有得到充分利用

B. 在既定的经济资源和生产技术条件下所能生产的两种产品最大产量的组合

C. 有效率的生产

D. 经济资源减少

9. 生产可能性曲线说明的基本原理是（　）。

A. 一国资源总能被充分利用

B. 假定所有经济资源能得到充分利用，则只有减少 Y 物品生产才能增加 X 物品的生产

C. 改进技术引起生产可能性曲线向内移动

D. 经济能力增长唯一决定于劳动力数量

10. 微观经济学是经济学的一个分支，主要研究（ ）。
A. 市场经济 B. 个体行为
C. 总体经济活动 D. 经济增长

11. 实证经济学（ ）。
A. 关注应该是什么 B. 主要研究是什么，为什么
C. 提出政策建议 D. 对事物进行价值判断

12. 下列经济变量中属于存量的是（ ）。
A. 国民生产总值 B. 企业年生产能力
C. 居民收入 D. 固定资产价值

13. 下列研究中属于规范经济学研究的是（ ）。
A. 液晶电视热销的原因
B. 政府应该如何改变收入分配不公的问题
C. 政府应该如何降低通货膨胀率
D. 中国经济增长减速的影响

14. 下列属于宏观经济学研究范畴的是（ ）。
A. 电视机的最优产量 B. 储蓄率对经济增长的影响
C. 企业应该如何获得最大利润 D. 政府应该怎样限制房地产价格

15. 微观经济学要解决的主要问题是（ ）。
A. 既定资源的配置 B. 资源总量的决定
C. 资源的充分利用 D. 国民收入的决定

16. 看不见的手一般指（ ）。
A. 机会成本 B. 政府
C. 利润 D. 价格

17. 宏观经济学家在研究消费问题时，所关心的是（ ）。
A. 消费者具体购买的是什么
B. 消费者的各种支出进行加总而得到一个总量
C. 消费者的具体需求能否得到满足
D. 消费者群体的大小

18. 在市场经济国家，生产什么和生产多少的问题主要由谁来回答？（ ）。
A. 消费者和政府 B. 生产者
C. 消费者和生产者 D. 生产者和政府

19. 在市场经济国家，“一种东西如何被生产出来”这个基本经济学问题主要由谁来回答？（ ）。
A. 购买者 B. 销售者 C. 政府 D. 生产者

20. 下列哪一项对市场经济国家政府角色的描述是错的？（　）。

A. 回答了如何生产的经济学基本问题

B. 救济许多生产条件差的人

C. 提供市场不能提供的商品和劳务

D. 确定了规范厂商和个人行为的法律框架

21. 下列哪种说法能解释为什么经济学家在实证经济学事件上意见不一？（　）

A. 一些经济学家侧重于宏观经济学，另一些侧重于微观经济学

B. 他们有不同的背景和不同的利益

C. 他们对经济的适用模型意见不一

D. 他们对公平与效率的相对重要性有不同见解

22. 以市场机制为主要资源配置方式的经济中，（　）起到了关键的作用。

A. 需求　　B. 供给　　C. 价格　　D. 均衡价格

23. 微观经济学和宏观经济学区别在于（　）。

A. 微观经济学研究个体经济行为，宏观经济学研究总体经济现象

B. 微观经济学研究厂商行为，宏观经济学研究政府行为

C. 微观经济学研究产品市场，宏观经济学研究物价

D. 微观经济学研究范围狭小，宏观经济学研究涉猎广泛

24. 下列说法（　）可以用机会成本的概念给予说明。

A. 鱼与熊掌不可兼得　　B. 物以稀为贵

C. 买卖不成仁义在　　D. 薄利多销

25. 在其它条件不变的情况下，某商品的价格从 5 元上涨至 5.5 元，供给量会增加多少？对该问题的分析属于（　）。

A. 静态分析　　B. 比较静态分析

C. 动态分析　　D. 以上三种分析都有

26. 中国经济的稳定增长充分显示了市场经济的活力。这一表述属于（　）。

A. 实证分析

B. 规范分析

C. 实证分析与规范分析的结合

D. 既不是实证分析又不是规范分析

27. 宏观经济学的中心理论是：（　）。

A. 经济周期与经济增长理论　　B. 失业与通货膨胀理论

C. 国民收入决定理论　　D. 价格理论

28. 经济学家讨论“人们的收入差距大一点好还时小一点好”这一问题属于（　）。

A. 实证经济学　　B. 规范经济学

C. 宏观经济学　　D. 微观经济学

29. 生产可能性曲线不能回答下列哪个问题?（　）。

A. 生产多少　　B. 生产什么

C. 为谁生产　　D. 在哪里可以有效率的生产

30.（　）不是宏观经济学的内容。

A. 收入决定　　B. 物价水平

C. 经济增长　　D. 厂商均衡

二、多项选择题

1. 下列命题中属于实证分析命题的是（　）。

A. 中国 GDP 增长率达到 10.5%

B. 中国经济增长的主要动力来自于投资

C. 现行税制对中等收入家庭是不公平的

D. 中国经济增长可能减速

2. 以下哪些问题属于微观经济学所考察的问题?（　）。

A. 某厂商的最优产量

B. 通货膨胀率的变动

C. 税率变动对销售的影响

D. 某商品市场需求的变动

3. 引起生产可能性曲线向右移动的因素包括（　）。

A. 通货膨胀

B. 消费品生产增加，资本品生产减少

C. 技术进步

D. 经济资源增加

4. 下列物品中属于经济物品的是（　）。

A. 自然风　　B. 自来水

C. 技术人员　　D. 空气

5. 下列属于规范经济学表述的是（　）。

A. 通货膨胀对经济发展有利

B. 通货膨胀对经济发展不利

C. 只有减少货币供应量才能抑制通货膨胀

D. 治理通货膨胀比保持经济增长更重要

6. 资源配置是解决哪些问题？（　）

A. 生产什么　　B. 如何生产

C. 为谁生产　　D. 充分就业

7. 微观经济学（　）。

A. 以个体为研究对象

B. 以经济总体中的行业为研究对象

C. 解决资源配置问题

D. 讨论商品价格决定

8. 微观经济学的基本假设条件包括（　）。

A. 人都是合乎理性的　　B. 具有完全信息

C. 市场出清　　D. 价格不变

9. 下列关于生产可能性曲线的说法正确的是（　）。

A. 在既定的经济资源和生产技术条件下所能生产的产品最大产量的组合

B. 生产可能性曲线上的点都是有效率生产的点

C. 随着 X 物品产量的增加，生产 X 物品的机会成本递增

D. 生产可能性曲线凸向原点

10. 实证经济学与规范经济学的区别是（　）。

A. 规范经济学涉及价值判断

B. 研究范围不同

C. 研究对象不同

D. 实证经济学研究经济运行规律，规范经济学则是对经济运行进行评价

三、判断题

1.（　）微观经济学的中心理论是价格理论。

2.（　）经济学按研究内容的不同可分为实证经济学和规范经济学。

3.（　）一国生产可能性曲线以内的一点表示该国可能利用的资源减少以及技术水平降低。

4.（　）经济学是研究人类选择行为的科学。

5.（　）如果社会不存在资源的稀缺性，也就不会产生经济学。

6.（　）均衡分析是静态分析。

7.（　）产品组合沿着生产可能性曲线移动，反映资源利用程度的变化。

8.（　）资源的稀缺性是由于人类欲望的无限性。

9.（　）机会成本存在的前提是资源具有多种用途。

10.（　）“平等比效率更重要”是规范表述。

四、分析论述题

现在的商业竞争愈演愈烈，各大商场、超市经常推出一些限时限量低价促销活动。但你或许已经发现：不辞辛苦排长队抢购的大多是一些老年人和家庭主妇。你应如何解释这种现象。

第二章 供求理论

【学习目的】

需求理论和供给理论是微观经济学最基础的核心理论。市场经济通过价格配置资源，而价格由供给和需求共同决定。通过本章学习，可以培养学生分析经济问题的基本思维方法：供求思维。

【学习要求】

熟悉影响需求与供给的主要因素，能够结合现实生活的实例或所给材料，分析相关因素对需求与供给以及均衡价格与数量的影响；掌握需求定理与供给定理的基本内容，能够用替代效应与收入效应解释需求定理；了解需求与需求量、供给与供给量的区别，了解需求定理与供给定理的例外，掌握需求曲线与供给曲线的绘制，熟悉需求与供给的变动对均衡价格与数量的影响。

【主要概念】

需求、需求量、供给、供给量、互补品、替代品、需求定理、替代效应、收入效应、吉芬商品、供给定理、均衡价格、均衡数量。

【内容要点】

本章包括需求理论、供给理论、均衡价格理论三部分，需求理论是重点，供给理论部分与需求理论部分结构基本一致，供给分析也与需求分析相似。

需求理论首先要理解需求的概念，需求是需要与支付能力的统一。影响需求的因素包括相关商品的价格、收入、消费者偏好、人口数量与结构以及消费者对未来的预期等多方面因素，其中，对于相关商品价格的影响需要了解什么是互补品与替代品？它们的价格如何影响需求？需求函数是用来表示需求与各种影响因素数量关系的函数表达式，其简单表达式只分析需求量与价格的关系，为一线性方程。需求曲线是需求量与价格关系的图形表示，注意因变量在横轴，自变量在纵轴。需求定理反映需求量与价格的反向变动关系，可以用替代效应与收入效应来解释。注意替代效应与收入效应的条件是不一样的，替代效应是在实际收入不变的条件下，替代品间相对价格的变动，引起的商品需求量的变动；收入效应是实际收入水平变动引起的商品需求量的变动。需求定理反映一般商品的规律，但炫耀性商品、吉芬商品和投机性商品是例外。

需求理论部分特别需要注意需求量与需求的区别：需求量是在某一价格下，消费者愿意并且能够购买的商品数量，由于商品自身价格变动所引起的需求数量的变化，被称为需求量的变动，在需求曲线图上需求量的变动表现为点在需求曲线上的移动；需求是在各种可能的价格水平下，消费者愿意并且能够购买的商品数量，需求的变动是指在某商品价格不变的条件下，由于其他因素的变动所引起的该商品的需求数量的变动，在需求曲线图上需求的变动表现为需求曲线的移动。

供给理论与需求理论结构基本一致，首先要理解供给的概念，供给是供给愿望与能力的统一。影响供给的因素包括相关商品的价格、生产要素价格、生产技术水平以及厂商的价格预期等多方面因素，其中，相关商品价格对供给的影响可以与对需求的影响进行比较。供给定理反映了价格与供给量同方向变动的规律，但土地等受条件限制的商品、公共产品和劳动的供给例外。

均衡价格理论部分的重点是需求或供给变动对均衡价格与均衡数量的影响。在供给曲线位置不变的情况下，需求变动引起均衡价格、数量同向变动；在需求曲线位置不变的情况下，供给变动引起均衡价格的反向变动，均衡数量的同向变动；当供求同时增加（或减少）时，均衡数量增加（或减少），但均衡价格的变动取决于供求各自变动的程度；当供求反向变动时，均衡价格与需求变化方向相同，而均衡数量的变动取决于供求各自变动的程度。应该结合前面影响需求与供给的因素，分析某影响因素的变动所引起的均衡价格与均衡数量的变动。

【基本概念释义】

需求：在一定时期内，在各种可能的价格水平下，消费者愿意并且能够购买的该商品的数量。

需求量：在一定时期内，在某一价格水平下，消费者愿意并且能够购买的该商品的数量。

供给：在一定时期内，在各种可能的价格水平下，生产者愿意并且能够生产与出售的某商品的数量。

供给量：在一定时期内，在某一价格水平下，生产者愿意并且能够生产与出售的某商品的数量。

互补品：消费时配合使用的商品。

替代品：能带给消费者近似的满足度的能够相互替代的商品。

需求定理：在其它条件不变的情况下，商品的价格与需求量反向变动，这种现象普遍存在，被称为需求定理。

替代效应：在实际收入不变的条件下，由于商品价格变动所引起的替代品间相对价格的变动，进而引起商品需求量的变动。

收入效应：由商品价格变动所引起的实际收入水平变动，进而引起商品需求量的变动。

供给定理：在其它条件不变的情况下，某商品的供给量与价格呈同向变动的关系，这种现象普遍存在，称为供给定理。

均衡价格：某商品需求量与供给量相等时的价格。

均衡数量：在均衡价格水平下的相等的供求数量。

【课后练习题参考答案】

1.（1）由 $Q_d=Q_s$ 得：均衡价格 $P=20$，均衡数量 $Q_e=Q_d=Q_s=30$。供给曲线和需求曲线图略。

（2）由 $Q_d=Q_s$ 得：均衡价格 $P=30$，均衡数量 $Q_e=Q_d=Q_s=70$。均衡价格上涨，均衡数量增加，这是由于需求增加引起的（需求曲线向右移动）。

（3）由 $Q_d=Q_s$ 得：均衡价格 $P=25$，均衡数量 $Q_e=Q_d=Q_s=25$。

2.（1）由 $Q_d=Q_s$ 得：均衡价格 $P=30$，均衡数量 $Q_e=Q_d=Q_s=10$。

（2）由 $Q_d=Q_s$ 得：均衡价格 $P=70$，均衡数量 $Q_e=Q_d=Q_s=90$。

（3）如果政府维持原价 30，根据新的市场需求函数，需求量为 $Q_e=210$，在 $P=30$ 的条件下，厂商供给量 $Q_s=10$，短缺 200，需要由政府提供，原均衡价格 30，政府购入价 40，每单位商品补贴 10 元，政府需投入 2 000 元。

根据原供给函数，让厂商的供给量 $Q_s=210$，价格应该为 130，每单位商品补贴 100 元，政府需投入 21 000 元。

3.（1）均衡价格下降，均衡数量增加。（生产成本降低，供给增加）

（2）均衡价格上涨，均衡数量增加。（互补品价格下降，需求增加）

4. A. 人口数量增加，需求增加，家用旅行车价格上涨，均衡数量增加。

B. 生产要素的价格上涨，供给减少，家用旅行车价格上涨，均衡数量减少。

C. 生产技术水平提高，生产成本降低，供给增加，家用旅行车价格下降，均衡数量增加。

D. 替代品价格上涨，需求增加，家用旅行车价格上涨，均衡数量增加。

E. 收入水平降低，需求减少，家用旅行车价格下降，均衡数量减少。

【本章习题】

一、单项选择题

1. 如果商品 A 和商品 B 是可以相互替代的，则 A 的价格下降将造成（　）。

A. A 的需求曲线向右移动

B. A 的需求曲线向左移动

C. B 的需求曲线向右移动

D. B 的需求曲线向左移动。

2. 消费者预期某物品价格要上升，则对该物品当前需求会（　）。

A. 减少　　B. 增加

C. 不变　　D. 上述三种情况都可能

3. 在其它条件不变的情况下，某商品价格下降对其互补品最直接的影响是（　）。

A. 互补品的需求曲线向右移动

B. 互补品的需求曲线向左移动

C. 互补品的供给曲线向右移动

D. 互补品的供给曲线向左移动

4. 在其它条件不变的情况下，建筑工人工资提高将使（　）。

A. 新房子供给曲线左移并使房子价格上升

B. 新房子供给曲线右移并使房子价格下降

C. 新房子需求曲线左移并使房子价格下降

D. 新房子需求曲线右移并使房子价格上升

5. 下列哪一个因素可能导致电影票需求曲线移动？（　）。

A. 电影院规模变化　　B. 录像带租价变化

C. 电影摄制成本变化　　D. 电影票价格变化

6. 政府为保护环境，限制小煤矿的生产。这个规定会（　）每个价格水平上的煤炭供给量。这会导致在原均衡价格水平出现超额（　），结果令均衡价格（　）。

A. 减少，供给，下降　　B. 增加，需求，上升

C. 减少，需求，上升　　D. 增加，供给，上升

7. 下列哪一项不是市场需求曲线移动的原因？（　）

A. 消费者收入增加　　B. 消费税改变

C. 人口增加　　D. 技术进步

8. 如果一种商品的供给曲线向上倾斜，而且该商品的一种互补商品价格上升，那么均衡量将（ ），均衡价格将（ ）。

A. 增加，上升　　B. 减少，上升

C. 减少，下降　　D. 增加，下降

9. 如果喜爱某种商品的消费者增加，同时生产该商品的原料价格下降，则（ ）。

A. 该商品均衡价格上升，均衡量增加

B. 该商品均衡价格上升，均衡量减少

C. 该商品均衡价格可能上升也可能下降，均衡量增加

D. 该商品均衡价格上升，均衡量可能增加，也可能下降

10. 小麦丰收，价格下降，下列说法正确的是（ ）。

A. 小麦供给增加，需求增加

B. 小麦供给量增加，需求量增加

C. 小麦供给量增加，需求增加

D. 小麦供给增加，需求量增加

11. 均衡价格随着（ ）。

A. 供给和需求的增加而上升

B. 供给和需求的减少而上升

C. 供给减少和需求增加而上升

D. 供给增加和需求减少而上升

12. 在得出某种商品的个人需求曲线时，下列因素除哪一种外均保持常数?（ ）

A. 个人收入　　B. 其余商品的价格

C. 个人偏好　　D. 所考虑商品的价格

13. 某商品个人需求曲线表明了（ ）。

A. 个人愿望的最大限度

B. 个人愿望的最小限度

C. 既是个人愿望的最大限度又是个人愿望的最小限度

D. 既不是个人愿望的最大限度又不是个人愿望的最小限度

14. 玉米价格下降的影响是（ ）。

A. 玉米的供给量沿着供给曲线增加

B. 玉米的供给曲线左移

C. 玉米的供给量沿着供给曲线减少

D. 玉米的供给曲线右移

15. 如果原油价格下降，其它条件不变，则（　）。

A. 原油供给曲线左移　　B. 原油供给曲线右移

C. 汽油供给曲线左移　　D. 汽油供给曲线右移

16. 在某种物品市场上，出现均衡价格上升，均衡数量增加的原因是（　）。

A. 人们的收入增加　　B. 替代品的价格下降

C. 互补品的价格上升　　D. 生产该物品的技术进步了

17. 下列哪种情况不能引起玉米的需求曲线的移动？（　）。

A. 消费者收入的增加　　B. 玉米价格上升

C. 小麦供给减少　　D. 小麦价格上升

18. 假如生产某种产品所需原料价格上升了，则这种商品（　）。

A. 需求曲线向左移动　　B. 供给曲线向左移动

C. 需求曲线向右移动　　D. 供给曲线向右移动

19. 如果人们对茶叶的偏好增强，则可预期（　）。

A. 茶叶的需求增加

B. 茶叶的供给增加

C. 茶叶的供给与需求均增加

D. 茶叶的供给量和需求量都增加

20. 下列选项中体现了供给定理的是（　）。

A. 消费者不喜欢某商品，使得该商品价格下降

B. 政策鼓励使得某产品供给量增加

C. 照相机价格上升导致其供给量的增加

D. 生产技术的提高导致电脑供给量的增加

21. 假设某耐用消费品的需求函数 $Q_d=400-5P$，均衡价格 50，如果需求函数变为 $Q_d=500-5P$，供给不变，供给曲线向右上方倾斜，均衡价格将（　）。

A. 低于 50　　B. 大于 50　　C. 等于 50　　D. 无法确定

22. 某一时期彩色电视机的需求曲线向左平移的原因可以是（　）。

A. 彩色电视机的价格上升

B. 消费者预期彩色电视机在将来会降价

C. 消费者的收入水平提高

D. 黑白电视机的价格上升

23. 下列情况中，会引起对汉堡包的需求减少的是（　）。

A. 人口减少

B. 汉堡包的价格上涨

C. 消费者收入增加

D. 鸡肉、面粉等制作汉堡包的原料涨价

24. 若市场成交数量增加而市场价格并无变化，则下列哪一条件是必要的？（　）。

A. 供求曲线均为线性

B. 供给量和需求量等幅增加

C. 供给与需求等幅增加

D. 上述条件都不必要

25. 某鱼贩以每千克 2 元的成本从水库运来鲜鱼 500 千克到早市销售。若他面临的需求曲线为 $Q=1\ 000-100P$，为求利润最大，他应销出（　）。

A. 500 千克　　B. 400 千克

C. 450 千克　　D. 三者都不正确

26. 对西红柿需求的变化，可能是由于（　）。

A. 消费者认为西红柿价格太高了

B. 西红柿的收成增加

C. 消费者预期西红柿将降价

D. 种植西红柿的技术有了改进

27. 某种商品沿着供给曲线运动是由于（　）。

A. 商品价格的变化

B. 互补品价格的变化

C. 生产技术条件的变化

D. 生产这种商品的成本的变化

28. 下面哪一项会导致粮食制品的均衡价格上升？（　）

A. 居民收入的下降　　B. 牛奶价格的下降

C. 良好的气候条件　　D. 鸡蛋价格的增加

29. 在需求和供给同时减少的情况下（　）。

A. 均衡价格和均衡交易量都将下降

B. 均衡价格将下降，均衡交易量的变化无法确定

C. 均衡价格的变化无法确定，均衡交易量将减少

D. 均衡价格将上升，均衡交易量将下降

30. 市场上某产品存在超额需求的原因是由于（　）。

A. 该产品供不应求

B. 该产品供大于求

C. 该产品价格高于均衡价格

D. 该产品价格低于均衡价格

31. 以下导致小麦供给曲线向左移动的因素是（ ）。

A. 小麦的价格下降

B. 小麦的种植技术提高

C. 种植小麦的成本上升

D. 小麦的价格上涨

32. 在得到某棉花种植户的供给曲线时，下列因素中可以变动的一个是（ ）。

A. 土壤的肥沃程度　　B. 技术水平

C. 棉花的种植面积　　D. 棉花的价格

33. 需求曲线上任意一点对应的价格是（ ）。

A. 均衡价格　　B. 市场价格　　C. 需求价格　　D. 最低价格

34. 当某商品的供给和需求同时增加后，该商品的均衡价格将（ ）。

A. 上升　　B. 下降　　C. 不变　　D. 无法确定

二、多项选择题

1. 下列哪几项会导致某种商品需求曲线向右移动？（ ）

A. 消费者收入增加

B. 互补品价格上升

C. 替代品价格上升

D. 该商品的价格下降

2. 电视机供给曲线向右移动的原因包括（ ）。

A. 消费者收入增加

B. 电视机价格下降

C. 厂商预期电视机价格下降

D. 电视机零配件价格下降

3. 当供求力量自由作用时，一次谷物歉收的影响是（ ）。

A. 谷物贸易量减少　　B. 谷物价格上升

C. 谷物价格下降　　D. 谷物贸易量增加

4. 市场均衡意味着（ ）。

A. 在某价格水平上供给数量等于需求数量

B. 在均衡价格水平上，每一个买者都可以买到想买的数量，每 个卖者都可以卖出想卖的数量

C. 价格没有变动的趋势

D. 供给曲线与需求曲线交点上的价格

5. 下列哪些说法是正确的？（ ）。

A. 如果供给减少，需求不变，均衡数量减少

B. 如果供给增加，需求不变，均衡数量减少

C. 如果供给减少，需求增加，均衡数量减少

D. 如果供给减少，需求减少，均衡数量减少

6. 以下（ ）项的需求和价格之间的关系是需求定律的例外。

A. 小麦　B. 吉芬商品　C. 股票　D. 高档轿车

7. 一般来说，其他条件不变，当价格上升时（ ）。

A. 需求量减少　B. 需求量增加

C. 需求曲线移动　D. 需求曲线不动

8. 学费上升的原因可能是（ ）。

A. 人们的收入增加了

B. 人口的年龄结构

C. 教学设备涨价

D. 政府增加教育投入

9. 大白菜供给减少，可能是由于（ ）。

A. 气候异常严寒

B. 政策限制大白菜的种植

C. 大白菜的价格下降

D. 化肥价格上涨

10. 一种商品的供给是由许多因素决定的，除价格外，主要因素还有（ ）。

A. 消费者的收入水平

B. 相关商品价格

C. 生产者对未来的预期

D. 生产的技术水平

三、判断题

1. （ ）需求就是家庭在某一特定时期内，在每一价格水平时愿意购买的商品量。

2. （ ）根据调查，年轻人中有80%的人希望自己有一辆车，我国年轻人有3亿人，因此，我国的汽车需求极大。

3. （ ）根据国外的估算，当家庭年收入与汽车价格之比为1.5：1时，

汽车就会进入家庭。现在我国一辆中档小汽车的价格约为 12 万元。我国家庭年收入在 18 万元以上的家庭为 5%，按全国 4 亿家庭计算，共有 2 000 万户。因此，我国私人汽车拥有量应为 2 000 万辆。

4.（　）当咖啡的价格上升时，茶叶的需求量就会增加。

5.（　）当出租汽车更为方便和便宜时，私人所购买的汽车会减少。

6.（　）世界石油价格下降有助于增加汽车的需求。

7.（　）当录像机的价格上升时，录像带的需求量就会减少。

8.（　）当美国妇女流行穿无根鞋时，中国市场对这种鞋的需求也会增加。

9.（　）在任何情况下，商品的价格与需求量都是反方向变动的。

10.（　）在人们收入增加的情况下，某种商品价格上升，需求量必然减少。

11.（　）需求曲线是一条向右上方倾斜的曲线。

12.（　）替代效应使价格上升的商品需求量增加。

13.（　）收入效应使价格上升的商品需求量增加。

14.（　）消费者更重视学外语引起更多人购买随身听和复读机，这称为需求增加。

15.（　）一场台风摧毁了某地区的荔枝树，市场上的荔枝少了，这称为供给量减少。

16.（　）苹果价格下降引起人们购买的橘子减少，在图上表现为需求曲线向左方移动。

17.（　）供给量是存量。

18.（　）并不是所有商品的供给量都随价格的上升而增加。

19.（　）假定其他条件不变，某种商品价格的变化将导致它的供给量变化，但不会引起供给的变化。

20.（　）生产技术提高所引起的某种商品产量的增加称为供给量的增加。

21.（　）保健品价格上升引起企业更多地生产保健品，在图上表现为供给曲线向右方移动。

22.（　）当香蕉的价格为每千克 3 元时，消费者购买 500 千克香蕉，而水果商愿意提供 600 千克香蕉。所以，3 元是香蕉的均衡价格。

23.（　）在供给不变的情况下，需求的减少会引起均衡价格下降和均衡数量减少。

24.（　）在其它条件不变的情况下，当人们收入增加时，休闲类书籍的价格会上升，需求量会增加。

25.（ ）在需求不变的情况下，供给的增加将引起均衡价格上升和均衡数量减少。

四、计算题

1. 假设某市场由A和B两人组成，其个人需求函数和收入分别是：

A：$Q_{d1}=40-2P+0.1Y_1$，$Y_1=100$

B：$Q_{d2}=63-3P+0.2Y_2$，$Y_2=60$

（1）求个人需求函数以及市场需求函数；

（2）求$P=20$时的市场销售量；

（3）当$P=20$时，政府对A征税10并支付给B，求市场销售量。

2. 在某商品市场上，有10 000个消费者，每个消费者的需求函数均为$d=12-2P$；同时，有1 000个相同的厂商，每个厂商的供给函数均为$s=20P$。

（1）求该商品市场的需求函数与供给函数；

（2）求均衡价格与均衡数量；

（3）假设每个消费者的收入增加，个人需求函数向右移动2个单位，求新的需求函数、均衡价格与均衡数量；

（4）假设政府对售出的每单位商品征收2元的销售税，求新的均衡价格与均衡数量；

（5）假设政府对厂商生产的每单位商品给予1元的补贴，求新的均衡价格与均衡数量。

五、论述题

1. 请用收入效应和替代效应解释：如果猪肉价格下降，对猪肉的需求为什么会增加。

2. 春节前，王女士去菜市场采购年货，发现蔬菜价格涨幅较大，她回想起冰冻雨雪灾害时蔬菜也曾大幅度涨价。这两种涨价的原因一样吗？

第三章　弹性理论

【学习目的】

本章是供求理论的延续，在供求理论基础上，本章进一步分析各相关影响因素尤其是价格对供给和需求的影响程度。通过本章学习，学生可以了解经济学的重要概念——弹性，掌握经济分析的重要方法——弹性分析法。

【学习要求】

熟悉需求价格弹性计算包括弧弹性与点弹性的计算，能够运用代数法和几何法进行需求价格弹性的计算和比较，能够进行需求收入弹性、交叉弹性和供给价格弹性的计算。掌握需求价格弹性、需求收入弹性、交叉弹性和供给价格弹性的概念和分类。能够结合实例分析影响需求价格弹性和供给价格弹性的主要因素，能够运用弹性理论分析价格变动对总收益的影响，能够解释恩格尔定理和蛛网理论。

【主要概念】

弹性、需求价格弹性、弧弹性、点弹性、需求收入弹性、恩格尔定理、恩格尔系数、需求交叉弹性、供给价格弹性、收敛型蛛网、发散型蛛网、封闭型蛛网。

【内容要点】

本章包括需求价格弹性、其它弹性和弹性理论的运用三部分，需求价格弹性是重点。只要掌握了需求价格弹性的概念、类型和计算方法，其它弹性包括需求收入弹性、交叉弹性和供给价格弹性的概念、类型和计算就很容易理解。

弹性是经济学的重要概念，反映因变量对自变量变动的反应程度。在需求函数中，需求量是因变量，价格是自变量，所以需求价格弹性（也可以简称需求弹性）是商品需求量的变动对价格变动的反应程度，即需求量的变动幅度与价格变动幅度之比，数学表达式为：$E_d=-\dfrac{\frac{\Delta Q_d}{Q_d}}{\frac{\Delta P}{P}}=-\dfrac{\Delta Q_d}{\Delta P}\cdot\dfrac{P}{Q_d}$。其中 P 和 Q

取价格变动前后的中间值。当价格变动趋于无穷小的时候，所计算的需求价格弹性为点弹性，数学表达式为：$E_d = -\frac{dQ_d}{dP}\frac{P}{Q_d}$，如果需求函数是已知的，则 $\frac{dQ_d}{dP}$ 是需求函数的一阶导数。当需求曲线是直线时，可以用几何法通过横轴公式与纵轴公式计算需求曲线上某点的弹性系数，该方法特别适合于比较点弹性大小。在同一直线上，位置越靠右下方的点，弹性越小。根据需求价格弹性系数的大小，可以将商品分为完全无弹性、完全弹性、单位弹性、缺乏弹性、富有弹性几种类型。需求价格弹性系数的大小与需求曲线的形状有关，尤其需要注意完全无弹性、完全弹性和单位弹性三种商品的需求曲线的形状：完全无弹性的商品的需求曲线是一条垂直的直线；完全弹性商品的需求曲线是一条平行线；单位弹性商品的需求曲线是正双曲线。决定某商品需求弹性大小的因素主要有：商品的需求程度、替代品的多寡、商品的用途范围、商品的耐用程度以及商品支出占总收入的比例等，此外，价格变动后的持续时间也会影响需求的价格弹性。

需求的收入弹性也叫收入弹性，是需求量变动对收入变动的反应程度。其数学表达式为：$E_m = \frac{\Delta Q/Q}{\Delta Y/Y} = \frac{\Delta Q}{\Delta Y} \cdot \frac{Y}{Q}$。根据需求收入弹性系数的大小，可以将商品分为收入无弹性、收入富有弹性、收入缺乏弹性、收入单位弹性、收入负弹性几种类型。其中，收入富有弹性的商品被称为奢侈品，收入缺乏弹性的商品被称为必需品，收入负弹性的商品被称为低档品。收入弹性的大小也与需求曲线的形状有关，尤其需要注意收入单位弹性的需求曲线为通过原点的直线。利用食品的收入缺乏弹性的性质，可以解释“恩格尔定理”，即随着收入的提高，食品支出占总支出的比例越来越小的现象。

需求交叉弹性，是指一种商品需求量的变动对有关商品价格的变动的反应程度。根据交叉弹性系数的大小和取值符号可以判断两种商品之间的关系：如果两种商品为独立品，则其交叉弹性系数趋向于0；如果两种商品为替代品，则其交叉弹性系数大于0；如果两种商品为互补品，则其交叉弹性系数小于0。

供给的价格弹性有时候也被简称为供给弹性，反映供给量的变动对价格变动的反应程度。与需求价格弹性类似，根据弹性系数的大小供给弹性分为五种类型：缺乏弹性、富有弹性、单位弹性、完全无弹性、完全弹性。假定供给函数是线性的，供给曲线上任一点的点弹性可表示为线段 CB 与线段 OB 之比值（教材图3－4），当 $E_S>1$ 时，供给曲线与纵轴相交，当 $E_S<1$ 时，供给曲线与横轴相交。影响供给弹性的因素主要是调整产量的难易程度以及时间的长短

两方面，其中，调整产量的难易程度取决于自然条件、固定资产所占比重、生产要素的供给弹性、生产周期和生产成本变动规律等几方面因素。

弹性理论的运用部分主要分析了需求的价格弹性与总收益的关系以及蛛网理论。当价格下降时，需求富有弹性的商品一般会带来总收益的增加，比较适合用“薄利多销”的策略；需求缺乏弹性的商品一般会导致总收益的减少，典型的例子就是“丰收悖论”，即丰收的年份农民的收入反而减少的现象。

蛛网理论运用动态均衡分析方法，将需求弹性和供给弹性有机结合起来，主要用于分析农产品价格波动的原因。蛛网模型的基本假设条件包括：完全竞争，每个生产者都认为当前的市场价格会继续下去，自己改变生产计划不会影响市场；价格由供给量决定；供给量由上期的市场价格决定；生产的商品不是耐用商品；生产周期较长等。供给弹性与需求弹性的大小，决定了商品的价格和产量波动形成“收敛型蛛网”、“发散型蛛网”或“封闭型蛛网”：供给弹性小于需求弹性形成“收敛型蛛网”，供给弹性大于需求弹性形成“发散型蛛网”，供给弹性等于需求弹性形成“封闭型蛛网”。

【基本概念释义】

弹性：当自变量发生变动时，由它引起的另外一个因变量变动的比率。

需求价格弹性：简称需求弹性，在经济学中一般用来衡量商品需求量的变动对价格变动的反应程度。

弧弹性：需求曲线上两点之间的弧的弹性。

点弹性：需求曲线上某一点的弹性。

需求收入弹性：也叫收入弹性，是需求量变动对收入变动的反应程度。

恩格尔定理：德国统计学家恩格尔发现，随着收入的提高，食品支出占总支出的比例越来越小，这一现象被称为“恩格尔定理”。

恩格尔系数：食品支出占总支出的比例。

需求交叉弹性：一种商品价格的相对变动所引起的有关商品需求量的相对变动。

总收益：厂商销售某商品的总收入，它等于该商品的价格与销售量的乘积。

丰收悖论：丰收的年份农民的收入反而减少的现象。

收敛型蛛网：如果商品的供给弹性小于需求弹性，当市场受到干扰偏离原有的均衡状态以后，实际价格和实际产量会围绕均衡水平上下波动，但波动的幅度越来越小，最后会恢复到原来的均衡点，相应的蛛网称为“收敛型蛛网”。

发散型蛛网：如果商品的供给弹性大于需求弹性，当市场受到外力干扰偏离原有的均衡状态以后，实际价格和实际产量会围绕均衡水平上下波动，但波动的幅度越来越大，相应的蛛网称为“发散型蛛网”。

封闭型蛛网：如果商品的供给弹性等于需求弹性，当市场受到干扰偏离原有的均衡状态以后，实际价格和实际产量会按照同一幅度围绕均衡水平上下波动，既不偏离，也不趋向均衡点，相应的蛛网称为“封闭型蛛网”。

【课后练习题参考答案】

1.（1）由 $E_d=\left|\dfrac{\Delta Q_d}{\Delta P}\cdot\dfrac{P}{Q_d}\right|$ 得 $E_d=\dfrac{10/15}{1/3.5}=2\dfrac{1}{3}$。

（2）由 $E_d=\left|\dfrac{\mathrm{d}Q_d}{\mathrm{d}P}\cdot\dfrac{P}{Q_d}\right|$ 得 $E_d=10\times\dfrac{3}{20}=-1.5$。

（3）图略。利用纵轴公式 $E_d=3/2=1.5$。

2.（1）由 $E_s=\dfrac{\Delta Q_s}{\Delta P}\cdot\dfrac{P}{Q_s}$ 得 $E_s=\dfrac{20}{2}\times\dfrac{6+8}{20+40}=2\dfrac{1}{3}$。

（2）由 $E_s=\dfrac{\mathrm{d}Q_s}{\mathrm{d}P}\cdot\dfrac{P}{Q_s}$ 得 $E_s=10\times\dfrac{8}{40}=2$。

（3）图略。$P=8$ 时，利用教材图 3－4，$CB=80$，$OB=40$，$E_s=CB/OB=2$。

3. 由 $M=80Q^2$，得 $Q=\sqrt{\dfrac{M}{80}}$，$\dfrac{\mathrm{d}Q_d}{\mathrm{d}M}=\dfrac{1}{2}\cdot\dfrac{1}{80}\cdot\left(\dfrac{M}{80}\right)^{\frac{1}{2}}$，由 $E_m=\dfrac{\mathrm{d}Q_d}{\mathrm{d}M}\cdot\dfrac{M}{Q_d}$ 得 $E_m=\dfrac{1}{2}$，无论收入多少，该消费者的收入点弹性都是 $\dfrac{1}{2}$。

4. 假定市场总需求为 Q，60 个消费者购买该市场 $\dfrac{1}{3}$ 的商品，每个消费者购买市场 $\dfrac{1}{180}$ 的商品，如果每个消费者的需求的价格弹性均为 3，市场价格变动 1%，该市场需求量变动为 $3\%\times60\times\dfrac{1}{180}=1\%$，同理，如果市场价格变动 1%，另外 40 个消费者带来的市场需求量变动为 $6\%\times40\times\dfrac{1}{60}=4\%$，市场总需求的变动为 $1\%+4\%=5\%$，合计的需求的价格弹性系数是 5。

5.（1）$5\%\times2.5=12.5\%$，商品价格下降 5%，需求量增加 12.5%。

（2）$5\%\times3.6=18\%$，消费者收入提高 5%，需求量增加 18%。

【本章习题】

一、单项选择题

1. 如果需求的收入弹性大于 0，但小于 1，则（　）。

   A. 在该商品上的花费的增长大于收入的增长

   B. 这种商品叫低档商品

   C. 需求的价格弹性必然小于 1

   D. 在该商品上的花费的增长小于收入的增长

2. 如果价格下降 10%能使买者总支出增加 10%，则这种商品的需求量对价格（　）。

   A. 富有弹性　　B. 具有单位弹性

   C. 缺乏弹性　　D. 其弹性不能确定

3. 若一种商品的消费量随着消费者收入的增加而减少，一般来说，该商品是（　）。

   A. 正常品　　B. 奢侈品　　C. 必需品　　D. 劣质品

4. 已知一条线性需求曲线，a 点为 AB 线段的中点，如图，则（　）。

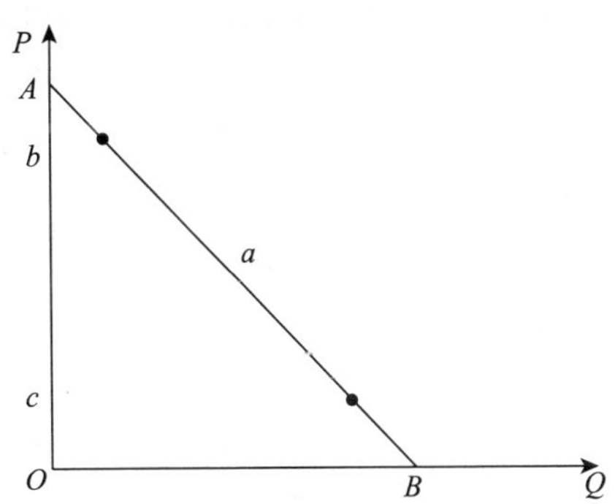

   A. b 点的需求价格弹性等于 c 点的需求价格弹性

   B. b 点的需求价格弹性大于 1

   C. b 点的需求价格弹性小于 1

   D. b 点的需求价格弹性等于 1

5. 粮食市场的需求缺乏弹性，当粮食产量因灾害而减少时（　）。

   A. 粮食生产者的收入减少，因粮食产量下降

   B. 粮食生产者的收入增加，因粮食价格会更大幅度上升

   C. 粮食生产者的收入减少，因粮食需求量会大幅度减少

   D. 粮食生产者的收入不变，因粮食价格上升与需求量减少的比率相同

6. 线性需求曲线 $Q=4-2P$，则 $P=1$ 时，需求价格弹性等于（ ）。

A. 2　　B. 1　　C. 0.5　　D. 0.25

7. 如果一条线性需求曲线与一条曲线型需求曲线在某一点相切，在该切点，两条需求曲的需求价格弹性（ ）。

A. 相同　　B. 不同

C. 视切点的位置而定　　D. 无法确定

8. 若需求曲线是一条直线，则当价格从高到低不断下降时，卖者的总收益（ ）。

A. 不断增加

B. 在开始时趋于增加，达到最大值后趋于减少

C. 在开始时趋于减少，达到最小值后趋于增加

D. 不断减少。

9. 厂商在工资下降的时候一般倾向于增雇工人，假如对工人的需求缺乏弹性，工资率的下降将导致工资总额（ ）。

A. 减少　　B. 不变

C. 增加　　D. 无法确定

10. 如果一种商品的供给完全没有价格弹性，而且该商品的一种互补商品的价格上升，那么均衡量将（ ），均衡价格将（ ）。

A. 增加，保持不变　　B. 保持不变，下降

C. 增加，上升　　D. 保持不变，上升

11. 若某行业中许多生产者生产一种标准化产品，我们可以估计到其中任何一个生产者的需求将是（ ）。

A. 无弹性　　B. 有单位弹性

C. 缺乏弹性　　D. 富有弹性

12. 如果两种商品的需求交叉弹性为-2，则这两种商品是（ ）。

A. 正常商品　　B. 劣等商品

C. 互补品　　D. 替代品

13. 如果一种商品的价格从5元上升至5.5元，供给量因此从200上升至240，这种商品在这个价格幅度的供给（ ）。

A. 具有完全弹性　　B. 富有弹性

C. 具有单位弹性　　D. 缺乏弹性

14. 假定汉堡包与炸薯条之间的需求交叉弹性为负值，那么（ ）。

A. 汉堡包价格上升将引起炸薯条的均衡价格上升

B. 汉堡包价格上升将引起炸薯条的均衡价格下降

C. 汉堡包价格上升对炸薯条的均衡价格没有影响

D. 汉堡包与炸薯条是替代品

15. 某洗衣机的需求曲线为直线，如果提价到 3 000 元则无人购买。现价每台 2 000 元，为了增加销售收入，厂商应该（　）。

A. 提高价格　　B. 降低价格

C. 保持价格不变　　D. 以上都可以

16. 若需求曲线为正双曲线，则该商品价格下降将引起消费者在商品上的支出（　）。

A. 增加　　B. 减少

C. 不变　　D. 无法确定

17. 假定某商品的供给曲线是一条过原点的直线，那么该商品供给的价格弹性（　）。

A. 随价格的变化而变化

B. 恒等于 1

C. 为其斜率值

D. 难以确定

18. 某商品的需求弹性等于 1.5，供给弹性等于 1，该商品的价格和产量波动形成（　）。

A. 收敛型蛛网　　B. 发散型蛛网

C. 封闭型蛛网　　D. 无法确定

19. 如果某商品价格变化引起厂商销售收入反方向变化，则该商品的需求价格弹性是（　）。

A. 富有弹性　　B. 缺乏弹性

C. 完全弹性　　D. 完全无弹性

20. 若某产品的供给弹性无穷大，当该产品的需求增加时，则（　）。

A. 均衡价格和均衡产量同时增加

B. 均衡价格和均衡产量同时减少

C. 均衡产量增加但价格不变

D. 均衡价格上升但产量不变

21. 如果一种商品的需求曲线左移，而且该商品的供给曲线相对缺乏弹性，那么均衡量将（　），均衡价格将（　），但是均衡（　）的变化比率较大。

A. 减少，上升，价格

B. 增加，下降，价格

C. 减少，下降，价格

D. 增加，下降，量

22. 如果某商品的需求富有价格弹性，则该商品的价格下降会使（　）。

A. 该商品销售收益增加

B. 该商品销售收益不变;

C. 该商品销售收益下降

D. 该商品销售收益可能上升也可能下降。

23. 政府为了增加财政收入，决定按销售量向卖者征税，假如政府希望税收负担全部落在买者身上，并尽可能不影响交易量，那么应该具备的条件是（　）。

A. 需求和供给的价格弹性均大于零

B. 需求的价格弹性大于零小于无穷，供给的价格弹性等于零

C. 需求的价格弹性等于零，供给的价格弹性大于零小于无穷

D. 需求的价格弹性为无穷，供给的价格弹性等于零

24. 如果政府对卖者出售的商品每单位征税 5 美分，那么这种做法将引起这种商品的（已知该商品的供给与需求曲线具有正常的正斜率与负斜率）（　）。

A. 价格升 5 美分　　B. 价格上升小于 5 美分

C. 价格上升大于 5 美分　　D. 不可确定

25. 供给函数 $Q = -2 + 5P$ 的弹性系数（　）。

A. 大于 1　　B. 等于 1

C. 小于 1　　D. 无法确定

26. 下列商品中，需求价格弹性最小的是（　）。

A. 小汽车　　B. 时装

C. 粮食　　D. 化妆品

27. 如果一个厂商提高其商品价格后，发现收入增加，这意味着（　）。

A. 商品需求缺乏价格弹性

B. 商品需求富于价格弹性

C. 商品需求具有单位价格弹性

D. 商品需求具有完全弹性

28. 如果人们收入水平提高，食物在总支出中的比重将（　）。

A. 大大增加　　B. 稍有增加

C. 下降　　D. 不变

29. 一种商品当其供给增长时，供给者的总收益反而下降。下列哪项是对

该商品的正确判断（　）。

A. 它的需求完全无弹性

B. 这是一种劣质品

C. 它富有需求的价格弹性

D. 它缺乏需求的价格弹性

30. 假定某种物品价格从 1.5 元上涨为 2.5 元，需求量从 55 单位减少为 45 单位。在这段需求曲线范围内，需求价格弹性系数的值为（　）。

A. 1　　B. 2　　C. 0.5　　D. 0.4

31. 当某商品供给增加时（　）。

A. 如果该商品的需求价格弹性小于 1，生产者的销售收益增加

B. 如果该商品的需求价格弹性小于 1，生产者的销售收益减少

C. 无论该商品的需求价格弹性如何，生产者的销售收益总是增加

D. 无论该商品的需求价格弹性如何，生产者的销售收益总是减少

32. 如果某商品的供给富有弹性，则该商品的需求增加会使（　）。

A. 该商品销售量增加幅度大，价格上涨幅度小

B. 该商品销售量增加幅度小，价格上涨幅度小

C. 该商品销售量增加幅度大，价格上涨幅度大

D. 该商品销售量增加幅度小，价格上涨幅度大

33. 当两种商品中一种商品的价格发生变化时，这两种商品的需求量都同时增加或减少，则这两种商品的需求交叉弹性系数为（　）。

A. 正　　B. 负

C. 0　　D. 1

34. 线性需求曲线与纵轴的交点为 A，与横轴的交点为 B，a 点为 AB 线段的中点，a 点的需求价格弹性（　）。

A. 等于 1　　B. 小于 1，大于 0

C. 大于 1　　D. 等于 0

35. 线性需求曲线与纵轴的交点为 A，与横轴的交点为 B，a 点为 AB 线段的中点，总收益最大的点应该在（　）。

A. a 点　　B. aA 之间

C. aB 之间　　D. 无法确定

36. 直线型需求曲线上任意点的斜率相同，因此其价格弹性也相同，这种说法（　）。

A. 一定正确　　B. 一定不正确

C. 有时是正确的　　D. 无法判断

37. 如图，a 点与 b 点的弹性比较（　）。

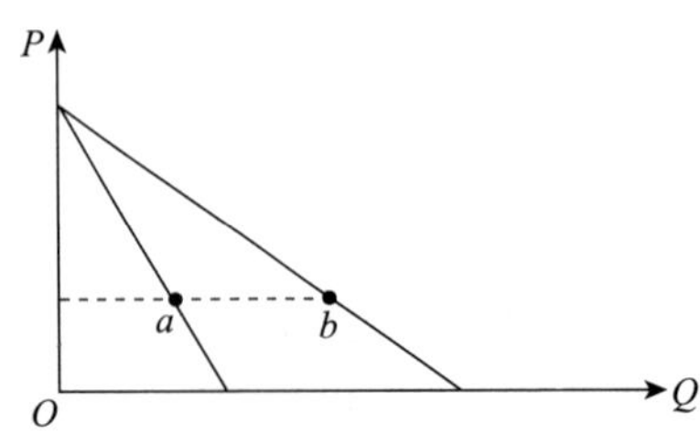

A. a 点弹性更大　　　　B. b 点弹性更大

C. a 点与 b 点的弹性相同　　　　D. 无法比较 a 点与 b 点的弹性

38. 已知某商品的需求缺乏弹性，如果政府对该商品每单位增税，那么这种做法将引起厂商的税前收益（　）。

A. 增加　　　　B. 减少

C. 不变　　　　D. 无法确定

39. 如图，a 点与 b 点的弹性比较（　）。

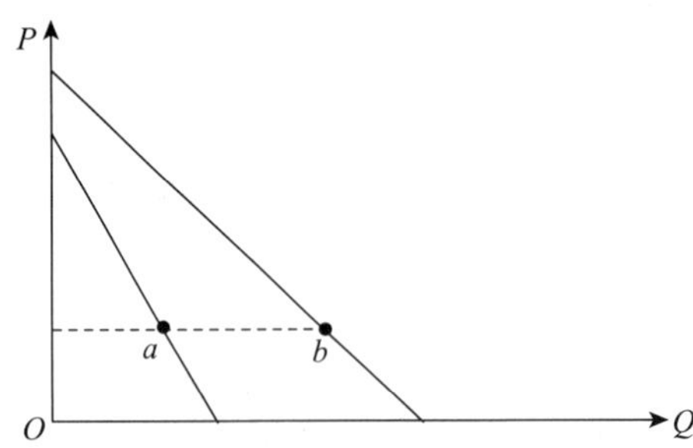

A. a 点弹性更大

B. b 点弹性更大

C. a 点与 b 点的弹性相同

D. 无法比较 a 点与 b 点的弹性

40. 如图，需求曲线 D_a、D_b 交点为 C，哪条需求曲线上的 C 点弹性更大（　）。

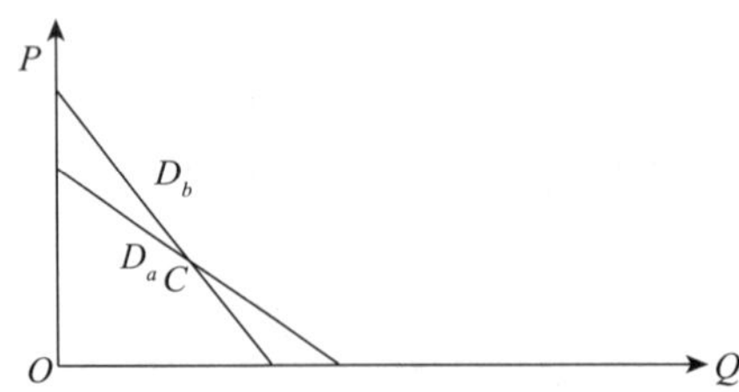

A. D_a

B. D_b

C. D_a与D_b上的C点的弹性相同

D. 无法比较

二、多项选择题

1. 在下列商品中，可以采用“薄利多销”，通过降价来增加收益的商品是（　）。

A. 食盐　　B. 苹果

C. 旅游　　D. 时装

2. 下列几组商品的价格交叉弹性为负的有（　）。

A. 面粉和大米　　B. 汽油和汽车

C. 羊肉和牛肉　　D. CD播放机和CD

3. 若商品需求收入弹性为负，则该商品可能为（　）。

A. 低档品　　B. 必需品

C. 奢侈品　　D. 吉芬商品

4. 不同商品的需求价格弹性是不同的，下列哪些会决定某商品需求弹性的大小（　）。

A. 有无替代品　　B. 时间

C. 在消费支出中的比例　　D. 生活的必需程度

5. 收入的增加会导致（　）。

A. 劣等品的需求曲线左移

B. 正常品的需求曲线右移

C. 需求没有变化，因为价格将会上升，这会抵消收入增加的效应

D. 奢侈品的需求曲线右移

6. 若需求曲线富有弹性，其确切的含义是价格上升会引起（　）。

A. 购买者购买量的下降

B. 购买者购买量的增加

C. 购买者总支出的增加

D. 购买者总支出的减少

7. 蛛网模型的基本假设条件是（　）。

A. 供给量由上期的市场价格决定

B. 供给量对价格缺乏弹性

C. 需求量对价格缺乏弹性

D. 产品的生产周期较长

8. 下列哪些因素导致产品的供给弹性小？（　）。

A. 受自然条件的影响大　　B. 固定资产比重低

C. 要素供给弹性小　　D. 生产周期长

9. 下列关于吉芬物品的说法正确的是（　）。

A. 需求曲线向右上方倾斜

B. 需求曲线向右下方倾斜

C. 收入弹性大于 0

D. 收入弹性小于 0

10. 若供给曲线为斜率不变的直线，下列关于供给弹性的说法正确的是（　）。

A. 供给单一弹性的供给曲线为通过原点的直线

B. 供给富于弹性的供给曲线与纵轴相交

C. 供给富于弹性的供给曲线与横轴相交

D. 在同一直线上，价格越低，弹性越小

三、判断题

1. （　）需求的价格弹性是指需求的变动对价格变动的反应程度。

2. （　）需求的弹性系数是价格变动的绝对量与需求量变动的绝对量的比率。

3. （　）同一条线形需求曲线上不同点的弹性系数是不同的。

4. （　）需求价格弹性为零意味着需求曲线是一条水平线。

5. （　）当某种产品的价格上升 8 %，而需求量减少 7 %时，该产品是需求富有弹性的。

6. （　）某种物品越是易于被替代，其需求也就越缺乏弹性。

7. （　）如果对食盐的支出在家庭支出中只占一个极小的比例，那么对食盐的需求就是缺乏弹性的。

8. （　）恩格尔系数是耐用品支出与食物支出之比。

9. （　）如果大白菜的收入弹性为正值，那么它就是低档商品。

10. （　）A 物品价格上升 10%引起 B 物品的需求量增加 6%，那么 A 与 B 两种物品之间的交叉弹性为 0.6。

11. （　）A 物品价格上升 10%引起 B 物品的需求量增加 6%，那么 A 与 B 两种物品之间必定是互补关系。

12. （　）某种产品的价格下降 5%引起供给量减少 12%，那么该产品的供给是缺乏弹性的。

13. （　）一般情况下，供给在长期比短期更富有弹性。

14.（　）卖者提高价格可能会增加总收益。

15.（　）农产品的需求一般来说缺乏弹性，这意味着当农产品的价格上升时，农民的总收益将增加。

16.（　）吉芬商品的需求曲线与正常商品的需求曲线是不相同的。

17.（　）一般来说，生活必需品的需求弹性小于奢侈品。

18.（　）需求曲线上的点斜率不同，但需求价格弹性可能相同。

19.（　）需求完全无弹性的商品，价格变化对总收益没有影响。

20.（　）如果某商品的价格与总收益同向变动，该商品需求富有弹性。

四、计算题

1. 某公司估计其产品的需求价格弹性为 1.2，需求收入弹性为 3，当年的销量为 80 万单位。据悉，下一年居民实际收入将增加 10%，公司决定提价 5%，预计销售量是多少？如果公司希望销售量增加 5%，其价格应当如何调整？调整多少？

2. X 商品的需求函数 $Q_x=40-0.5P$，Y 商品的需求曲线为直线，X 与 Y 的需求曲线在 $P=8$ 时相交，交点处 X 商品的需求价格弹性是 Y 商品的 $\frac{1}{2}$，求 Y 的需求函数。

3. X 公司与 Y 公司生产同一种产品，两家公司产品的需求曲线分别是：

X 公司：$P_x=1\ 000-5Q_x$

Y 公司：$P_y=1\ 500-4Q_y$

两家公司产品的销售量分别是 100 件和 250 件。

（1）求在该销售量时 X 公司与 Y 公司产品的需求价格弹性。

（2）如果 Y 公司产品降价使销售量增加到 300 件，而 X 公司产品的销售量减少到 50 件，求 X 公司与 Y 公司产品需求的交叉弹性。

4. 若某商品的需求价格弹性恒等于 1，该商品的价格 $P=2$ 时，需求量 $Q=200$，求该商品的需求函数。

5. 若小麦的需求价格弹性为 -0.5，现价为 1 元/千克，问小麦的价格下降多少能使需求量增加 10%？

6. 若某商品的需求价格弹性 $E_d=-3$（中点公式计算），该商品的价格 $P=5$ 时，需求量 $Q=500$，如果让需求量达到 1 000，价格应该下降多少？

7. 某城市公寓租金 1 000 元/套，共出租 15 000 套，如果公寓的需求价格弹性为 0.25，供给价格弹性为 0.5，且需求函数与供给函数均为线性函数。求

（1）需求函数与供给函数。

（2）如果外来人口涌入使需求增加 40%，新的均衡价格与数量是多少？

8. 假设需求函数为：$Q=MP^{-N}$，其中 M 表示收入，P 表示商品价格，N 为常数（$N>0$），求需求的价格点弹性与收入点弹性。

9. 某日用品企业估计其产品的需求函数为：$Q=1\ 000+1.5Y$，其中 Y 表示居民人均收入，在国民收入快速增长的背景下，该企业的产量能否快于国民收入的增长？

10. 某消费品的需求函数为：$P=100-\sqrt{Q}$，求价格 $P=50$ 和 $P=40$ 时需求的价格弹性。

五、分析论述题

1. 有人说，气候不好对农民不利，因为农业要歉收。但有人说气候不好对农民有利，因为农业歉收以后谷物要涨价，收入会增加。对这两种议论你有何评价？

2. 降价是市场上常见的促销方式。但为什么餐饮业可以降价促销，而中小学教科书不采用降价促销的方式。用需求弹性理论解释这种现象。

第四章　消费者行为理论

【学习目的】

本章分析消费者行为，核心内容是说明消费者在既定约束条件下如何实现效用的最大化。消费者的行为决定了需求，本章可以认为是需求理论的深化。在需求理论部分介绍了需求定理，本章通过对消费者行为的分析解释了需求定理。通过本章的学习，学生可以了解经济学分析消费者行为时所用到的重要概念——效用，掌握经济学的重要分析工具——边际分析法。

【学习要求】

熟悉效用、边际效用、无差异曲线、边际替代率、消费者均衡等概念，了解基数效用论与序数效用论的基本观点。熟悉总效用、边际效用的变动规律及其相互关系，掌握边际效用递减规律的内容及其原因，能够利用边际效用分析消费者均衡的条件，能够用边际效用递减规律来解释需求定理和分析消费者剩余。了解序数效用论关于偏好的假定，掌握无差异曲线的特点和边际替代率递减规律，能够利用无差异曲线和预算线分析消费者均衡的条件，掌握价格与收入变动对消费者均衡的影响，能够利用无差异曲线分析收入效应与替代效应，能够利用无差异曲线和预算线推导价格—消费曲线和需求曲线。

【主要概念】

效用、基数效用论、序数效用论、总效用、边际效用、消费者均衡、消费者剩余、完备性、可传递性、非饱和性、无差异曲线、边际替代率、边际替代率递减规律、预算线（消费可能线）、收入消费曲线、恩格尔曲线、价格—消费曲线。

【内容要点】

本章主要讨论消费者如何选择自身消费行为的问题，即在收入既定的条件下，如何获得最大满足。经济学用效用这个概念来刻画消费者消费商品获得的满足程度，对于如何表示效用，如何对效用进行量化和比较，经济学家有不同的看法，形成了两种不同的效用理论：基数效用论与序数效用论。基数效用论用总效用、边际效用分析消费者行为，序数效用论通过无差异曲线、消费可能线分析消费者行为。本章也因此分为两个主要部分：基于基数效用论的边际效用分析和基于序数效用论的无差异曲线分析。

边际效用分析法认为，随着消费者对某种物品消费量的增加，消费者从该物品连续增加的消费单位中所得到的边际效用是递减的（边际效用递减规律）；当边际效用为零时，总效用最大；当边际效用小于零时，总效用递减。产生边际效用递减规律的原因，可以从生理、心理因素和物品用途的多样性两方面进行解释。

在消费者收入既定的条件下，消费者用全部收入所购买的各种商品的边际效用与购买这些商品所支付的价格之比都相等时，消费者所得到的总效用最大，即实现了消费者均衡。

用边际效用递减规律还可以来解释需求定理和分析消费者剩余。随着商品消费量的增加，该商品的边际效用递减，从而使消费者愿意支付的价格也是递减的，所以，商品的需求量与价格成反向变动的关系，这就解释了需求定理。消费者按照每一单位商品的边际效用来确定需求价格，由于商品的边际效用是递减的，所以，消费者对某种商品所愿意支付的最高价格是逐步下降的。如果市场价格高于消费者愿意支付的最高价格，消费者就不会购买，所以，消费者在购买商品时是按低于或等于其需求价格的实际市场价格支付的。于是，在消费者愿意支付的最高价格和实际的市场价格之间就产生了一个差额，这个差额便构成了消费者剩余。消费者剩余是消费者的主观心理评价，通常被用来度量和分析社会福利问题。

序数效用论用无差异曲线分析方法来考察消费者行为。无差异曲线是用来表示消费者偏好相同的两种商品的所有组合的曲线，序数效用论提出了关于消费者偏好的三个基本的假定：完备性（消费者对每一组商品都能说出偏好顺序）、可传递性（消费者对不同商品的偏好是有序的，连贯一致的）、非饱和性（对于任何一种商品，消费者总是认为数量多比数量少好）。基于三个基本假定，无差异曲线具有四个特点：①无差异曲线向右下方倾斜，斜率为负值；②同一平面有无数条无差异曲线，离原点越远代表的效用水平越高；③在同一平面上的任何两条无差异曲线不会相交；④无差异曲线凸向原点。

无差异曲线凸向原点的特点由商品的边际替代率递减规律所决定。边际替代率是指在维持效用水平不变的前提下，消费者增加一个单位某种商品的消费数量时所需要放弃的另一种商品的消费数量，在一条既定的无差异曲线上，两种商品的边际替代率等于其边际效用之比。随着 X 消费量的增加，它对 Y 的边际替代率是递减的，边际替代率递减规律可以用边际效用递减规律来解释。

边际替代率递减规律决定了无差异曲线凸向原点，但无差异曲线也存在一些特殊形状：完全替代品的无差异曲线是一条向右下方倾斜的直线；完全互补品的无差异曲线是成 90°角的折线。

在研究消费者行为时，序数效用论还需要利用预算线（消费可能线）。预算线是用来表示消费者的收入与商品的价格既定的条件下，消费者所能购买的各种商品的各种数量组合的连线，是一条向右下方倾斜的直线。将预算线与无差异曲线结合起来，可以得到消费者均衡的条件：无差异曲线与预算线的切点所代表的商品组合，就是消费者能得到最大满足的商品组合。这与边际效用分析所得到的消费者均衡的条件是一致的。当商品的价格变动时，预算线的斜率也会有变化，当商品的价格不变，而消费者的收入变动时，预算线的斜率不变，但位置会发生移动，相应的，消费者均衡点也随之变动。

利用预算线与无差异曲线可以对替代效应与收入效应进行进一步的分析，替代效应与收入效应之和为总效应（也叫价格效应）。正常商品、低档品和吉芬商品的替代效应、收入效应与价格变化的关系及其之间的对比具有不同的特点，价格变化引起的商品需求量的变化即价格效应也有所不同。利用预算线与无差异曲线还可以推导出消费者的价格—消费曲线和需求曲线。

【基本概念释义】

效用：经济学中所说的效用是指消费者消费各种商品或服务的时候，所获得的满足程度。

基数效用论：基数效用论是一种研究消费者行为的理论，其基本观点是：效用的大小可以用基数来表示，是可以计量并可以加总求和的。

序数效用论：序数效用论是为了弥补基数效用论的缺点而提出来的另一种研究消费者行为的理论，其基本观点是：效用作为一种心理现象无法计量，也不能加总求和，只能表示出满足程度的高低与顺序，因此，效用只能用序数来表示。

总效用：消费者消费一定数量某种物品所得到的总的满足程度。

边际效用：某种物品的消费量每增加一个单位消费者所增加的满足程度。

边际：自变量增加一个单位所引起的因变量的增加量。

边际效用递减规律（戈森第一定律）：随着消费者对某种物品消费数量的增加，他从该物品连续增加的消费单位中所得到的边际效用是递减的。

消费者均衡：消费者将收入用于各种商品和劳务的消费，所得总效用最大时的状态。

消费者剩余：消费者在购买一定数量的某种商品时愿意支付的最高总价格

和实际支付的总价格之间的差额，它反映消费者通过购买和消费商品所感受到的状态的改善。

无差异曲线：表示能够给消费者带来相同的效用水平或满足程度的两种商品的所有组合的曲线。

边际替代率：在维持效用水平不变的前提下，消费者增加一个单位某种商品的消费数量时所需要放弃的另一种商品的消费数量。

边际替代率递减规律：在维持效用水平不变的前提下，随着一种商品的消费数量的连续增加，消费者为得到每一单位的这种商品所需要放弃的另一种商品的消费数量是递减的。

预算线：也叫消费可能线或等支出线，是用来表示消费者的收入与商品的价格既定的条件下，消费者所能购买的各种商品的各种数量组合的连线。

收入消费曲线：反映消费者在不同收入下对两种商品消费量的变化的曲线。

恩格尔曲线：也称收入需求曲线，表示消费者的收入与某种商品需求量关系的曲线。

价格—消费曲线：在消费者的偏好、收入以及其他商品价格不变的情况下，与某一种商品的不同价格水平相联系的消费者效用最大化的均衡点的轨迹。

【课后练习题参考答案】

1.（略）

2. 智能手机对笔记本电脑的边际替代率 $MRS_{XY}=\dfrac{\Delta Y}{\Delta X}=\dfrac{MU_X}{MU_Y}$，在消费者均衡点，$\dfrac{MU_X}{P_X}=\dfrac{MU_Y}{P_Y}$ 即 $\dfrac{MU_X}{MU_Y}=\dfrac{P_X}{P_Y}$，所以智能手机对笔记本电脑的边际替代率为 $MRS_{XY}=\dfrac{MU_X}{MU_Y}=\dfrac{P_X}{P_Y}=\dfrac{5\ 000}{4\ 000}=\dfrac{5}{4}$

3.（1）设商品 1 和商品 2 的购买量分别为 X_1、X_2，预算约束的表达式为：

$$100X_1+300X_2=5\ 000$$

（2）由效用函数 $U=20X_1{}^2X_2{}^3$ 和消费者均衡的条件得：消费者效用最大化时，$\dfrac{\frac{10}{3}X_2^{\frac{1}{3}}X_1^{-\frac{1}{3}}}{P_1}=\dfrac{\frac{5}{3}X_1^{\frac{2}{3}}X_2^{-\frac{2}{3}}}{P_2}$，整理得：$2X_2=X_1$，代入 $100X_1+300X_2=5\ 000$得：$X_2=100$，$X_1=200$，$U=20\times40\ 000\times1\ 000\ 000=800\ 000\ 000\ 000$

4.（略）

5. 由效用函数 $U=5X_1^{2/3}X_2^{1/3}$ 和消费者均衡的条件得：消费者效用最大化时，$\frac{\frac{10}{3}X_2^{\frac{1}{3}}X_1^{-\frac{1}{3}}}{P_1}=\frac{\frac{5}{3}X_1^{\frac{2}{3}}X_2^{-\frac{2}{3}}}{P_2}$，整理得：$2X_2P_2=X_1P_1$，代入预算方程 $X_1\cdot P_1+X_2\cdot P_2=M$ 得：$X_1P_1=\frac{2}{3}M$，$X_2P_2=\frac{1}{3}M$

商品 1 的需求函数为：$X_1=\frac{2M}{3P_1}$，商品 2 的需求函数为：$X_2=\frac{M}{3P_2}$

【本章习题】

一、单项选择题

1. 对于一种商品，消费者得到了最大满足时，意味着（　）。
   A. 边际效用达到最大　　B. 总效用为正
   C. 边际效用为零　　D. 边际效用为正
2. 已知商品 A 的价格为 10 元，B 的价格为 3 元，若消费者购买了 5 个单位 A 和 3 个单位 B 后，A 和 B 的边际效用分别为 40 和 15，则为获得最大效用，消费者应当（　）。
   A. 停止两种商品的购买
   B. 增加两种商品的购买
   C. 增加商品 A 的购买，减少商品 B 的购买
   D. 增加商品 B 的购买，减少商品 A 的购买
3. 序数效用论中，商品的效用（　）。
   A. 取决于价格
   B. 取决于使用价值
   C. 可以通过确切的数字表示
   D. 可以比较
4. 消费者剩余是消费者的（　）。
   A. 主观感受
   B. 客观所得
   C. 没有购买部分
   D. 超出消费者购买力的部分
5. 无差异曲线的形状取决于（　）。
   A. 消费者收入
   B. 消费者偏好

C. 所购买商品的价格

D. 所购买商品的质量

6. 在一条由两种商品 X、Y 所构成的无差异曲线上（　）。

A. 消费 X 获得的总效用等于消费 Y 获得的总效用

B. 消费 X 获得的边际效用等于消费 Y 获得的边际效用

C. 曲线上任意两点对应的消费品组合所能带来的边际效用相等

D. 曲线上任意两点对应的消费品组合所能带来的总效用相等

7. 两种商品的价格不变，消费者的收入增加时，预算线将（　）。

A. 斜率不变，位置不变

B. 斜率变化，位置不变

C. 斜率不变，位置向右移动

D. 斜率不变，位置向左移动

8. 同一无差异曲线上的不同点表示（　）。

A. 效用水平不同，但所消费的两种商品组合比例相同

B. 效用水平相同，但所消费的两种商品组合比例不同

C. 效用水平不同，两种商品组合比例也不同

D. 效用水平相同，两种商品组合比例相同

9. 若消费者的无差异曲线发生了变化，这意味着（　）。

A. 均衡点发生了变化

B. 商品价格发生了变化

C. 个人偏好发生了变化

D. 购买的商品数量发生了变化

10. 在消费者均衡点上的无差异曲线的斜率（　）。

A. 大于预算线的斜率

B. 小于预算线的斜率

C. 等于预算线的斜率

D. 上述三种情况都可能

11. 若 MRS_{xy} 递减，MU_x 和 MU_y 必定（　）。

A. 递增　　　　B. 递减

C. MU_x 递减、MU_y 递增　　　　D. MU_x 递增、MU_y 递减

12. 当无差异曲线为分别平行于 X、Y 轴的直角形时表明，X 和 Y 的关系为（　）。

A. 完全互补品

B. 完全替代品

C. 没有关系

D. 有一定的可替代性

13. 某低档商品的价格下降，在其它情况不变时（　）。

A. 替代效应和收入效应相互加强导致该商品需求量增加

B. 替代效应和收入效应相互加强导致该商品需求量减少

C. 替代效应倾向于增加该商品的需求量，而收入效应倾向于减少其需求量

D. 替代效应倾向于减少该商品的需求量，而收入效应倾向于增加其需求量

14. 反映消费者在不同收入水平下对两种商品的需求量变化的曲线被称为（　）。

A. 收入消费曲线

B. 恩格尔曲线

C. 收入需求曲线

D. 价格—消费曲线

15. 某个消费者的无差异曲线图包含无数条无差异曲线，因为（　）。

A. 收入有时高，有时低

B. 欲望是无限的

C. 消费者人数是无限的

D. 商品的数量是无限的

16. 无差异曲线上任一点商品 X 和商品 Y 的边际替代率是等于它们的（　）。

A. 价格之比

B. 数量之比

C. 边际效用之比

D. 边际成本之比

17. 预算线的位置和斜率取决于（　）。

A. 消费者的收入

B. 消费者的收入和商品的价格

C. 消费者的偏好、收入和商品价格

D. 以上三者都不是

18. 商品 X 和商品 Y 的价格以及消费者的预算都按同一比例变动，预算线（　）。

A. 向左下方平行移动

B. 向右上方平行移动

C. 不变动

D. 向左上方或右上方移动

19. 假定以横轴度量 X 的量，以纵轴度量 Y 的量，预算线绕着它与横轴的交点逆时针方向转动是因为（　）。

A. 商品 X 的价格上升

B. 商品 Y 的价格下降

C. 消费者收入下降

D. 商品 X 的价格不变，商品 Y 的价格上升

20. 一种商品相对价格变化导致该商品的消费的变化叫做（　）。

A. 收入效应　　B. 总效应

C. 价格效应　　D. 替代效应

21. 在消费者均衡点以上的无差异曲线的斜率（　）。

A. 大于预算线的斜率

B. 小于预算线的斜率

C. 等于预算线的斜率

D. 可能大于、小于或等于预算线的斜率

22. 若消费者的偏好保持不变，消费者（　）将保持不变。

A. 均衡点

B. 总效用

C. 所购买的两种商品的无差异曲线图

D. 购买的商品数量

23. 假定 X、Y 的价格 P_x、P_y 已定，当 $MRS_{xy}>P_x/P_y$ 时，消费者为达到最大满足，他将（　）。

A. 增购 X，减少 Y　　B. 减少 X，增购 Y

C. 同时增购 X、Y　　D. 同时减少 X、Y

24. 如果商品的边际效用为零，那么（　）。

A. 该商品的总效用已经是最大

B. 商品没有效用，它不是消费者想去享用的东西

C. 在考虑要购买这种商品的前提下，消费者达到了他的均衡点

D. 该商品的总效用肯定也等于零

25. 当总效用增加时，边际效用（　）。

A. 为正值，且不断增加

B. 为正值，但不断减少。

C. 为负值，但不断增加

D. 为负值，且不断减少

26. 确定最佳消费组合的前提是（　）。

A. 消费者的收入既定

B. 商品的价格既定

C. 消费者的偏好既定

D. 上述条件同时存在

27. 如果无差异曲线上某一点的斜率为－1/4，意味着消费者愿意放弃（　）个单位 X 而获得一个单位 Y。

A. 1/4　　B. 1

C. 4　　D. 无法确定

28. 吉芬商品的价格与需求量同方向变动的原因是（　）。

A. 替代效应与价格同方向变动，收入效应与价格反方向变动，且前者大于后者

B. 替代效应与价格同方向变动，收入效应与价格反方向变动，且前者小于后者

C. 替代效应与价格反方向变动，收入效应与价格同方向，且前者小于后者

D. 替代效应与价格反方向变动，收入效应与价格同方向，且前者大于后者

29. 当只有商品价格变化时，连接消费者各均衡点的轨迹称作（　）。

A. 需求曲线

B. 价格——消费曲线

C. 恩格尔曲线

D. 收入——消费曲线

30. 当消费者处于均衡时（　）。

A. 最后一单位货币购买不同商品所增加的满足程度相等

B. 每种商品的总效用相等

C. 每种商品的替代效应等于收入效应

D. 所购买商品的边际效用相等

31. 若消费者消费牛奶和面包时的边际替代率为 1/4，即一单位牛奶相当于 1/4 单位的面包，则（　）。

A. 牛奶价格为 4，面包价格为 1 时，消费者获得最大效用

B. 牛奶价格为 1，面包价格为 4 时，消费者获得最大效用

C. 牛奶价格为 10，面包价格为 2 时，消费者应增加牛奶的消费

D. 以上都不对

32. 某消费者逐渐增加某种商品的消费量，直至达到了效用最大化，在这个过程中，该商品的（　）。

A. 总效用和边际效用不断增加

B. 总效用不断下降，边际效用不断增加

C. 总效用不断增加，边际效用不断下降

D. 总效用和边际效用同时下降

33. 商品价格变化引起的替代效应，表现为相应的消费者的均衡点（　）。

A. 沿着原有的无差异曲线运动

B. 运动到另一条无差异曲线上

C. 不变

D. 保持在原来的消费可能线上

34. 商品价格变化引起的收入效应，表现为相应的消费者的均衡点（　）。

A. 移向一条新的无差异曲线但保持在原来的消费可能线上

B. 移向一条新的消费可能线但保持在原来的一条无差异曲线上

C. 移向一条新的消费可能线和一条新的无差异曲线

D. 保持在原来的消费可能线和无差异曲线上

35. 当一种物品价格变动时，我们把消费者无差异曲线不变时消费的变动称为（　）。

A. 收入效应　　B. 替代效应

C. 价格效应　　D. 收入效应和替代效应

36. 某消费者消费更多的某种商品时，则（　）。

A. 消费者获得的总效用递增

B. 消费者获得的总效用递减

C. 消费者获得的边际效用递增

D. 消费者获得的边际效用递减

37. 当 X 商品的价格下降时，其收入效应为－5 单位，替代效应为 10，则 X 商品是（　）。

A. 正常物品　　B. 一般低档物品

C. 吉芬物品　　D. 独立物品

38. 无差异曲线为斜率不变的直线时，表示相结合的两种商品是（　）。

A. 可以代替的　　B. 完全代替的

C. 互补的　　D. 互不相关的

39. 由于收入与价格的变动，消费者均衡也随之变动。如果在新的均衡点，各种商品的边际效用均低于原均衡点，这意味着（ ）。

A. 消费者的满足程度提高

B. 消费者的满足程度降低

C. 消费者的满足程度不变

D. 无法确定消费者的满足程度

40. 如果两种商品的价格相等，为获得最大效用，消费者应当（ ）。

A. 购买相同数量的两种商品

B. 购买两种商品，并使其总效用相等

C. 购买两种商品，并使其边际效用相等

D. 三者都不正确

二、多项选择题

1. 关于边际替代率递减规律，下列说法正确的是（ ）。

A. 边际替代率递减说明每增加对一种商品的消费，为保持效用不变，所减少的其它商品的消费量是递减的

B. 边际替代率说明了随着对某种商品消费量的增多，人的主观效用递减的趋势

C. 边际替代率递减规律在所有的商品组合中都是适用的

D. 边际替代率递减规律决定了无差异曲线是凸向原点的

2. 关于实现消费者均衡的条件，下列说法正确的是（ ）。

A. 在基数效用论下，商品的边际效用之比等于其价格之比

B. 在序数效用论下，两种商品的边际替代率等于其价格之比

C. 基数效用论与序数效用论的均衡条件实质上是相同的

D. 均衡状态下，消费者增加一种商品的数量所带来的效用增加量必定大于减少的另一种商品所带来的效用减少量

3. 关于低档商品，下列说法正确的是（ ）。

A. 替代效应与价格呈反方向变化

B. 收入效应与价格呈反方向变化

C. 总效应与价格呈反方向变化

D. 需求曲线向右上方倾斜

4. 下列哪些情况是消费者均衡的条件？（ ）。

A. $MU_x/P_x=MU_y/P_y=\cdots=\lambda$

B. 货币在每种用途上的边际效用相等

C. $MU=\lambda P$

D. 各种商品的边际效用相等

5. 对于吉芬商品而言，当价格上升的时候，有（　）。

A. 替代效应引起了更少的消费

B. 收入效应引起了更少的消费

C. 收入效应引起了更多的消费

D. 替代效应引起了更多的消费

6. 下列哪些说法是消费者均衡点的特征？（　）。

A. 这一点在预算线上

B. 两种物品之间的边际替代率等于其相对价格

C. 收入效应等于替代效应

D. 无差异曲线斜率与预算线斜率相同

7. 对于效用函数来说，下列哪些是必要的假定？（　）。

A. 消费者对要消费的商品能排出偏好顺序

B. 如果消费者在 X 商品和 Y 商品中更偏好 X 商品，在 Y 商品和 Z 商品中更偏好 Y 商品，则他在 X 商品和 Z 商品中就一定更偏好 X 商品

C. 消费者对某一种商品消费得越多，他所得到的效用就越大

D. 消费者的偏好具有非饱和性

8. 无差异曲线上消费者均衡斜率的绝对值代表了（　）。

A. 消费者为了提高效用而获得某一种商品时愿意放弃的另一些商品的数量

B. 消费者花在各种商品上的货币总值

C. 两种商品的价格比率

D. 在确保消费者效用不变的情况下，一种商品和另一种商品的交换比率

9. 以下关于边际效用的说法错误的是（　）。

A. 边际效用不可能为负值

B. 边际效用与总效用呈同方向变动

C. 对于通常情况来讲，消费商品服从边际效用递减规律

D. 在边际效用大于等于零时，边际效用与总效用同方向变动

10. 下列关于无差异曲线的说法哪些是正确的？（　）。

A. 任何两条无差异曲线不会相交

B. 相同效用的商品组合一定在同一条无差异曲线上

C. 无差异曲线通常都凸向原点

D. 无差异曲线不可能是直线

三、判断题

1.（ ）偏好取决于消费者的收入和物品的价格。

2.（ ）同样商品的效用因人、因时、因地的不同而不同。

3.（ ）一种物品效用的大小表明它在生产中的作用有多大。

4.（ ）效用就是使用价值。

5.（ ）对于同一个消费者来说，同样数量的商品总是提供同量的效用。

6.（ ）序数效用论认为，商品效用的大小取决于它的使用价值。

7.（ ）基数效用论采用的分析方法是无差异曲线分析法。

8.（ ）消费者消费的一种物品越多，其满足程度越大。

9.（ ）只要商品的数量在增加，消费者得到的总效用就一定在增加。

10.（ ）消费者从物品消费中所获得的总效用一定是不断增加的，边际效用总是正的。

11.（ ）消费者要获得最大的效用，就应该把某种商品平均地分配到不同的用途中去。

12.（ ）如果消费者从每一种商品中得到的总效用与它们的价格之比分别相等，他将获得最大效用。

13.（ ）在同一条无差异曲线上，不同的消费者所得到的总效用是无差别的。

14.（ ）两条无差异曲线的交点所表示的商品组合，对于同一个消费者来说具有不同的效用。

15.（ ）无差异曲线离原点越远，表示消费者所得到的总效用越小。

16.（ ）无差异曲线是一条向右上方倾斜的曲线。

17.（ ）在同一条消费可能线上，消费者的支出是不同的。

18.（ ）如果消费者的收入增加而商品的价格不变，则消费可能线向右上方平行移动。

19.（ ）在无差异曲线与消费可能线的交点上，消费者所得到的效用达到最大。

20.（ ）消费者均衡之点可以是无差异曲线与消费可能线的交点，也可以是它们的切点。

21.（ ）消费者剩余就是消费者实际收入的增加。

22.（ ）消费者剩余是商品价格与价值之间的差额。

23.（ ）消费者剩余的产生在于边际效用递减。

24.（ ）消费者对某物品的需求量与价格呈反方向变动是因为边际效用递减。

25.（　）假设某人花费一定收入消费两种商品 X 与 Y，又知当 X 的价格下跌时，他对 X 消费的替代效应的绝对值大于收入效应的绝对值。X 是劣质商品。

26.（　）一个消费者对某种商品的数量感到足够了，这说明他对该种商品的边际效用已达到了极大值。

27.（　）作为消费者的合理选择，哪一种商品的边际效用最大就应当选择哪一种商品。

28.（　）预算线的平行移动说明消费者收入发生变化，价格没有发生变化。

29.（　）无论什么商品，其替代效应总是负数（价格与数量的关系）。

30.（　）某人仅消费 A、B 两种商品，其效用函数为 $U=AB$，为求效用最大化，他总是把收入的一半花在 A 上。

31.（　）当边际效用减少时，总效用也是减少的。

32.（　）个人需求曲线上的任何一点都代表着消费者的最大满足状态。

四、计算题

1. 一位大学生即将参加三门功课的期中考试，他能够用来复习功课的时间只有 6 小时。又设每门功课占用的复习时间和相应会有的成绩如下表所示。

小时数	0	1	2	3	4	5	6
经济学分数	30	44	65	75	83	88	90
英语分数	40	52	62	70	77	83	88
管理学分数	70	80	88	90	91	92	93

请问：为使这三门课的成绩总分最高，他应该怎样分配复习时间？

2. 设无差异曲线为 $U=X^{0.4}Y^{0.6}=10$，$P_x=2$，$P_y=3$，求：

（1）X、Y 的均衡消费量；

（2）效用等于 10 时的最小支出。

3. 某人每月收入 120 元可花费在 X 和 Y 两种商品上，他的效用函数为 $U=XY$，$P_x=2$ 元，$P_y=4$ 元。求：

（1）为获得最大效用，他会购买几单位 X 和 Y?

（2）总效用为多少?

（3）假如 X 的价格提高 44%，Y 的价格不变，为保持原有的效用水平，他的收入必须增加多少?

4. 设某人的效用函数为 $U=2X+2Y+XY+22$，预算约束为 $5X+10Y=50$，求：

（1）X、Y 的均衡值；

（2）最大效用。

5. 某人只消费 X、Y 两种商品，X 对 Y 的边际替代率恒等于 $\frac{Y}{X}$，如果他用于两种商品的预算为 240，X 的价格为 2 元，Y 的价格为 3 元，求效用最大时的消费量。

6. 设某人的效用函数为 $U=3\sqrt{X}+Y$。该消费者原来消费 25 单位 X、5 单位 Y，现假设 X 消费减少为 4，需要消费多少 Y，才能与原来的效用相同?

7. 某人消费 X、Y 两种商品的效用函数为 $U=XY$，X、Y 的价格均为 5，如果他用于两种商品的预算为 100。

（1）求 X、Y 的消费量及效用；

（2）若 X 的价格上涨为 10 元，求 X、Y 的消费量；

（3）求 X 的价格上涨为 10 元带来的替代效应与收入效应。

8. 已知效用函数为 $U(x_1, x_2)=10x_1^2+20x_1x_2+10x_2^2+50$，判断商品 X_1、X_2的关系是否为完全替代品？

9. 某人只消费 X、Y 两种商品，已知效用函数为 $U=XY+X$，当 $P_x=3$、$P_y=2$ 时，对该消费者而言，X 是哪种类型商品？（奢侈品、必需品还是低档品?）

10. 消费者消费 X、Y 两种商品时，无差异曲线各点斜率均为 Y/X（X、Y 分别为两种商品的消费量）。

（1）求 X 的需求价格弹性；

（2）当 $P_x=1$、$P_y=3$ 时，求消费者均衡点的边际替代率 MRS_{XY} 。

五、分析论述题

试解释水和金刚石的价值悖论：水对人们很有用，必不可少，但水却很便宜；金刚钻对人们的用途很有限，但却很昂贵。

第五章　生产者行为理论

【学习目的】

本章分析生产者行为，研究如何生产的问题。在经济学中，生产者追求利润最大化目标。为了实现利润的最大化，生产者需要研究三个方面的问题：一是生产要素与产量的关系问题，即在预算既定的条件下，如何投入生产要素使产量最大，从而实现技术效率；二是成本与收益的问题，即如何在成本一定的条件下使收益最大或者在收益一定的条件下使成本最小，从而获得最大利润，实现经济效率；三是市场问题，即在竞争程度不同的市场上如何确定价格与产量，实现利润的最大化。本章解决第一个方面的问题，随后的两章分别研究另外两个问题。生产者的行为决定供给，本章正是从供给方面研究生产函数背后的生产者行为理论。生产者行为理论所采用的分析方法与消费者行为理论相似。通过本章的学习，学生可以了解厂商生产活动所涉及的生产函数、规模经济等概念，掌握厂商实现产量最大化的条件和途径，更熟练地运用边际分析法等经济学分析工具。

【学习要求】

了解生产函数的概念，以及柯布—道格拉斯生产函数的一般表达式，理解经济学中短期与长期划分的依据，熟悉短期生产函数中总产量、平均产量与边际产量的概念、变动规律及其相互关系，掌握边际收益递减规律的内容、条件以及产生边际收益递减规律的原因，掌握等产量线、等成本线、边际技术替代率的概念，熟悉等产量线基本特点、了解脊线与生产经济区，理解边际技术替代率递减规律及其原因，能够利用产量线、等成本线和边际分析的方法分析生产要素最适组合的条件，掌握规模报酬、规模经济、内在经济、外在经济的概念，理解规模报酬递增与规模经济的区别与联系，能够用内在经济与内在不经济、外在经济与外在不经济解释规模经济和规模不经济的原因。

【主要概念】

生产要素、生产函数、总产量、平均产量、边际产量、边际收益递减规律、等产量线、边际技术替代率、边际技术替代率递减规律、等成本线、规模报酬、规模经济、规模不经济、内在经济、外在经济、外在不经济。

【内容要点】

本章分析在预算既定的条件下，厂商如何投入生产要素使产量最大的问题。生产要素是在生产过程中所使用的各种资源，主要包括：劳动、资本、土地和企业家才能。研究厂商行为需要利用生产函数，生产函数就是表示在一定技术水平下，各生产要素的数量与组合同它能生产的最大产量之间的数量关系的函数。生产函数可以简化为劳动和资本的投入量与产量关系的函数，柯布—道格拉斯生产函数是其中比较有代表性的，该生产函数的一般表达式为：$Q=AL^{\alpha}K^{\beta}$。

经济学对生产活动的研究分为短期生产理论和长期生产理论，短期是只能改变部分要素投入的时期，而长期则是可以改变所有要素投入的时期。短期生产活动中投入的生产要素可以划分为固定要素和可变要素，固定要素包括土地、厂房、设备等，可变要素包括劳动力、原材料等。

本章的短期生产函数主要分析一种生产要素可变的情况。对短期生产函数的研究涉及到总产量、平均产量与边际产量等变量。在只改变一种要素投入量的条件下，随着可变要素投入量的增加，总产量、平均产量与边际产量均呈现由递增到递减的变动规律。首先是边际产量由递增变为递减，当边际产量曲线与平均产量曲线相交时，平均产量达到最大，在相交后，平均产量递减。只要边际产量为正值，总产量总是增加的，当边际产量为零时，总产量最大，随后总产量递减。边际产量的变动规律被称为边际收益递减规律，之所以出现边际收益递减，是因为在一定的技术条件下，要素间的最优配合比例是确定的，最初增加可变要素投入量可以使各种要素间的比例逐渐接近最优配合比例，从而边际产量递增，达到确定的要素比例之后，如果继续增加可变要素投入量，没有按最优比例充分利用生产要素，因而会使边际产量递减。根据教材图 5-1，在短期生产活动中，厂商如果追求效率最优会选择平均产量最大的点投入生产要素，厂商追求产量最大会选择总产量最大的点投入生产要素。

在长期生产中，所有投入要素都可以变动。如果只研究劳动和资本的投入量与产量关系，则劳动和资本都是可变投入。对长期生产的分析有等产量线分析和边际分析两种方法，与分析消费者行为的无差异曲线和边际效用分析类似。等产量线是表示能带来相同产量的两种生产要素不同数量组合的连线，它的四个基本特点也与消费者行为理论中的无差异曲线类似，其中，等产量线凸向原点的特点，是由边际技术替代率递减规律所决定的。一般情况下，等产量线向右下方倾斜，斜率为负值。但在现实的生产活动中，许多长期生产函数会形成弯曲度比较大的等产量线，每条等产量线上都包含了正斜率和负斜率的部分，将等产量线上垂直方向切点与水平方向切点分别连接起来所构成的曲线被称为脊线，两条脊线之间的区域被称为生产经济区，厂商所选择的要素投入只能位于生产经济区内。

厂商在决定最优的要素投入量时，除了要分析等产量线以外，还要结合等成本线。等成本线与消费者行为理论中的消费可能线类似，是一条向右下方倾斜的直线，用来表示成本与生产要素价格既定的条件下，生产者所能购买的两种生产要素的最大数量组合。等产量线与等成本线相切的切点所表示的资本与劳动的投入量，为两种生产要素的最优投入量。利用边际分析的方法同样可以得到生产要素的最优投入量：在成本与生产要素价格既定的条件下，生产者所购买的各种生产要素的边际产量与各自的价格之比都相等时，生产者可以获得最大的产量。在生产者的预算或生产要素价格变动时，等成本线会向左或向右移动，生产要素的最适组合相应发生变动。

在前面分析长期生产活动时，假设成本与生产要素价格都是既定的，在长期生产中，如果生产者的预算是可变的，那么生产者投入的两种生产要素可以同方向变动，即生产规模可以调整。在其他条件不变的情况下，企业内部各种生产要素按相同比例变化时所带来的产量的变化被称为规模报酬。如果两种要素的投入量同比例增加，产量变化与生产规模变化之间的关系可能出现三种情况：规模报酬递增、规模报酬递减和规模报酬不变。与规模报酬相关的另外一个概念是规模经济。规模经济是指由于生产规模扩大而导致长期平均成本下降的情况。规模经济反映生产规模变化与长期平均成本的关系，而规模报酬分析的是生产规模变化与产量变化之间的关系；规模经济允许企业改变投入品之间的数量比例，而规模报酬分析要求两种要素的投入量同比例变动。

规模经济可以通过内在经济与外在经济来解释。内在经济，是指企业自身规模扩大所带来的平均成本的下降。出现内在经济的原因主要包括先进设备的使用、专业化分工、管理效率的提高、对副产品的综合利用以及在生产要素的购买与产品销售方面的优势等。外在经济，则是指行业规模扩大带来的企业平均成本降低的现象。出现外在经济的原因主要包括：行业分工更细、辅助设施更完善、信息更多、人才更多、生产要素价格更低等。当然，生产规模过大也可能出现规模不经济，即生产规模扩大而导致长期平均成本上升的情况。规模不经济也可以用内在不经济和外在不经济来解释：企业规模过大会导致管理效率降低和生产要素价格与销售费用增加，造成平均成本的上升，从而出现“内在不经济”。行业规模过大使厂商竞争激烈，销售费用增加，生产要素供不应求价格上涨，导致企业平均成本的增加，从而出现“外在不经济”。

【基本概念释义】

生产函数：表示在一定技术水平下，各要素的数量与组合同它能生产的最大产量之间的数量关系的函数。

总产量：一定数量可变投入与一定数量固定投入相结合所能生产的最大产量。

平均产量：每单位要素投入所获得的产量，其方法是总产量除以某种可变投入。

边际产量：增加一个单位要素投入所引起的总产量的增加量。

边际收益递减规律：也叫边际产量递减规律，是指在技术水平不变的情况下，当把一种可变的生产要素投入到一种或几种不变的生产要素中时，最初这种生产要素的增加会使产量增加，但当它超过一定限度时，增加的产量将要递减，最终还会使产量绝对减少。

等产量线：表示能带来相同产量的两种生产要素不同数量组合的连线。

边际技术替代率：在技术水平不变的条件下，为了维持相同的产量，厂商增加一个单位某种投入所需要的减少的另一种投入的数量。

边际技术替代率递减规律：在维持产量不变的前提下，当一种要素的投入量不断增加时，每一单位的这种要素所能代替的另一种生产要素的数量是递减的。

脊线：将等产量线上垂直方向切点与水平方向切点分别连接起来所构成的曲线。

生产经济区：两条脊线之间的区域。

等成本线：也叫企业预算线，是用来表示成本与生产要素价格既定的条件下，生产者所能购买的两种生产要素的最大数量组合的连线。

规模报酬：在其他条件不变的情况下，企业内部各种生产要素按相同比例变化时所带来的产量的变化。

规模经济：由于生产规模扩大而导致长期平均成本下降的情况。

内在经济：企业自身规模扩大所带来的平均成本的下降。

外在经济：行业规模扩大所带来的企业平均成本的降低。

规模不经济：由于生产规模扩大而导致长期平均成本的上升情况。

内在不经济：企业规模过大造成的平均成本的上升。

外在不经济：行业规模过大导致的企业平均成本的增加。

【课后练习题参考答案】

1.（略）

2. 生产函数修改为 $Q=f(L,K)=KL-\frac{1}{2}L^2-\frac{1}{2}K^2$

（1）劳动的总产量函数 $TP_L=10L-\frac{1}{2}L^2-50$

劳动的平均产量 $AP_L=10-\frac{1}{2}L-\frac{50}{L}$

劳动的边际产量 $MP_L=10-L$

（2）总产量最大时，$MP_L=0$，$L=10$

平均产量最大时，$MP_L=AP_L$，$L=10$

边际产量最大时，$L=0$

（3）$MP_L=AP_L$时，$L=10$，$MP_L=AP_L=0$

3.（1）假设劳动 L 是可变投入，资本 K 是不变投入。

$MP_L=\frac{\mathrm{d}TP_L}{\mathrm{d}L}=\frac{2}{3}A\cdot L^{-\frac{1}{3}}\cdot K^{\frac{2}{3}}$，$\frac{\mathrm{d}MP_L}{\mathrm{d}L}=-\frac{1}{3}\cdot\frac{2}{3}A\cdot L^{-\frac{4}{3}}\cdot K^{\frac{2}{3}}<0$，随着 L 投入的增加，MP_L递减，该生产函数符合边际报酬递减规律。

（2）根据 $Q=AL^{2/3}K^{2/3}$，$\frac{2}{3}+\frac{2}{3}>1$，该长期生产函数属于规模报酬递增。

4.（1）根据生产要素最适组合的条件：$\frac{MP_K}{P_K}=\frac{MP_L}{P_L}$

得 $\frac{\frac{2}{3}L^{-\frac{1}{3}}K^{\frac{2}{3}}}{50}=\frac{\frac{2}{3}L^{\frac{2}{3}}K^{-\frac{1}{3}}}{5}$，$K=10L$，代入企业预算方程：$50L+5K=200$，$L=2$ $K=20$

（2）$L^{2/3}K^{2/3}=1\ 200$　　$10^{\frac{2}{3}}L^{\frac{4}{3}}=1\ 200$，$L=64.5$，$K=645$，$C=50\times 64.5+5\times 645=6\ 450$

【本章习题】

一、单项选择题

1. 在总产量、平均产量和边际产量的变化过程中，首先下降的是（　）。

A. 边际产量

B. 平均产量

C. 总产量

D. 总产量和平均产量

2. 对于一种可变生产要素的生产函数 $Q=f(L, K)$ 而言，当 TP_L 达到最大值而开始递减时，MP_L 处于的阶段为（　）。

A. 递减且 $MP_L<0$

B. 递减但是 $MP_L>0$

C. $MP_L=0$

D. 无法确定 MP_L 的值

3. 等产量曲线是指在这条曲线上的各点代表（　）。

A. 为生产同等产量投入要素的各种组合比例是不能变化的

B. 为生产同等产量投入要素的价格是不变的

C. 不管投入各种要素量如何，产量总是相等的

D. 投入要素的各种组合所能生产的产量是相等的

4. 当平均产量 AP_L 达到最大值时（　）。

A. 总产量达到最大值

B. 边际产量等于平均产量

C. 边际产量（MP_L）达到最大值

D. 边际产量 $MP_L=0$

5. 短期生产函数的斜率是（　）。

A. 总产量　　B. 平均产量

C. 平均成本　　D. 边际产量

6. 等成本曲线平行向内移动表明（　）。

A. 成本增加　　B. 产量增加

C. 成本减少　　D. 产量减少

7. 在其他生产要素投入量不变的条件下，随着一种生产要素的不断增加，该要素的平均产量（　）。

A. 一直增加

B. 一直减少

C. 先增加后减少

D. 先减少后增加

8. 如果等成本曲线围绕它与纵轴的交点逆时针转动，那么将意味着（　）。

A. 生产要素 X 的价格下降

B. 生产要素 Y 价格上升

C. 生产要素 X 的价格上升

D. 生产要素 Y 价格下降

9. 在经济学中，短期和长期的划分标准是（　）。

A. 是否可以调整产量

B. 是否可以调整产品价格

C. 时间长短

D. 是否可以调整全部生产要素的数量

10. 下列说法中正确的是（　）。

A. 生产要素的边际技术替代率递减是由于规模报酬递减规律造成的

B. 生产要素的边际技术替代率递减是由于边际报酬递减规律造成的

C. 规模报酬递减是由边际报酬递减规律造成的

D. 边际报酬递减是由规模报酬递减规律造成的

11. 如果某厂商增加 1 单位的劳动量可以减少 5 单位的资本，且仍能生产出同样的产量，则 $MRTS_{LK}$ 为（　）。

A. -1　　B. -5

C. -0.2　　D. 0

12. 如果连续增加某种要素的投入量，则在总产量达到最大时，边际产量曲线（　）。

A. 与纵轴相交

B. 经过原点

C. 与平均产量曲线相交

D. 与横轴相交

13. 在一种可变要素投入条件下，当边际产量大于平均产量时，平均产量（　）。

A. 达到最大值　　B. 不变

C. 上升　　D. 下降

14. 如果生产函数是柯布—道格拉斯生产函数，出现规模报酬递减，说明（　）。

A. $\alpha+\beta>1$

B. $\alpha+\beta<1$

C. $\alpha+\beta=1$

D. 上述三种情况都有可能

15. 如果等产量曲线与等成本曲线相交，要获得等产量曲线表示的产量，应该（　）。

A. 增加预算

B. 减少预算

C. 保持预算不变

D. 上述做法都可能对

16. 要达到规模报酬递减，厂商应该（　）。

A. 按比例连续增加各种生产要素

B. 连续地投入某种生产要素且保持其它生产要素不变

C. 按比例连续减少各种生产要素

D. 不按比例连续增加各种生产要素

17. 在规模报酬不变阶段，若劳动的使用量增加5%，而资本的使用量不变，则（　）。

A. 产出增加5%

B. 产出减少5%

C. 产出的增加少于5%

D. 产出的增加大于5%

18. 新华汽配厂在各种产出水平上都显示出了规模报酬递减的情形，于是厂领导决定将其划分为两个相等规模的小厂，则其拆分后总产出将会（　）。

A. 增加　　B. 减少

C. 不变　　D. 无法确定

19. 下列关于等产量线的说法正确的是（　）。

A. 说明了为生产一个给定的产量而可能的各种投入要素的组合

B. 除非得到了所有要素的价格，否则不能画出该曲线

C. 表明了投入与产出的关系

D. 表示了无论投入数量怎样变化，产量都是一定的

20. 当生产函数 $Q=f(L, K)$ 的 AP_L 为正且递减时，MP_L 可以是（　）。

A. 递减且为正

B. 递减且为负

C. 为零

D. 以上都有可能

21. 生产函数为 $Q=L+2K+5$，则有（　）。

A. 规模报酬递增

B. 规模报酬不变

C. 规模报酬递减

D. 劳动的边际产量递减

22. 若生产函数为 $Q=100L^{0.4}K^{0.6}$，则 L 对 K 的边际技术替代率为（　）。

A. $2K/3L$　　B. $3K/2L$

C. $2L/3K$　　D. $3L/2K$

23. 企业在生产中采用了最低成本的生产技术，劳动对资本的边际替代率为 0.4，资本的边际产量为 5，则劳动的边际产量为（　）。

A. 2　　B. 1　　C. 3　　D. 5

24. 等产量线表示（　）。

A. 总成本函数

B. 最小成本的产出

C. 利润最大化的产出

D. 生产函数

25. 若生产函数为 $Q=2\sqrt{L}\cdot\sqrt{K}$，且 L、K 的投入量、价格相等，则为了实现利润最大，厂商应该（　）。

A. 增加 L 投入，减少 K 的投入

B. 增加 K 投入，减少 L 的投入

C. 保持 L、K 的投入不变

D. 无法确定 L、K 的投入

26. 企业劳动的投入量增加 5%，资本的投入量增加 10%，在劳动与资本的价格不变的情况下，产量增加 10%，则该厂商的生产属于（　）。

A. 规模报酬递增

B. 规模报酬递减

C. 规模报酬不变

D. 规模经济

27. 生产的第二阶段开始于（　）。

A. AP_L开始下降处

B. MP_L开始下降处

C. 总产量开始下降处

D. MP_L为零处

28. 若某厂扩大生产规模，生产量增加 1 倍，而厂商生产成本的增加低于 1 倍，则该厂商的生产存在（　）。

A. 内在经济

B. 内在不经济

C. 外在经济

D. 外在不经济

29. 在短期生产中，属于可变投入的是（　）。

A. 土地　　B. 厂房

C. 设备　　D. 劳动力

30. 当劳动的边际产量（MP_L）为负时，生产处于（　）。

A. 劳动投入的第Ⅰ阶段

B. 资本投入的第Ⅲ阶段

C. 劳动投入的第Ⅱ阶段

D. 劳动投入的第Ⅲ阶段

31. 在边际产量发生递减但是大于 0 时，如果要增加同样数量的产品，应该（　）。

A. 增加可变要素的投入量

B. 减少可变要素的投入量

C. 停止增加可变要素

D. 同比例增加各种生产要素

32. 如果以横轴表示劳动，纵轴表示资本，则等成本曲线的斜率是（　）。

A. P_L/P_K　　B. P_K/P_L

C. $-P_L/P_K$　　D. $-P_K/P_L$

33. 若劳动与资本的投入组合处于等产量线的垂直部分，则（　）。

A. 劳动与资本的边际产量都是负

B. 劳动与资本的边际产量都是 0

C. 劳动的边际产量为 0，资本的边际产量为正

D. 劳动的边际产量为正，资本的边际产量为 0

34. 假定生产某一产品的最小成本组合是 200 单位劳动和 100 单位资本，则可以知道（　）。

A. 每单位资本的价格一定是每单位劳动价格的 2 倍

B. 每单位资本的劳动一定是每单位资本价格的 2 倍

C. 资本对劳动的边际技术替代率等于 2

D. 上述说法均不正确

35. 下列厂商增加产量的行为中属于短期调整的是（　）。

A. 延长工人的劳动时间　　B. 扩建厂房

C. 增加生产线　　D. 增加管理人员

36. 已知某企业的生产函数 $Q=10LK$（Q 为产量，L 和 K 分别为劳动和资本），则（　）。

A. 生产函数是规模报酬不变

B. 生产函数是规模报酬递增

C. 生产函数是规模报酬递减

D. 企业处于内部经济阶段

37. 某厂商在其生产经营过程中发现，现有投入组合下，劳动与资本间边际产量之比大于劳动与资本间价格之比，那么，该厂商（ ）。

A. 要增加产量，必须增加成本

B. 现有投入组合可能是较好的

C. 应增大劳动投入比例

D. 应增大资本投入比例

38. 基础设施改善使企业生产成本降低，被称为（ ）。

A. 内在经济　　B. 内在不经济

C. 外在经济　　D. 外在不经济

39. 生产要素最适组合是厂商利润最大化的（ ）。

A. 必要条件

B. 充分条件

C. 充分必要条件

D. 非充分非必要条件

40. 如果确定了最优的生产要素组合，（ ）。

A. 在生产函数已知时可以确定一条总成本曲线

B. 就可以确定一条总成本曲线

C. 在生产函数和生产要素价格已知时可以确定一条总成本曲线

D. 在生产函数和生产要素价格已知时可以确定总成本曲线上的一个点

二、多项选择题

1. 在生产者均衡点上会出现的情况为（ ）。

A. $MRTS_{LK}=P_L/P_K$

B. $MP_L/P_L=MP_K/P_K$

C. 等产量曲线与等成本曲线相切

D. $MRTS_{LK}=MP_L/MP_K$

2. 考察规模报酬，其前提是（ ）。

A. 生产技术不变　　B. 投入品的比例不变

C. 企业预算不变　　D. 要素投入数量不变

3. 在一种可变要素投入条件下，下列说法中正确的是（ ）。

A. 只要总产量减少，边际产量一定为负数

B. 只要边际产量减少，总产量一定减少

C. 边际产量曲线一定在平均产量曲线的最高点与之相交

D. 只要平均产量增加，边际产量就大于平均产量

4. 当其它生产要素不变，一种生产要素的合理投入阶段应该在（　）。

A. 从 AP 曲线的最高点到 MP 为零处

B. 从 AP 曲线与 MP 曲线相交处到 MP 曲线与横轴相交处

C. 从 AP 曲线的最高点到 TP 曲线的最高点

D. 上述说法都不对

5. 关于总产量、边际产量、平均产量的关系，下列说法中正确的是（　）。

A. 边际产量等于总产量曲线上相应点的切线的斜率

B. 只要边际产量大于平均产量，平均产量一定增加

C. 边际产量递减，总产量曲线仍会一直以递减的速率上升

D. 平均产量的值等于总产量曲线上相应点与原点连线的斜率

6. 在生产经济区里，等产量线（　）。

A. 凸向原点

B. 不能相交

C. 负向倾斜

D. 包含了正斜率和负斜率的部分

7. 在以横轴表示生产要素 X，纵轴表示生产要素 Y 的坐标系中，等成本曲线的斜率等于 2，在生产者均衡点（　）。

A. P_X/P_Y-2

B. $X/Y=2$

C. $MP_L/MP_K=2$

D. $MRTS_{LK}=1/2$

8. 已知等成本曲线与等产量曲线既不相交也不相切，此时，要达到等产量线所表示的产出水平，应该（　）。

A. 增加投入

B. 减少投入

C. 提高劳动与资本的价格

D. 降低劳动与资本的价格

9. 当劳动 L 的总产量下降时，（　）。

A. AP_L 为负

B. AP_L 是递减的

C. MP_L为负

D. MP_L是递减的

10. 当边际产量大于平均产量时（　）。

A. 平均产量递增　　B. 边际产量递增

C. 总产量递增　　D. 边际产量大于零

11. 当生产函数 $Q=f(L)$ 的 AP_L递减时，MP_L可以是（　）。

A. 递减且为正　　B. 递增且为正

C. 递减且为负　　D. 为零

12. 边际收益递减规律的前提是（　）。

A. 生产技术不变

B. 连续增加一种可变的生产要素投入，其它要素投入不变

C. 同比例增加各种生产要素投入

D. 不同比例增加各种生产要素投入

13. 如下图，下列关于劳动的边际产量、平均产量的说法哪些是正确的（　）。

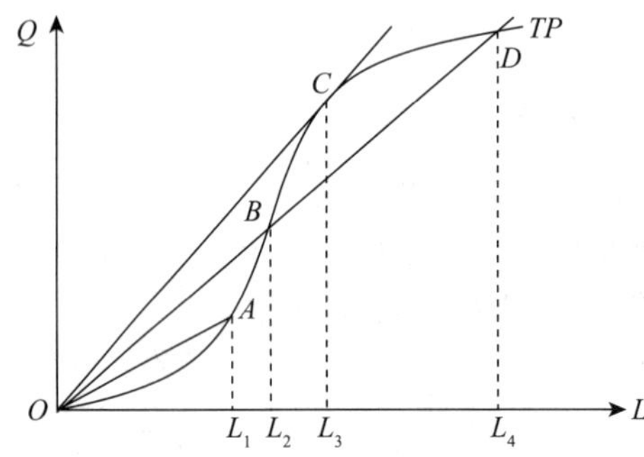

A. 边际产量是 TP 曲线的斜率

B. 在 L_3处边际产量等于平均产量

C. 从 B 点到 D 点，平均产量由递增到递减

D. 在 L_3处边际产量达到最大值

14. 根据13题图，下列关于劳动的边际产量、平均产量的说法哪些是正确的？（　）。

A. 在 L_2、L_4平均产量相等

B. L_3处平均产量大于 L_2处平均产量

C. L_1处边际产量大于 L_4处边际产量

D. 在 L_2处边际产量达到最大值

15. 如果仅劳动是变动投入，以边际产量等于平均产量作为划分投入一产

出区的标志，则第二区的特点包括（　）。

A. 边际产量递减

B. 平均产量不断下降

C. 总产量不断提高

D. 平均产量先上升，后下降

16. 当平均产量大于边际产量时（　）。

A. 平均产量递减

B. 边际产量递减

C. 总产量递减

D. 边际产量逐渐接近平均产量

17. 合理的要素投入区间应该是（　）。

A. 边际产量递减，总产量递增

B. 边际产量递增，平均产量递减

C. 边际产量大于零，平均产量递减

D. 边际产量递增，平均产量递增

18. 下列哪些情况属于内在经济？（　）。

A. 政府改善基础设施使企业生产成本降低

B. 大型企业采购原材料价格更便宜

C. 企业使用更贵的先进设备，生产成本降低

D. 计算机行业的专业分工使企业生产成本降低

19. 当厂商处在利润最大化的均衡点上，且劳动的价格与资本的价格相等，下列说法中正确的是（　）。

A. 劳动对资本的边际技术替代率等于 1

B. 等产量曲线的斜率等于等成本线的斜率

C. 等成本线与等产量曲线相切

D. 劳动的边际产量等于资本的边际产量

20. 等成本曲线向右平行移动的原因是（　）。

A. 产量增加

B. 生产者的预算增加

C. 生产要素的价格同比例下降

D. 生产要素的价格同比例上涨

三、判断题

1.（　）分析技术效率时所说的短期是指 1 年以内，长期是指 1 年以上。

2.（　）在短期内，所有生产要素均不能调整。

3. （ ）在短期内，管理人员的工资属于可变投入。

4. （ ）在长期中无所谓固定投入与可变投入之分。

5. （ ）生产要素就是指劳动和资本。

6. （ ）当其它生产要素不变时，一种生产要素投入越多，则产量越高。

7. （ ）在农业中并不是越密植越好，越施肥多越好。

8. （ ）技术水平不变是指生产中所使用的技术没有发生变化。

9. （ ）只要总产量减少，边际产量一定是负数。

10. （ ）只要边际产量减少，总产量也一定在减少。

11. （ ）当总产量最大时，边际产量曲线与横轴相交。

12. （ ）平均产量曲线可以和边际产量曲线在任何一点上相交。

13. （ ）一种生产要素合理投入的决定，要考虑到企业的生产目标。

14. （ ）规模经济和边际产量递减规律所研究的是同一个问题。

15. （ ）规模报酬递减是边际产量递减规律造成的。

16. （ ）边际产量递减是规模报酬递减所造成的。

17. （ ）一个企业生产规模过大会引起管理效率降低，这样所引起的产量或收益的减少属于内在不经济。

18. （ ）无论哪个行业，企业的规模都是越大越好。

19. （ ）在一条等产量线的上部，其代表的产量大于该等产量线的下部所代表的产量。

20. （ ）在同一平面图上，任意两条等产量线也能相交。

21. （ ）假定生产某种产品要用两种要素，如果这两种要素的价格相等，则该厂商最好就是要用同等数量的这两种要素投入。

22. （ ）利用等产量线上任意一点所表示的生产要素组合，都可以生产出同一数量的产品。

23. （ ）利用两条等产量线的交点所表示的生产要素组合，可以生产出数量不同的产品。

24. （ ）等产量线是一条凹向原点的线。

25. （ ）生产要素的价格一旦确定，等成本线的斜率也就确定了。

26. （ ）边际产量一定大于平均产量。

27. （ ）一旦技术水平发生变化，生产函数也会变化。

28. （ ）劳动对资本的替代率为 2，说明增加一个单位劳动的投入所增加的产量等于减少 2 个单位资本所减少的产量。

29. （ ）边际产量曲线一定在边际产量曲线的最高点与平均产量曲线相交。

30.（　）边际产量一定等于总产量曲线上相应点的切线的斜率。

31.（　）规模报酬递增的厂商不可能会面临报酬递减的现象。

32.（　）如果生产函数具有规模报酬不变特性，那么要素在生产上的边际替代率是不变的。

33.（　）只要边际产量小于平均产量，平均产量递减。

34.（　）边际技术替代率等于两要素的边际产量之比。

35.（　）等成本线的斜率即为两种生产要素的价格之比。

36.（　）无论是短期还是长期，生产要素投入都可以分为不变要素投入和可变要素投入。

37.（　）连接总产量曲线上任何一点和坐标原点的线段的斜率都可以表示为该点上的劳动的平均产量的值。

38.（　）等产量曲线上某一点的边际技术替代率就是等产量曲线在该点的斜率。

39.（　）边际技术替代率递减规律使得向右下方倾斜的等产量曲线必然凸向原点。

40.（　）脊线是生产的经济区域与不经济区域的分界线。

41.（　）在生产函数中，只要有一种投入不变，便是短期生产函数。

42.（　）可变要素的边际产量总是递减的。

43.（　）随着某生产要素投入量的增加，边际产量和平均产量增加到一定程度将同时趋于下降。

44.（　）边际产量曲线与平均产量曲线的交点，一定在边际产量曲线向右下方倾斜的部分。

45.（　）假如以生产要素 L 代替 K 的边际技术替代率等于 3，这意味着这时增加 1 个单位 L 所增加的产量，等于减少 3 个单位 K 所减少的产量。

46.（　）生产要素的边际技术替代率递减是边际收益递减规律造成的。

47.（　）不变投入是指在短期内不会随产出数量变化的投入。

48.（　）为实现一定量产出的成本最低的原则是要使每一种投入的边际产量彼此相等。

49.（　）生产函数与投入的价格变化没有直接的关系。

50.（　）只有在两要素的边际技术替代率和两要素的价格之比相等时，生产者才能实现生产的均衡。

四、计算题

1. 如果某企业仅生产一种产品，并且唯一可变要素是劳动，其短期生产函数为 $Q=-0.1L^3+3L^2+10L$，其中，Q 是每月的产量，单位为吨，L 是雇佣工人数。问：

（1）要使劳动的平均产量达到最大，该企业需要雇佣多少工人？

（2）要使劳动的边际产量达到最大，企业应该雇佣多少工人？

2. 已知某厂商的生产函数为 $Q=f(K, L)=\dfrac{15KL}{2K+L}$，求：

（1）劳动的边际产量与平均产量函数。

（2）劳动的边际产量是递增还是递减？

3. 已知：生产函数 $Q=20L+50K-6L^2-2K^2$，$P_L=15$ 元，$P_K=30$ 元，$TC=660$ 元。其中：Q 为产量，L 与 K 分别为不同的生产要素投入，P_L 与 P_K 分别为 L 与 K 的投入价格，TC 为生产总成本。试求最优的生产要素组合。

4. 已知：生产函数为

（1）$Q=4\sqrt{KL}$

（2）$Q=\dfrac{10KL}{K+L}$

（3）$Q=K^2L$

求当 $P_L=1$，$P_K=4$，$Q=10$ 时，成本最小的投入组合。

5. 判断下列生产函数规模报酬的类型：

（1）$Q=5L^{0.3}K^{0.2}$

（2）$Q=3L+5K$

（3）$Q=(0.5L^2K^4)^{\frac{1}{3}}$

6. 对于生产函数 $f(L, K) = \beta_0 + \beta_1 (KL)^{\frac{1}{2}} + \beta_2 K + \beta_3 L$，其中，$0 < \beta_i < 1(i = 1,2,3)$，满足什么条件时，该生产函数规模报酬不变？

7. 某企业生产函数为 $Q=30L^{0.5}K^{0.5}$，单位劳动力投入为 5 000/年，资本（万元）年利率 10%。求：

（1）企业预算 6 000 万元时，能够达到的最大产量及劳动和资本的投入量。

（2）如果单位劳动力投入为 4 000/年，总产量为 3 000 件时，企业最小成本投入及劳动和资本的投入量。

8. 企业短期生产函数为 $Q=-L^3+24L^2+240L$，计算 L 在下列情况下的取值范围：

（1）投入—产出区一区

（2）投入—产出区二区

（3）投入—产出区三区

9. 某企业生产函数为 $Q=5LK$，L 为劳动的投入，K 为资本的投入。如果劳动的价格为 1，资本的价格为 2，生产 1 000 件产品应该如何组织生产？

10. 企业生产函数为 $Q=\min(3K, 4L)$，求 $Q=1\ 200$ 时，成本最小的投入组合。

11. 已知生产函数 $Q=f(L, K)=2KL-0.5L^2-0.5K^2$，假定生产厂商目前处于短期生产，且 $K=10$，求：

（1）短期生产中，该厂商劳动的总产量函数、劳动的平均产量函数、劳动的边际产量函数；

（2）分别计算当劳动的总产量、劳动的平均产量各自达到极大值时厂商的劳动投入量。

（3）什么时候 $AP_L=MP_L$，它的值是多少？

五、论述题

用边际收益递减规律、规模经济说明我国农村剩余劳动力向第二、第三产业转移的必要性。

第六章　成本与收益

【学习目的】

本章仍然研究的是厂商行为，上一章生产者行为理论分析了生产的实物形态，本章分析生产的价值形态，重点是成本与收益的变动规律，探讨如何在收益一定的条件下使成本最小，从而使厂商获得最大利润，实现经济效率。通过本章的学习，学生可以了解在短期与长期生产活动中，各类成本的变动规律及其相互关系，了解收益的变动规律和厂商实现利润最大化的基本条件，掌握重要的经济分析方法——成本收益分析法，对成本与收益的研究有助于更好地理解厂商的供给决策。

【学习要求】

了解短期生产活动中，固定成本与可变成本的划分，熟悉短期总成本、固定成本、可变成本、短期平均成本、短期边际成本的概念、变动规律及其相互关系，理解长期生产的特点及长期成本与短期成本的关系，掌握长期总成本线、长期平均成本线、长期边际成本线的特点与推导过程，了解经济成本与会计成本的区别与联系，能够分析生产活动中的经济成本与会计成本，能够区分显明成本与隐含成本、私人成本与社会成本、增量成本与沉没成本，熟悉总收益、平均收益和边际收益的概念、变动规律及其相互关系，掌握厂商实现利润最大化的基本条件。

【主要概念】

短期总成本、固定成本、可变成本、完全可变成本、半可变成本、短期平均成本、短期边际成本、长期总成本、长期平均成本、长期边际成本、经济成本、会计成本、显明成本、隐含成本、私人成本、社会成本、增量成本、沉没成本、总收益、平均收益、边际收益。

【内容要点】

本章通过研究成本与收益的变动规律，探讨如何在生产活动中使收益与成本的差额达到最大，从而实现厂商利润最大化的目标。本章包括两个主要部分：成本理论以及收益理论。

经济学对生产活动的研究分为短期和长期，相应的成本分析也分为短期成本分析和长期成本分析。

经济学所说的短期是指厂商不能根据计划达到的产量调整全部生产要素的时期。一般认为，原料、燃料、劳动力的投入短期容易调整，相应地，这部分可以调整的生产要素的支出被称为可变成本（*VC*）。可变成本会随着产量变动而变动，产量为零时，可变成本为零。可变成本又可分为完全可变成本和半可变成本。前者随产量成比例变动，后者与产量关系不大，但产量为零时，该成本也为零，例如公交车司机的成本。短期内难以调整的生产要素被称为不变要素或固定要素，主要包括厂房、设备、管理人员等，相应地，这部分短期内必须支付的不能调整的生产要素的费用被称为固定成本（*FC*）。固定成本与可变成本之和是短期总成本（*STC*），短期总成本除以产量得到短期平均成本（*SAC*），短期总成本的增量与产量的增量之比是短期边际成本（*SMC*），短期边际成本也等于可变成本的增量与产量的增量之比，因为在短期生产中，总成本的增量就是可变成本的增量。

在各种短期成本中，固定成本不随产量而变化，*FC* 曲线与 *X* 轴平行，可变成本随着产量增加而增加，*VC* 曲线向右上方倾斜，开始生产时，可变成本增加较快，*VC* 曲线比较陡峭，随着产量的增加，固定要素和可变要素的效率得到充分发挥，*VC* 曲线变得比较平缓，当产量增加到一定数量后，由于边际产量递减规律，*VC* 曲线又变得陡峭。*STC* 曲线与 *VC* 曲线平行，两条曲线的距离等于固定成本。平均固定成本（*AFC*）会随着产量的增加而递减，*AFC* 曲线向右下方倾斜。随着产量的增加，不变要素的利用会更加充分，所以，平均可变成本（*AVC*）、短期平均成本（*SAC*）、短期边际成本（*SMC*）最初都随产量的增加而递减，但当产量增加到一定数量后，边际产量递减规律最终导致平均可变成本、短期平均成本、短期边际成本随产量的增加而递增，*SAC* 曲线、*AVC* 曲线与 *SMC* 曲线均呈 U 型。*SMC* 曲线自下而上穿过 *AVC* 曲线和 *SAC* 曲线，*SMC* 曲线与 *SAC* 曲线的交点是 *SAC* 曲线的最低点，而 *SMC* 曲线与 *AVC* 曲线的交点也是 *AVC* 曲线的最低点。

经济学里的长期是指厂商能根据所要达到的产量调整全部生产要素的时期。在长期生产活动中，所有的投入都是可变的，没有固定成本与可变成本的区分，所以，对长期成本的分析只有长期总成本、长期平均成本和长期边际成本。

在长期生产中，厂商可以根据所要达到的产量选择最合适的生产规模。当计划的产量为零时，厂商没有投入，长期总成本（*LTC*）也为零。在产量比较低时，对生产要素的利用不充分，成本增长快，*LTC* 曲线比较陡峭；随着产量的增加，厂商会选择更大的生产规模，由于规模经济，*LTC* 曲线变得比较平缓；当产量达到一定数量后，由于规模过大而出现规模不经济，*LTC* 曲线又变得陡峭。

在各种产量下，厂商都可以选择最合适的平均成本最低的生产规模，所以，长期平均成本（*LAC*）曲线是厂商在各种产量下最低平均成本的轨迹。如果厂商可以选择的工厂规模可以无限细分，*LAC* 曲线会与不同规模的 *SAC* 曲线相切，形成将所有的 *SAC* 曲线包络其中的 *U* 型曲线。*LAC* 曲线呈 *U* 型反映了随着生产规模的扩大生产由规模经济变为规模不经济。在现实生产中，考虑到要素价格的变动，不同行业厂商的长期平均成本的变动可以分为“成本不变、成本递增和成本递减”三种情况。

长期边际成本（*LMC*）曲线是在各种产量下，厂商所选择的最优规模的短期边际成本的连线。*LMC* 曲线也呈 *U* 型，*LMC* 曲线自下而上穿过 *LAC* 曲线，*LMC* 曲线与 *LAC* 曲线的交点是 *LAC* 曲线的最低点。

除了从生产周期的角度分析短期成本与长期成本外，研究厂商行为还涉及到其它一些成本。经济学家在经济分析中使用经济成本，也就是生产过程中全部投入的机会成本；而财务分析通常使用会计成本，即生产过程中按市场价格实际支付的一切费用。经济成本主要用于经济决策中选择最优方案，而会计成本用于核算厂商的经营业绩。经济成本既包括显明成本也包括隐含成本。显明成本指厂商会计账目上作为成本项目计入账上的各种实际支出费用，隐含成本是厂商自己所提供的资源的应有报酬，这笔费用并没有在生产过程中实际支出。

财务分析主要分析的是私人成本，即个体从事生产活动实际支付的一切成本。而经济分析特别是政府制定政策、立法和审批项目时经常使用社会成本，它是社会为某项生产活动需要支付的一切成本。社会成本包括私人成本以及社会为私人生产所支付的一切费用。

某项经济活动的成本还可以分为增量成本与沉没成本，增量成本是因产量增加而增加的成本，沉没成本是业已发生而无法收回的或不因生产决策而改变的成本。沉没成本不完全等同于固定成本，例如，购买一台设备的支出属于固定成本，如果该设备能转让，则转让所得部分不属于沉没成本。对于沉没成本，经济学家往往采取“随它去”的态度。

对收益的分析可分为总收益、平均收益和边际收益。总收益是价格与销售量的乘积，平均收益等于价格，边际收益是总收益的增量与销售量的增量之比。在需求定理的作用下，边际收益随销售量的增加而递减。将成本分析与收益分析相结合可以得到厂商实现利润最大化的基本条件：当边际收益等于边际成本时，厂商可以得到最大利润或实现最小亏损。

【基本概念释义】

短期总成本：短期内厂商生产一定数量产品所投入的成本总和。

固定成本：厂商短期内必须支付的不能调整的生产要素的费用。

可变成本：厂商在短期内必须支付的可以调整的生产要素的费用。

短期平均成本：短期内厂商生产每一单位产品平均所支出的成本。

短期边际成本：短期内厂商每增加一单位产量所增加的总成本。

长期总成本：长期中厂商生产一定量产品所投入的成本总和。

长期平均成本：厂商在长期中每生产一个单位产品平均投入的成本。

长期边际成本：在长期生产中厂商每增加一个单位产量总成本的增加量。

经济成本：厂商生产过程中全部投入的机会成本。

会计成本：厂商在生产过程中按市场价格直接支付的一切费用，是业已发生的历史成本。

显明成本：厂商会计账目上作为成本项目计入账上的各种实际支出费用。

隐含成本：厂商自己所提供的资源所应支付的费用。

私人成本：个体从事生产活动实际支付的一切成本。

社会成本：社会为某项生产活动需要支付的一切成本，包括私人成本以及社会为私人生产所支付的一切费用。

增量成本：因产量增加而增加的成本。

沉没成本：业已发生而无法收回的或不因生产决策而改变的成本。

总收益：厂商出售产品所得到的全部收入，是价格与销售量的乘积。

平均收益：厂商销售一个单位产品平均所得到的收入。

边际收益：厂商每增加一个单位产品所增加的总收益。

【课后练习题参考答案】

1.

Q	*FC*	*VC*	*TC*	*MC*	*AFC*	*AVC*	*AC*
1	50	50	100	100	50	50	100
2	50	80	130	30	25	40	65
3	50	90	140	10	16.7	30	46.7
4	50	100	150	10	12.5	25	37.5
5	50	120	170	20	10	24	34

2.（1）如果市场需求量为 8，A 方案的短期成本为：$TC_A = 80 + 2Q_A + 0.5Q_A{}^2 = 80 + 16 + 32 = 128$

B 方案的短期成本为：$TC_B = 50 + Q_B{}^2 = 114$

B 方案的成本低，厂商应该选择 B 方案

（2）如果选择 A 方案，$80 + 2Q + 0.5Q^2 \leqslant 50 + Q^2$

$60 + 4Q - Q^2 \leqslant 0$，$Q$ 至少应该达到 10

3. 由短期总成本函数可知，$Q=0$ 时，$STC(Q) = 5$，固定成本 $FC = 5$，可变成本函数 $VC = 0.04Q^3 - 0.8Q^2 + 10Q$，平均可变成本 $AVC = VC/Q = 0.04Q^2 - 0.8Q + 10$，平均可变成本最小时，$AVC' = 0.08Q - 0.8 = 0$，$Q = 10$，$AVC = 0.04Q^2 - 0.8Q + 10 = 22$

4. 由短期总成本函数得短期边际成本 $MC = 0.25Q + 4$，由总收益函数得边际收益 $MR = 9 - Q$，厂商利润最大时，$MC = MR$。

$0.25Q + 4 = 9 - Q$

$Q = 4$

当产量为 4 时，厂商利润最大。

利润 $\pi = TR - STC = 9Q - 0.5Q^2 - (4Q + 0.125Q^2 + 15) = -5$

【本章习题】

一、单项选择题

1. 随着产量的增加，平均固定成本（　）。

A. 增加　　B. 不变

C. 减少　　D. 不能确定

2. 某厂商生产一批产品，生产第 3 个单位产品的总成本是 3.5 元，生产第 4 个单位产品的总成本是 4.6 元，那么该厂商的边际成本是（　）。

A. 3.5 元　　B. 4.6 元

C. 8.1 元　　D. 1.1 元

3. 短期可变成本曲线随产量增加而（　）。

A. 不断上升

B. 不断下降

C. 先上升后下降

D. 先下降后上升

4. 当短期平均成本大于短期边际成本时（　）。

A. 短期平均成本处于上升

B. 短期平均成本处于下降

C. 短期总成本处于下降

D. 可变成本处于下降

5. 当短期边际成本大于短期平均成本时（ ）。

A. 平均可变成本处于下降

B. 短期边际成本处于下降

C. 短期总成本处于下降

D. 平均可变成本处于上升

6. 短期边际成本曲线（*SMC*）（ ）。

A. 穿过短期平均成本曲线（*SAC*）和平均固定成本曲线（*AFC*）的最低点

B. 穿过平均可变成本曲线（*AVC*）和平均固定成本曲线（*AFC*）的最低点

C. 穿过平均可变成本曲线（*AVC*）和短期平均成本曲线（*SAC*）的最低点

D. 仅穿过平均可变成本曲线的最低点

7. 当边际成本曲线（*SMC*）上升时，其对应的平均可变成本曲线（*AVC*）一定是（ ）。

A. 上升

B. 下降

C. 既不上升，也不下降

D. 既可能上升，又可能下降

8. 当短期总成本曲线以递增的速率上升时（ ）。

A. 边际成本曲线处于递减阶段

B. 边际成本曲线处于递增阶段

C. 边际产量曲线处于递增阶段

D. 无法判断边际成本曲线与边际产量曲线的状态

9. 长期平均成本曲线为 U 型的原因在于（ ）。

A. 边际效用递减规律

B. 边际收益递减规律

C. 生产由规模经济向规模不经济变动

C. 边际产量由递增变为递减

10. 当企业生产处于规模经济阶段时，长期平均成本曲线切于短期平均成本曲线的（ ）。

A. 左端　　B. 右端　　C. 最低端　　D. 无法确定

11. 在短期平均成本 *SAC* 与长期平均成本 *LAC* 的相切处（　）。

A. *SMC*＞*LMC*

B. *SMC*＜*LMC*

C. *SMC*＝*LMC*

D. 无法确定 *SMC* 与 *LMC* 的位置

12. 某日用品制造厂单位产量所带来的边际成本（*SMC*）大于产量增加前的平均可变成本（*AVC*），那么在产量增加后平均可变成本会（　）。

A. 减少　　B. 增加

C. 不变　　D. 无法判断

13. 在 *LAC* 曲线下降的区域内（　）。

A. *LAC*≤*SAC*

B. *SAC* 的最低点在 *LAC* 上

C. *LAC* 与各条 *SAC* 相切于 *SAC* 的最低点

D. 无法判定 *SAC* 与 *LAC* 的位置

14. 在长期中下列哪项是不存在的（　）。

A. 固定成本　　B. 平均成本

C. 机会成本　　D. 隐含成本

15. 不随产量变动的成本称为（　）。

A. 平均成本　　B. 固定成本

C. 长期成本　　D. 总成本

16. 当边际报酬递减规律发生作用时，总成本曲线开始（　）。

A. 以递减的速率下降

B. 以递增的速率上升

C. 以递减的速率下降

D. 以递减的速率上升

17. 已知产量为 10 单位时，平均成本为 40；当产量为 11 单位时，平均成本为 50，那么边际成本为（　）。

A. 10　　B. 55　　C. 150　　D. 110

18. 假定在某一产量水平上，某厂商的平均成本达到了最小值，这意味着（　）。

A. 边际成本等于平均成本

B. 厂商获得了最大利润

C. 边际成本最小

D. 平均可变成本最小

19. *SMC* 是（　）。

A. *FC* 曲线的斜率

B. *VC* 曲线的斜率但不是 *STC* 曲线的斜率

C. *STC* 曲线的斜率但不是 *VC* 曲线的斜率

D. 既是 *VC* 又是 *STC* 曲线的斜率

20. 下面哪个关系是正确的（　）。

A. 边际成本递增时，边际产量递增

B. 边际成本递增时，平均成本递增

C. 边际成本递增时，边际产量递减

D. 边际成本递增时，平均成本下降

21. 下列说法正确的是（　）。

A. 厂房设备投资的利息是可变成本

B. 货款利息的支出是可变成本

C. 总成本在长期内可以划分为固定成本和可变成本

D. 补偿固定资本无形损耗的折旧费是固定成本

22. 长期总成本曲线是各种产量的（　）。

A. 最低成本点的轨迹

B. 最低平均成本点的轨迹

C. 最低边际成本点的轨迹

D. 平均成本变动的轨迹

23. 如果一个企业经历规模报酬不变阶段，则 *LAC* 曲线是（　）。

A. 上升的　　B. 下降的　　C. 垂直的　　D. 水平的

24. 在其它条件不变的情况下，如果不变投入的成本上升（　）。

A. 平均成本曲线和边际成本曲线上移

B. 边际成本曲线上移，平均成本曲线不变

C. 平均成本曲线和边际成本曲线都不受影响

D. 平均成本曲线上移，边际成本曲线不变

25. 短期边际成本曲线与短期平均成本曲线相交之后（　）。

A. 边际成本等于平均成本

B. 边际成本大于平均成本

C. 边际成本小于平均成本

D. 以上任何一种情况都有可能

26. *LAC* 曲线与 *SAC* 曲线相切时（　）。

A. *LMC* 曲线与 *SMC* 曲线相交

B. SAC 最低

C. SMC 最低

D. LMC 最低

27. SAC 最低时（　）。

A. AVC 最低　　B. SMC 最低

C. STC 最大　　D. 三者都不正确

28. 如果某厂商的产量从 1 000 增加到 1 002，总成本从 3 000 增加到 3 020，则边际成本应该是（　）。

A. 20　　B. 10　　C. 3 020　　D. 2

29. 随着产量的增加，LAC 曲线下降，因为（　）。

A. 规模经济

B. 规模不经济

C. 边际产量递减

D. 生产由规模经济变为规模不经济

30. 企业购买生产要素实际支出的成本是（　）。

A. 显明成本　　B. 隐含成本

C. 固定成本　　D. 可变成本

31. 当短期平均成本上升时（　）。

A. SMC 上升，且 $SMC>SAC$

B. SMC 上升，且 $SMC<SAC$

C. SMC 下降，且 $SMC>SAC$

D. SMC 下降，且 $SMC<SAC$

32. 短期平均成本曲线呈 U 型与（　）。

A. 规模报酬有关

B. 规模经济与规模不经济有关

C. 边际产量有关

D. 固定成本与可变成本的比例有关

33. 某厂商每年从企业的总收入中取出一部分作为自己所提供的生产要素的报酬，这部分资金被视为（　）。

A. 显明成本　　B. 隐含成本

C. 会计成本　　D. 经济利润

34. 关于长期平均成本和短期平均成本的关系，以下说法正确的是（　）。

A. 长期平均成本线上的每一点都与短期平均成本线上的某一点相对应

B. 短期平均成本线上的每一点都在长期平均成本线上
C. 长期平均成本线上的每一点都对应着某一条短期平均成本线的最低点
D. 每一条短期平均成本线的最低点都在长期平均成本曲线上

35. 在短期生产中，当边际产量达到最大值时，下列哪项成本达到最小值（　）。
A. 平均成本
B. 边际成本
C. 平均可变成本
D. 平均不变成本

36. 经济成本与经济利润具有以下特征（　）。
A. 前者比会计成本大，后者比会计利润小
B. 前者比会计成本小，后者比会计利润大
C. 两者都比相应的会计成本和会计利润小
D. 两者都比相应的会计成本和会计利润大

37. 当总产量增加时，下列选项中减少的一项是（　）。
A. 平均可变成本　　B. 平均成本
C. 边际成本　　D. 平均固定成本

38. 在经济学中，生产的机会成本等于（　）。
A. 显明成本＋隐含成本
B. 社会成本＋显明成本
C. 会计成本＋隐含成本
D. A 和 C 都对

39. 使用自有资金也应计算利息收入，这种利息从成本角度看是（　）。
A. 固定成本　　B. 隐含成本
C. 会计成本　　D. 生产成本

40. *LAC* 曲线（　）。
A. 通过 *LMC* 曲线的最低点
B. 随着 *LMC* 曲线的上升而上升
C. 当 *LAC*>*LMC* 时上升，当 *LMC*>*LAC* 时下降
D. 当 *LMC*>*LAC* 时上升，当 *LAC*>*LMC* 时下降

二、多项选择题

1. 在短期内，以下说法正确的是（　）。
A. 总不变成本是厂商为生产一定量的产品对不变生产要素所支付的总

成本
B. 建筑物和机器设备的折旧费属于总不变成本
C. 总固定成本不随产量的变化而变化
D. 当产量为零时，总固定成本也为零

2. 当短期边际成本曲线交于短期平均成本曲线时，下列各项正确的是（　）。
A. 短期边际成本上升
B. 平均可变成本下降
C. 短期边际成本下降
D. 短期总成本上升

3. 当短期边际成本大于平均可变成本时（　）。
A. 短期边际成本处于上升
B. 短期平均成本处于上升
C. 短期总成本处于上升
D. 平均可变成本处于上升

4. 下面关于边际成本和平均成本的说法中正确的是（　）。
A. 如果边际成本大于平均成本，平均成本一定上升
B. 边际成本上升时，平均成本一定上升
C. 如果边际成本小于平均成本，平均成本可能下降，也可能上升
D. 边际成本下降时，平均成本一定下降

5. 下列项目中可称为可变成本的是（　）。
A. 高层管理者的薪金
B. 生产工人的工资
C. 厂房和机器设备的折旧
D. 原料、燃料方面的支出

6. 当 $SMC<SAC$ 时（　）。
A. SAC 下降
B. AVC 可能下降，也可能上升
C. SMC 下降
D. AVC 下降

7. 当 $LAC<LMC$ 时（　）。
A. $SMC=LMC$
B. LAC 上升
C. LMC 下降

D. 生产处于规模经济阶段

8. 厂商利润最大化的条件是（　）。

A. $MR=MC$

B. TR 与 TC 的差最大

C. $AR=AC$

D. MR 的变化率小于 MC 的变化率

9. 若某个产量的长期平均成本等于短期平均成本，也等于长期边际成本，则可推断（　）。

A. 长期边际成本最小

B. 长期平均成本最小

C. 短期平均成本最小

D. 短期平均成本等于长期边际成本

10. 以下说法正确的有（　）。

A. 短期生产中边际成本的变化只与可变成本有关

B. 长期内如果产量减少到零，总成本也将为零

C. 生产处于规模经济阶段，长期平均成本下降

D. 要素的边际产量递增引起了短期边际成本一开始的递减

11. 从原点出发与 TC 曲线相切的直线的斜率是（　）。

A. AC 的最低点　　B. 等于 MC

C. 等于 AC　　D. AVC 的最低点

12. 当边际成本曲线（MC）达到最低点时（　）。

A. 平均成本曲线（AC）递减

B. 平均可变成本曲线（AVC）递减

C. 平均产量曲线（AP）达到最大值

D. 边际产量曲线（TP）达到最大值

13. 有关经济学中的生产成本与企业会计的生产成本的叙述正确的有（　）。

A. 经济学中的生产成本是指机会成本

B. 经济学中的生产成本包括生产过程中所有的显性成本和隐性成本

C. 企业会计的生产成本指会计成本

D. 会计成本仅包括经济学中的显性成本

14. 下列关于边际成本的说法正确的是（　）。

A. 总成本增量除以产量的增量

B. 可变成本的增量与产量的增量之比

C. 投入的生产要素每增加 1 个单位所增加的成本

D. 增加生产 1 单位产量所增加的成本

三、判断题

1.（　）长期平均成本曲线在达到一定产量水平后趋于上升，是由边际收益递减规律所造成的。

2.（　）厂房的火灾保险费是可变成本。

3.（　）边际成本曲线在达到一定产量水平后趋于上升，是由边际收益递减规律所造成的。

4.（　）补偿固定资本无形损耗的折旧费是不变成本。

5.（　）付给工人的加班费是可变成本。

6.（　）边际成本曲线一定在平均可变成本曲线的最低点与它相交。

7.（　）厂商增加一单位产量时所增加的总可变成本等于边际成本。

8.（　）总成本在长期内可以划分为不变成本和可变成本。

9.（　）在产量的某一变化范围内，只要边际成本曲线位于平均成本曲线的上方，平均成本曲线一定向下倾斜。

10.（　）如果平均变动成本等于边际成本，则边际产量等于平均产量。

11.（　）固定成本与产量的变动无关。

12.（　）在短期内管理人员的工资属于可变成本。

13.（　）LAC 曲线的上升是由边际报酬递减规律引起的。

14.（　）可变要素的边际成本总是递增的。

15.（　）机会成本也称为隐形成本。

16.（　）企业用自有资金进行生产是没有成本的。

17.（　）在任何投资决策中都要考虑机会成本。

18.（　）会计利润和经济利润是一回事，只是名称不同而已。

19.（　）一般来说，会计利润大于经济利润。

20.（　）在短期，管理人员的工资和生产工人的工资都是固定成本。

21.（　）在短期，企业增加一单位产量时所增加的可变成本等于边际成本。

22.（　）短期总成本曲线是一条从原点出发向右上方倾斜的曲线。

23.（　）在短期，平均可变成本曲线是一条先下降而后上升的 U 形曲线。

24.（　）短期边际成本曲线和短期平均成本曲线一定相交于短期平均成本曲线的最低点。

25.（　）收益就是利润，因此收益最大化就是利润最大化。

26.（ ）边际收益等于边际成本时，企业的正常利润为零。

27.（ ）短期总成本曲线与长期总成本曲线都是从原点出发向右上方倾斜的一条曲线。

28.（ ）长期平均成本曲线是一条与无数条短期平均成本曲线相切的曲线。

29.（ ）长期平均成本曲线与短期平均成本曲线既有相同之点，又有不同之处。

30.（ ）成本递增行业中各企业的长期平均成本随整个行业产量的增加而增加。

31.（ ）边际成本曲线与平均成本曲线的交点一定在边际成本曲线向右上方倾斜的部分。

四、计算题

1. 李某和王某想合写一本书，作为经济学家，他们计算出他们写此书的生产函数为 $Q=L^{0.5}W^{0.5}$，Q 是写完的书的页数，L 和 W 分别是李某和王某工作的小时数。李某每小时值 3 美元，他已花了 900 小时用来写草稿；王某每小时值 12 美元，他将修改李某的草稿并完成该书。问：

（1）王某为完成 150 页、300 页和 450 页书稿分别得花多少时间？

（2）写完 150 页、300 页和 450 页书的边际成本分别是多少？

2. 王某自己开了一家公司。他有两个朋友：一个是会计师（李某），一个是经济学家（陈某）。一年结束时，这两个朋友帮助王某算账。有关资料如下：

（1）王某没有从自己的公司中领薪水，但如果他不开公司，可以找到一份年薪为 4 万美元的工作。

（2）王某从租赁公司租了设备，每年租金为 1 万美元。

（3）王某自己有厂房，但如果出租每年可得租金 1 万美元。

（4）在经营中，王某使用了自己的 1 万美元，从银行贷款 4 万美元（存款利率 5%，贷款利率 10%）

（5）王某雇佣了一个工人，年薪 2 万美元。

（6）原材料燃料的成本 2 万美元。

（7）王某这一年的总收益为 10 万美元。

请说明李某与陈某如何计算王某的成本。李某计算的成本中，哪些是固定成本，哪些是可变成本？陈某计算的成本中，哪些是显明成本，哪些是隐含成本？李某与陈某计算的王某的利润分别是多少。

3. 假设某厂商需求如下：$Q=5000-50P$。其中，Q 为产量，P 为价格。厂商的平均成本函数为：$AC=6000/Q+20$。使厂商利润最大化的价格与产量是多少？最大化的利润是多少？

4. 某企业的短期成本函数为 $C=(2Q-K)^3+K^3+10$，其中 Q 为产量，K 为资本规模。求该企业的长期成本函数。

5. 已知销售商品 X 的总收益方程为：$TR=100Q-2Q^2$，计算当边际收益 MR 为 20 时的点价格弹性。

6. 假设某厂商的边际成本函数 $MC=3Q^2-30Q+100$，且生产 10 单位产量时的总成本为 1000。求：

（1）固定成本的值。

（2）总成本函数、总可变成本函数，以及平均成本函数、平均可变成本函数。

7. 假定一企业的平均成本函数 $AC=(160/Q)+5-3Q+2Q^2$，求边际成本函数 MC。

8. 如果某企业仅生产一种产品，并且唯一可变要素是劳动，也有固定成本。其短期生产函数为 $Q=-0.1L^3+3L^2+8L$，其中，Q 是每月的产量，单位为吨，L 是雇佣工人数，试问：

（1）欲使劳动的平均产量达到最大，该企业需要雇佣多少工人？

（2）要使劳动的边际产量达到最大，其应该雇佣多少工人？

（3）在其平均可变成本最小时，产量是多少？

（4）假设工人的工资 $W=320$ 元，产品价格 $P=40$ 元，求利润最大时，应该雇佣多少工人？

9. 已知某企业的生产函数 $Q=L^{\frac{1}{2}}K^{\frac{1}{2}}$，$P_L=1$，$P_K=2$。求企业的总成本函数、平均成本、边际成本。

10. 已知某企业使用两种原料 X 与 Y 进行生产，生产函数为：$Q=(2X^{\frac{1}{2}}+Y^{\frac{1}{2}})^2$，两种原料的价格分别是：$P_X=30$，$P_Y=20$，其它投入为 500。求：

（1）产量为 484 时，X 与 Y 的投入量？

（2）该企业的总成本函数？

五、论述题

1. SAC 曲线与 LAC 曲线都呈 U 形，成因有何不同？

2. 节假日期间，许多大型商场都延长营业时间，为什么平时不延长？请用边际分析理论来解释这个问题。

3. 假定老王家的宅前有一块空地，附近一所学校的校长愿意每年出 250 元的租金租下这块空地以供学生进行体育锻炼。对老王来说，他可以用这块地种植蔬菜。如果种子、肥料和其他费用的总和是 200 元，而老王预计卖掉全部蔬菜的年收入是 500 元。请问老王种蔬菜的显明成本和隐含成本分别是多少，他应该选择种植蔬菜还是出租土地以获得更多的收入？

第七章　市场理论

【学习目的】

本章是厂商理论的第三部分。在生产者行为理论和成本理论部分，对厂商的限制主要是技术限制，厂商可以根据自身的技术条件，独立做出生产决策，但产品价值的实现必须通过市场，厂商只有通过市场才能将内部的经济效率变为利润，市场构成了对厂商行为的另一种限制。厂商在决定产量与价格的时候，不仅需要考虑自己的生产函数和成本函数，还要考虑市场环境，市场条件不同，厂商实现利润最大化的均衡条件也不同。本章研究厂商在市场上的行为，即在既定的市场限制条件下，厂商如何实现利润的最大化。通过本章的学习，学生可以了解不同市场类型的特点，以及在不同市场条件下，厂商的短期与长期均衡条件，培养学生综合运用供求理论、消费者行为理论和厂商理论分析经济问题的能力。

【学习要求】

掌握完全竞争市场、垄断竞争市场、寡头垄断市场与完全垄断市场的特点与条件；熟悉完全竞争市场、垄断竞争市场、完全垄断市场的短期均衡与长期均衡条件；掌握完全竞争市场上行业需求曲线与厂商需求曲线的不同特点，以及厂商平均收益与边际收益的特点；掌握完全竞争市场上厂商短期供给曲线的推导；了解完全垄断厂商实行价格歧视的条件及价格歧视的类型；了解垄断竞争市场上厂商面临的主观需求曲线与客观需求曲线；了解分析寡头垄断市场上厂商行为的古诺模型、张伯伦模型和斯威齐模型；掌握完全竞争市场、垄断竞争市场与完全垄断市场的优点和缺点。

【主要概念】

完全竞争市场、完全垄断市场、价格歧视、第一等级价格歧视、第二等级价格歧视、第三等级价格歧视、范围经济、垄断竞争市场、主观需求曲线、客观需求曲线、寡头垄断市场、纯粹寡头、差别寡头、竞争寡头、合作寡头。

【内容要点】

本章将消费者行为理论与厂商理论结合起来，分析消费者和厂商的交易行为如何决定产品市场的产量与价格。本章主要分析不同市场条件下的厂商行为，也会涉及到消费者行为，因为消费者的行为将决定不同市场的需求曲线。经济学家根据市场上竞争与垄断的程度将现实市场分为完全竞争市场、垄断竞争市场、寡头垄断市场与完全垄断市场四种类型。相应的，本章也分为四个部分，分别探讨这四种类型的市场上厂商的短期均衡与长期均衡。

完全竞争市场是一种竞争不受任何阻碍与干扰的市场类型。完全竞争市场的条件包括：①有众多的生产者与消费者（决定了单个生产者或消费者只能是价格的接受者）；②产品同质（决定了单个厂商面临的需求曲线是一条具有完全弹性的水平的需求曲线）；③资源完全自由流动（决定了厂商实现长期均衡时收支相抵，只能获得正常利润）；④市场信息畅通（不需要广告宣传）。完全竞争市场是一种理想化的市场类型，完全符合上述条件的市场是不存在的，比较接近的是农产品市场。

完全竞争市场上的行业需求曲线是一条向右下方倾斜的曲线，如果所有的厂商都增加销售量则必须降低市场价格。但由于单个厂商的规模很小，产品同质，所以单个厂商面临的是一条水平的需求曲线。需求曲线的这一特点决定了完全竞争市场上厂商的边际收益等于平均收益，边际收益曲线等于需求曲线。

在完全竞争市场上，厂商实现短期均衡的条件是：$MR=SMC=AR=P$。在实现短期均衡时，受到需求变动的影响，厂商可能面临三种情况：①需求曲线与平均成本曲线相交，平均收益大于平均成本，厂商获得经济利润；②需求曲线与平均成本曲线相切，厂商收支相抵，经济利润为零，相应的切点也叫收支相抵点；③需求曲线与短期平均成本线相离，厂商产品价格低于平均成本，厂商出现亏损但在均衡点亏损最小。由于短期存在固定成本的支出，即使有亏损厂商也会继续生产，当需求曲线下降到与平均可变成本曲线相切时，价格等于平均可变成本，厂商继续生产也不能弥补固定成本，厂商会选择停止生产，需求曲线与平均可变成本曲线的切点也叫停止营业点。只有市场价格高于平均可变成本，厂商才会根据市场价格的高低，调整自己的供给量。完全竞争市场上厂商的短期供给曲线就是停止营业点以上的那部分短期边际成本曲线。

在完全竞争市场上，由于资源完全自由流动，如果某行业产品供不应求，价格高，会有新的厂商进入该行业，于是，行业供给增加，市场价格下降，厂商的需求曲线下移，当需求曲线下降到长期平均成本曲线下方，厂商亏损，大量厂商退出该行业，行业供给减少，市场价格上升，需求曲线又会上移。只有所有厂商的需求曲线与长期平均成本曲线相切，厂商收支相抵，经济利润为零，既没有厂商退出行业也没有新厂商进入该行业，厂商实现长期均衡。厂商长期均衡的条件是：$MR=LMC=LAC=AR$。

完全竞争市场的主要优点包括：长期均衡时，平均成本最低，生产效率最高；价格最低，对消费者有利。主要缺点是：产品同质，无法满足消费者多样性的消费需求；生产者规模小，难以实现技术突破。

完全垄断市场是一个厂商控制某种产品的全部供给的市场类型。完全垄断市场的特点包括：①企业就是行业；②产品无法替代；③厂商是价格的决定者；④市场存在进入障碍。形成完全垄断市场的原因通常包括：①政府借助行政权力对公用事业的垄断；②专利权等政府特许的私人垄断；③某些产品的需求量很少；④自然垄断，包括一家企业拥有并控制某生产要素的全部或绝大部分，并拒绝出售给其它企业形成的自然垄断，以及由于规模经济，一家企业能比其它企业以更低价格提供某种产品的全部供给而形成的自然垄断；⑤由于企业掌握技术秘密而形成的自然垄断。

在完全垄断市场上，厂商就是一个行业，厂商需求曲线是一条向右下方倾斜的曲线。对于每一销售量，平均收益大于边际收益，边际收益曲线位于平均收益曲线下方。当平均收益曲线为线性时，边际收益曲线也为线性，且斜率是平均收益曲线的两倍。

完全垄断厂商实现短期均衡的条件是：$MR=SMC$。与完全竞争市场类似，在短期内，由于需求的变化，厂商在短期均衡时也可能出现三种情况：有经济利润、收支相抵或出现亏损。与完全竞争市场不同的是，短期内，完全垄断厂商没有确定的供给曲线。

在长期中，完全垄断厂商仍然要根据 $MR=MC$ 来确定最优产量，而且在长期均衡时不仅要使边际收益等于长期边际成本，还要使它等于短期边际成本。垄断厂商的长期均衡条件是：$MR = LMC = SMC$ 。由于其它厂商难以进入该市场，完全垄断厂商在长期中可以保持超额利润。

完全垄断厂商可以对不同的顾客实行差别定价，也叫价格歧视。实行价格歧视一般需要满足三个条件：①市场存在不完善性；②各个市场对相同产品存在不同的需求弹性；③厂商可以有效地将不同市场或市场的不同部分分开。价格歧视分为三种类型：①第一等级价格歧视，厂商按每个消费者的需求价格逐个制订差别价格，可以榨取全部消费者剩余；②第二等级价格歧视，厂商将产销量分为几组，按组制订差别价格，可以榨取一部分消费者剩余；③第三等级的价格歧视，厂商根据各分市场的需求价格弹性，分别制订差别价格，在弹性大的市场实行低价，而在弹性小的市场实行高价。

完全垄断市场的主要优点包括：①规模经济和范围经济有利于降低成本；②公用事业部门的政府垄断有利于价格稳定；③给发明人的垄断权有利于保护创新；④厂商规模大，技术力量强，有利于技术的突破。主要缺点有：①效率不高，长期均衡时不是以最低的平均成本生产；②损害社会福利，特别是价格歧视减少了消费者剩余。

大多数产品的市场都属于垄断竞争市场。垄断竞争市场的条件包括：①厂商数量众多，这一点与完全竞争市场类似；②产品存在差异性，这是与完全竞争市场的不同点；③进出自由，这点也类似于完全竞争市场。

由于产品彼此有差异，垄断竞争厂商的需求曲线向右下方倾斜。在垄断竞争市场上，厂商面临两条需求曲线：当垄断竞争厂商主观认为自己的产品不同于其它企业，其它企业不会对自己的价格决策作出反应时，厂商面临一条斜率较小的主观需求曲线；当某个厂商改变价格时，由于不同的厂商的产品具有一定的可替代性，其它厂商也会调整价格，所以，每个厂商实际面临的是一条斜率较大的客观需求曲线。只有让厂商的主观需求曲线与客观需求曲线相交，才能实现市场均衡。

在垄断竞争市场上，厂商实现短期均衡的基本条件仍然是：$MR=SMC$，由于垄断竞争厂商面临两条需求曲线，厂商需要不断调整自己的主观需求曲线，使主观需求曲线与客观需求曲线相符合才能实现短期均衡。垄断竞争厂商短期均衡的条件是：（1）$mr=SMC$；（2）$d=D$。在垄断竞争市场上短期均衡时，也可能出现厂商获得超额利润、收支相抵和亏损三种情况。

在长期中，由于厂商可以自由进入或退出行业，垄断竞争厂商实现长期均衡时只能收支相抵，没有经济利润，这一点与完全竞争市场相同。厂商长期均衡的条件是：$mr=LMC$，$P=LAC$。

与完全竞争市场相比，垄断竞争市场的主要优点包括：①产品的差异性可以满足消费者多样化的消费需求；②有利于鼓励创新。主要缺点包括：①产量低而价格高；②长期均衡时，平均成本不是最低；③垄断竞争会导致销售成本特别是广告成本增加。一般认为，垄断竞争市场的优点大于缺点，所以，它成为一种普遍的市场类型。

寡头垄断市场是指少数几家厂商垄断某一行业供给的市场类型。寡头垄断市场的基本特征有：①厂商数量极少，每个厂商在市场中都有举足轻重的地位；②厂商之间相互依存，任何一个厂商进行决策时都必须考虑其它竞争者的可能对策；③行业进出不易。其中，最重要的特征是厂商之间的相互依存性。寡头垄断市场的类型多样，按照产品的差异性可以分为纯粹寡头与差别寡头；按照竞争与合作关系可以分为竞争寡头与合作寡头。寡头之间竞争与合作的方式也多种多样，这些不确定性都会影响寡头垄断厂商的产量与价格的决定。所以，寡头垄断厂商的均衡产量与价格没有一个确定的解，对寡头垄断市场的分析还没有一套完整统一的理论模型。经济学家从不同的假定出发，提出了各种研究寡头垄断市场产量与价格决定的模型。本章主要介绍了古诺模型、张伯伦模型和斯威齐模型。

古诺模型与张伯伦模型的基本假设条件相同，但古诺模型分析的是竞争寡头，厂商确定最优产量时基于天真假设；张伯伦模型研究的是合作寡头，厂商确定最优产量时基于老练假设。与古诺模型相比，张伯伦模型中厂商获得了更高的价格与利润，而产量却低于古诺模型。

斯威齐模型解释了经济危机期间寡头垄断市场存在的“价格粘性”。模型中，厂商面临的需求曲线会在某一价位发生拐折，相应的，厂商的边际收益曲线分为断开的两段。在一定范围内，当短期边际成本曲线向下移动时，与断开的两段边际收益曲线的交点相对应的最优产量与价格不会发生变化。

【基本概念释义】

完全竞争市场：一种竞争不受任何阻碍与干扰的市场结构。

完全垄断市场：一个厂商控制某种产品的全部供给的市场类型。

价格歧视：厂商将相同成本的产品在同一时间向不同顾客索取不同价格的行为。

第一等级价格歧视：也叫完全价格歧视，指厂商按消费者的需求价格逐个制订差别价格，以榨取全部消费者剩余的行为。

第二等级价格歧视：指厂商将产销量分为几组，按组制订差别价格，以榨取一部分消费者剩余的行为。

第三等级的价格歧视：厂商根据各分市场的需求价格弹性，分别制订差别价格，在弹性大的市场实行低价，而在弹性小的市场实行高价的行为。

范围经济：由于生产产品种类增加而引起的平均成本的降低。

垄断竞争市场：一种介于完全竞争与完全垄断之间的市场类型，厂商数量众多且产品有差异，厂商既有一定程度的垄断，也存在竞争。

主观需求曲线：当垄断竞争厂商主观认为自己的产品不同于其它企业，其它企业不会对自己的价格决策作出反应时，厂商面临的一条斜率较小的需求曲线。

客观需求曲线：当垄断竞争厂商改变价格时，其它厂商也会调整价格，使厂商实际面临的一条斜率较大的需求曲线。

寡头垄断市场：少数几家厂商垄断某一行业供给的市场类型。

纯粹寡头：厂商生产同质产品的寡头垄断市场。

差别寡头：厂商生产异质产品的寡头垄断市场。

竞争寡头：厂商都以自身利益最大化为目标的，独立行动的寡头垄断市场。

合作寡头：厂商之间相互勾结的寡头垄断市场。

【课后练习题参考答案】

1. 完全竞争市场上厂商的短期供给曲线就是停止营业点以上的那部分短期边际成本曲线。由短期成本函数：$STC=0.04Q^3-0.8Q^2+10Q+5$，得短期边际成本：$SMC=0.12Q^2-1.6Q+10$

停止营业点 $AVC'=0$，由短期成本函数：$STC=0.04Q^3-0.8Q^2+10Q+5$，得

$VC=0.04Q^3-0.8Q^2+10Q$，$AVC=VC/Q=0.04Q^2-0.8Q+10$

$AVC'=0.08Q-0.8=0$，$Q=10$

短期供给曲线为：$SMC=0.12Q^2-1.6Q+10$（$Q>10$）

2.（1）由市场需求函数 $Q_d=70000-5000P$，供给函数 $Q_s=40000+2500P$，得市场均衡时，$Q_d=Q_s$，$P=4=LAC$，厂商处于长期均衡。

（2）当行业处于长期均衡时，$Q_s=40000+2500\times4=50000$

$50000/500=100$，该行业有 100 个厂商。

3.（1）由需求函数 $P=12-0.4Q$，得 $TR=P\cdot Q=12Q-0.4Q^2$，$MR=TR'=12-0.8Q$

由成本函数 $TC=0.6Q^2+4Q+5$，得 $MC=TC'=1.2Q+4$

厂商利润最大时，$MR=MC$

$Q=4$，$P=10.4$，$\pi=TR-TC=41.6-30.6=11$

（2）厂商总收益最大时，$MR=0$

$Q=15$，$P=6$，$\pi=TR-TC=90-200=-110$

4. 垄断厂商利润最大时，$MR_1(Q_1)=MR_2(Q_2)=MC(Q_1+Q_2)$

由成本函数 $TC=Q^2+10Q$ 得 $MC=2Q+10=2(Q_1+Q_2)+10$

由需求函数 $Q_1=32-0.4P_1$ 得 $P_1=80-2.5Q_1$，$TR_1=80Q_1-2.5Q_1^2$

$MR_1(Q_1)=80-5Q_1$

由需求函数 $Q_2=18-0.1P_2$ 得 $P_2=180-10Q_2$，$TR_2=180Q_2-10Q_2^2$

$MR_2(Q_2)=180-20Q_2$

由 $MR_1(Q_1)=MR_2(Q_2)$ 得 $Q_1=4Q_2-20$

代入 $MC=2(Q_1+Q_2)+10$ 得 $MC=10Q_2-30$

由 $MC=MR_2$（Q_2）得 $Q_2=7$，$P_2=180-10Q_2=110$

$Q_1=4Q_2-20=8$，$P_1=80-2.5Q_1=60$

5. 由长期总成本函数 $LTC=0.001Q^3-0.425Q^2+85Q$ 得

$LAC=0.001Q^2-0.425Q+85$

由需求函数 $Q=300-2.5P$ 得 $P=120-0.4Q$

垄断竞争厂商长期均衡时，$P=LAC$，得 $Q=200$，$P=40$

6. 由市场需求函数 $Q=4000-10P$ 得 $P=400-0.1Q=400-0.1$（Q_1+Q_2）

由 $TC_1=0.1Q_1{}^2+20Q_1+100000$ 得 $MC_1=0.2Q_1+20$

由 $TC_2=0.4Q_2{}^2+32Q_2+20000$ 得 $MC_2=0.8Q_2+32$

厂商利润最大时，MR_1（Q_1）$=MC_1$

由 $P=400-0.1Q=400-0.1$（Q_1+Q_2），得

TR_1（Q_1）$=PQ_1=400Q_1-0.1Q_1{}^2-0.1Q_1Q_2$

MR_1（Q_1）$=400-0.2Q_1-0.1Q_2=MC_1=0.2Q_1+20$

$Q_1=950-0.25Q_2$（1）

同理，$Q_2=368-0.1Q_1$（2）

由（1）（2）得 $Q_1=880$，$Q_2=280$

$P=400-0.1$（Q_1+Q_2）$=284$

【本章习题】

一、单项选择题

1. 在完全竞争市场上，如果厂商把产量调整到平均成本曲线最低点所对应的水平，则他（　）。
   A. 将取得最大利润
   B. 没能获得最大利润
   C. 是否获得最大利润无法确定
   D. 一定亏损

2. 在成本不变的一个完全竞争的行业中，长期中需求的增加会导致市场价格（　）。
   A. 提高　　B. 不变
   C. 降低　　D. 先增后降

3. 在完全竞争市场上，厂商短期继续生产的最低条件是（　）。
   A. $SAC=AR$
   B. $AVC<AR$

C. $AVC=AR$

D. $SMC=MR$

4. 一个完全竞争的厂商会处于短期均衡时，可能出现（ ）。

A. AVC 是下降的

B. SAC 处于下降

C. SMC 是下降的

D. 一可变要素的平均产量上升

5. 为获得最大利润，完全竞争的厂商将按照何种价格来销售其产品（ ）。

A. 低于市场的价格

B. 高于市场的价格

C. 市场价格

D. 略低于距它最近的竞争对手的价格

6. 如果一个完全竞争市场处于长期均衡状态中，那么所有的厂商（ ）。

A. 采用完全相同的生产工艺

B. 具有相同的最低平均成本

C. 都能获得经济利润

D. 以上全对

7. 完全竞争市场的厂商短期供给曲线是指（ ）。

A. $AVC>MC$ 中的那部分 AVC 曲线

B. $AC>MC$ 中的那部分 AC 曲线

C. $MC\geqslant AC$ 中的那部分 MC 曲线

D. $MC\geqslant AVC$ 中的那部分 MC 曲线

8. 完全竞争市场与垄断竞争市场的主要区别在于（ ）。

A. 产品异质程度

B. 市场中厂商的数量

C. 长期当中厂商获得的利润

D. 以上都正确

9. 当垄断厂商的利润最大化时（ ）。

A. $P=MR=MC$　　B. $P>MR=AC$

C. $P>MR=MC$　　D. $P>MC=AC$

10. 下列行业中，最接近于完全竞争市场的是（ ）。

A. 日用品　　B. 小麦

C. 汽车　　D. 钢铁

11. 在完全竞争市场上，长期内厂商的均衡条件是（　）。

A. $MR=AR$

B. $MR=LMC$

C. $MR=AR=LMC=LAC$

D. $MR=AR=LMC$

12. 无论是竞争性市场还是垄断市场中，厂商都要扩大其产出水平的情况是（　）。

A. 价格低于边际成本

B. 边际收益低于边际成本

C. 价格高于边际成本

D. 边际收益大于边际成本

13. 完全竞争市场与垄断竞争市场的重要相同点在于（　）。

A. 长期当中，价格等于平均成本，边际收益等于边际成本

B. 产品异质的程度

C. 长期均衡时，长期平均成本最低

D. 以上都不对

14. 一家生产商垄断了一种电器的生产，他知道人群 A 与人群 B 对这种电器的需求弹性分别为 2 和 4。如果这家厂商实行差别定价，那么利润最大化时，人群 A 的价格为（　）。

A. 人群 B 的 2 倍

B. 人群 B 的 0.5 倍

C. 人群 B 的 1.5 倍

D. 人群 B 的 2.5 倍

15. 完全垄断厂商的平均收益曲线为直线时，边际收益曲线也是直线。边际收益曲线的斜率是（　）。

A. 平均收益曲线斜率的 2 倍

B. 平均收益曲线斜率的 1/2

C. 与平均收益曲线斜率相等

D. 平均收益曲线斜率的 4 倍

16. 如果完全垄断厂商在两个分割的市场中具有相同的需求曲线，那么垄断厂商（　）。

A. 可以施行第一等级价格歧视

B. 不能施行差别价格

C. 可以施行三级价格歧视

D. 可以施行第二等级价格歧视

17. 垄断竞争市场上厂商的短期均衡发生于（　）。

A. 边际成本等于客观需求曲线中产生的边际收益时

B. 平均成本下降时

C. 主观需求曲线与客观需求曲线相交并有边际成本等于主观需求曲线中产生的边际收益

D. 主观需求曲线与平均成本曲线相切时

18. 产品异质存在的原因是（　）。

A. 一项全新的生产工艺用来生产两种相似的产品

B. 一个厂商生产多种产品

C. 消费者认为厂商之间生产的产品存在差异

D. 厂商认为其生产的产品存在差异

19. 完全竞争市场中的厂商总收益曲线的斜率为（　）。

A. 固定不变　　B. 经常变动

C. 1　　D. 0

20. 假如某厂商的平均收益曲线从水平线变为向右下方倾斜的曲线，这说明（　）。

A. 既有厂商进入也有厂商退出该行业

B. 完全竞争被不完全竞争所取代

C. 新的厂商进入了该行业

D. 原有厂商退出了该行业

21. 在垄断行业竞争中，竞争是不完全的，因为（　）。

A. 每个厂商做决策时都要考虑竞争对手的反映

B. 每个厂商面对着一条完全有弹性的需求曲线

C. 每个厂商面对一条向右下方倾斜的需求曲线

D. 厂商得到的平均利润

22. 如果政府对一个垄断厂商的限价正好使经济利润消失，则价格要等于（　）。

A. 边际收益　　B. 边际成本

C. 平均成本　　D. 平均可变成本

23. 假定在某一产量水平上，某厂商的平均成本达到了最小值，这意味着（　）。

A. 边际成本等于平均成本

B. 厂商获得了最大利润

C. 厂商获得了最小利润

D. 厂商的超额利润为零

24. 完全垄断厂商达于长期均衡的条件是（　）。

A. $MR=MC$

B. $MR=SMC=LMC$

C. $MR=SMC=LMC=SAC$

D. $MR=SMC=SAC=LAC$

25. 完全垄断厂商如果处于（　）。

A. 长期均衡时，一定处于短期均衡

B. 长期均衡时，不一定处于短期均衡

C. 短期均衡时，一定处于长期均衡

D. 以上都不对

26. 拐折的需求曲线模型（斯威齐模型）是（　）。

A. 假定一个厂商提高价格，其它厂商就一定跟着提高价格

B. 说明为什么每个厂商要保持现有价格，而不管别的厂商如何行动

C. 说明为什么厂商不肯轻易变动价格，而不是说明价格如何决定

D. 假定每个厂商认为其需求曲线在价格下降时比上升时更有弹性

27. 当一个追求利润最大化的厂商考虑进入一个市场时，将会比较（　）。

A. 总收益和总可变成本

B. 边际收益和市场价格

C. 最小边际成本和市场价格

D. 最小平均成本和市场价格

28. 因为垄断厂商为了销售更多的数量，必须降低所有单位产品的价格，所以（　）。

A. 边际收益将小于价格

B. 边际收益将大于价格

C. 当垄断厂商降价时，它的收益一般为增加

D. 当垄断厂商降价时，它的收益一般为减少

29. 在完全竞争的情况下，需求曲线与平均成本曲线相切是（　）。

A. 厂商在短期内要得到最大利润的充要条件

B. 某行业的厂商数目不再变化的条件

C. 厂商在长期内要得到最大利润的条件

D. 厂商在长期内亏损最小的条件

30. 在完全竞争市场上，假定在某一产量水平，厂商的平均成本、平均收

益、边际成本相等，则厂商（　）。

A. 只有正常利润

B. 没能获得最大利润

C. 是否获得最大利润无法确定

D. 一定亏损

31. 考察一个市场的竞争程度的一种途径与下列哪一项有关（　）。

A. 需求的收入弹性

B. 需求的价格弹性

C. 供给的价格弹性

D. 边际技术替代率

32. 在短期中，企业所能出现的最大经济亏损是（　）。

A. 零　　B. 短期总成本

C. 固定成本　　D. 可变成本

33. 完全竞争市场上，厂商主要的竞争策略应该是（　）。

A. 广告宣传　　B. 降价促销

C. 开发新产品　　D. 降低成本

34. 完全垄断有时候比竞争更好，这是因为（　）。

A. 完全垄断厂商有更多激励降低成本

B. 在给定的市场规模下，单个厂商往往规模不经济

C. 专利权可以鼓励人们积极创新

D. 差别定价可以满足消费者多样化的消费需求

35. 在完全垄断市场上，如果边际收益大于边际成本，当厂商多销售一单位商品时（　）。

A. 利润增加

B. 利润减少

C. 利润不变

D. 利润的增减取决于价格与平均成本

36. 在完全垄断市场长期均衡时，可以有（　）。

A. P 大于 LAC

B. P 小于 LAC

C. P 等于 LAC 的最小值

D. 以上都有可能

37. 寡头垄断市场与垄断竞争市场的主要区别是（　）。

A. 厂商的广告开支不同

B. 产品之间的差异程度不同

C. 厂商之间的影响程度不同

D. 以上说法都不是

38. 完全竞争市场和垄断竞争市场的主要区别在于（　）。

A. 生产者数量的多少

B. 产品之间的差异程度

C. 消费者数量的多少

D. 进入障碍的大小

39. 广告作用最大的市场是（　）。

A. 完全竞争市场

B. 垄断竞争市场

C. 寡头垄断市场

D. 完全垄断市场

40. 斯威齐模型拐点两边需求曲线的弹性大小是（　）。

A. 左边的弹性大于右边

B. 右边的弹性大于左边

C. 左右两边的弹性一样大

D. 以上说法都不对

41. 与完全竞争时相比，垄断企业（　）。

A. 索取较高的价格，销售较多的产品

B. 索取较低的价格，销售较少的产品

C. 索取较低的价格，销售较多的产品

D. 索取较高的价格，销售较少的产品

42. 当垄断市场的需求富有弹性时，MR 为（　）。

A. 大于零　　B. 小于零

C. 等于零　　D. 等于 1

43. 当垄断市场的需求富于弹性时（　）。

A. 边际收益与边际成本之间的差额较大

B. 边际收益与价格之间的差额较大

C. 边际收益与价格之间的差额为 0

D. 边际收益与价格之间的差额较小

44. 要得到古诺模型中的均衡，必须假定（　）。

A. 边际成本为零

B. 两个厂商有相同的反应函数

C. 每个厂商假定别的厂商的价格保持不变

D. 以上都不对

45. 在垄断厂商最大化利润的产量水平下，额外一单位产品的边际成本（　）。

A. 大于这一单位产品的边际收益

B. 小于这一单位产品的边际收益

C. 大于为这一单位产品所支付的价格

D. 小于为这一单位产品所支付的价格

46. 完全竞争的厂商可以通过（　）获得经济利润。

A. 制订低于竞争对手的价格

B. 制订高于竞争对手的价格

C. 技术创新

D. 差异性的产品

47. 一个能够在两个市场实行差别价格的垄断者将会（　）。

A. 确定产品价格和销售量使两个市场上的需求价格弹性相同

B. 在需求曲线更具弹性的市场上定更高的价格

C. 在需求曲线更具弹性的市场上出售更多的产品

D. 以上说法都不对

48. 完全垄断厂商的总收益与价格同时下降的前提条件是（　）。

A. $E_d>1$　　B. $E_d<1$

C. $E_d=1$　　D. $E_d=0$

49. 下列哪一类市场结构中，厂商进行决策时必须考虑其它厂商的反应（　）。

A. 垄断　　B. 寡头

C. 完全竞争　　D. 垄断竞争

50. 当垄断企业采取价格歧视时，它将（　）。

A. 对相同成本的不同产品向不同消费者索取不同的价格

B. 对不同成本的不同产品向不同消费者索取不同的价格

C. 对相同成本的同一种产品向不同消费者索取不同的价格

D. 对不同成本的同一种产品向不同消费者索取不同的价格

二、多项选择题

1. 在垄断竞争的厂商处于长期均衡时，下列说法正确的是（　）。

A. 价格高于边际成本

B. 主观需求曲线的值小于客观需求曲线

C. 边际成本等于客观需求曲线对应的边际收益

D. 超额利润等于0

2. 要有效地进行差别定价，下列哪些是必备的条件（　）。

A. 分割市场的能力

B. 一个巨大的无弹性的总需求

C. 每个分市场上不同的需求价格弹性

D. 防止商品在较有弹性的市场上被顾客购买后再在缺乏弹性的市场上售卖

3. 按照古诺模型，下列哪些说法是正确的（　）。

A. 双头垄断者没有认识到他们的相互依存性

B. 每个双头垄断者都假定对方保持产量不变

C. 每个双头垄断者假定对方价格保持不变

D. 均衡的结果是稳定的

4. 在厂商停止营业点上，应该有（　）。

A. $TR=VC$　　B. $P=AVC$

C. 总亏损等于 FC　　D. 收支相抵

5. 完全竞争市场的特点包括（　）。

A. 市场参与者只能接受价格，不能影响价格

B. 不需要广告宣传

C. 产品同质

D. 单个厂商面临的需求曲线具有完全弹性

6. 对于一个完全垄断厂商而言，下述哪些说法是正确的（　）。

A. 一个厂商提供全部的市场供给量

B. 厂商在短期均衡时可能出现亏损

C. 平均收益等于价格

D. 垄断厂商没有确定的供给曲线

7. 垄断厂商是价格的决定者，所以（　）。

A. 厂商的需求曲线向右下方倾斜

B. 如果厂商增加销售量则必须降低市场价格

C. 边际收益曲线位于平均收益曲线下方

D. 厂商在短期均衡时一定有经济利润

8. 完全竞争与垄断竞争的相同点是（　）。

A. 厂商的需求曲线向右下方倾斜

B. $AR=P$

C. 厂商数量众多

D. 厂商在长期均衡时没有经济利润

9. 在完全价格歧视下（　）。

A. 消费者剩余为零

B. 需求曲线变成了边际收益曲线

C. 垄断厂商了解每个消费者的需求价格

D. 垄断厂商将产销量分为几组，按组制订差别价格

10. 垄断竞争企业实现最大利润的途径有（　）。

A. 调整价格从而确定相应产量

B. 质量竞争

C. 广告竞争

D. 开发新产品

11. 在完全竞争市场上，厂商短期均衡意味着（　）。

A. $SAC=P$

B. $AVC<P$

C. $AFC<P$

D. $SMC=AR$

12. 垄断竞争厂商实现长期均衡时（　）。

A. 主观需求曲线与 LAC 曲线相切

B. 主观需求曲线与 SAC 曲线相切

C. 厂商收支相抵

D. 主观需求曲线与客观需求曲线相交

13. 古诺模型与张伯伦模型相比，厂商均衡时（　）。

A. 产量更低　　　　B. 价格更低

C. 利润更大　　　　D. 利润更少

14. 对一个垄断企业而言，利润最大时，（　）小于价格。

A. 边际收益

B. 边际成本

C. 平均成本

D. 平均可变成本

15. 产品差异性的基础包括（　）。

A. 价格的不同

B. 产品广告的不同

C. 产品特征的不同

D. 消费者感觉上的不同

16. 下列哪些是完全竞争市场的优点（　）。

A. 长期均衡时价格最低，对消费者有利

B. 生产要素的效率得到最有效的发挥

C. 有利于技术的突破

D. 节约广告费用

17. 下列哪些情况属于价格歧视（　）。

A. 某旅游景点，对一般参观者门票为 50 元，对中小学生门票为 25 元

B. 会讨价还价的消费者可以用更便宜的价格买到商品

C. 电力公司因为在不同时段发电的边际成本不同，实行的峰谷电价

D. 同一商品购买量大的价格更便宜

18. 在完全竞争市场上，厂商实现长期均衡时，（　）。

A. 长期平均成本最低

B. 没有厂商退出行业也没有新厂商进入该行业

C. 短期平均成本最低

D. 厂商有经济利润

19. 在垄断竞争市场上，厂商实现短期均衡时，（　）。

A. 厂商可能出现获得超额利润、收支相抵和亏损三种情况

B. 价格等于边际成本

C. 主观需求曲线与客观需求曲线相交

D. 边际成本曲线与客观需求曲线相应的边际收益曲线相交

20. 完全竞争厂商的需求曲线是一条水平的需求曲线，所以（　）。

A. 厂商可以按照市场价格出售它愿意出售的任何数量产品

B. 厂商降价时，它的收益一般为减少

C. 长期均衡时，厂商按长期平均成本的最低点生产

D. 厂商涨价时，它的收益一般为减少

三、判断题

1.（　）停止营业点就是短期边际成本曲线与平均可变成本曲线的交点。

2.（　）短期边际成本曲线与短期平均成本曲线的交点就是收支相抵点。

3.（　）边际收益等于边际成本时，企业的正常利润为零。

4.（　）市场集中程度越高，则垄断程度就越高。

5.（　）市场集中程度越低，则竞争程度就越高。

6.（　）产品差别是指不同产品之间的差别。

7.（　）产品差别越大，垄断程度就越高。

8.（　）完全竞争和垄断竞争的区别主要在于产品是否有差别。

9.（　）产品有差别就不会有完全竞争。

10.（　）寡头市场形成的关键是规模经济。

11.（　）垄断形成的关键条件是进入限制。

12.（　）在不同类型的市场上，企业的竞争目标都是相同的。

13.（　）在不同类型的市场上，企业所采用的竞争手段是不同的。

14.（　）在完全竞争市场上，任何一个企业都可以成为价格的决定者。

15.（　）在完全竞争市场上，整个行业的需求曲线是一条与横轴平行的线。

16.（　）在完全竞争的条件下，个别企业销售量的变动会影响市场价格的变动。

17.（　）只有在完全竞争市场上，平均收益才等于边际收益，其他市场上都不存在这种情况。

18.（　）在短期内，完全竞争市场上的个别企业有可能获得超额利润。

19.（　）在完全竞争条件下，不论企业的收益能否弥补可变成本，无论如何都不能再进行生产了。

20.（　）停止营业点是由平均成本与价格水平决定的。

21.（　）在完全竞争市场上，当实现了长期均衡时，企业可获得超额利润。

22.（　）完全竞争市场实现了长期均衡时，由于成本等于收益，企业无法得到正常利润。

23.（　）在垄断市场上，一家企业就是一个行业。

24.（　）在垄断市场上，边际收益一定大于平均收益。

25.（　）在垄断市场上，整个行业的需求曲线是一条与横轴平行的线。

26.（　）在垄断市场上，由于只有一家企业，因此它可以随意定价。

27.（　）垄断市场上短期均衡的条件是：$MR=MC$。

28.（　）垄断市场上，无论在短期还是在长期，企业均可获得超额利润。

29.（　）对需求缺乏弹性的产品而言，在实行单一定价时，垄断企业采用高价少销是有利的。

30.（　）对需求富有弹性的产品而言，在实行单一定价时，垄断企业采用高价少销是有利的。

31.（　）歧视定价的基本原则是对需求富有弹性的消费者收取高价，而对需求缺乏弹性的消费者收取低价。

32. ( ) 完全价格歧视就是垄断企业对不同市场的不同消费者实行不同的价格。

33. ( ) 电力部门对工业用电与民用电实行不同的价格属于完全价格歧视。

34. ( ) 电力部门对一定量电力实行一种价格，对再增加的电力实行另一种价格。这种定价属于二级价格歧视。

35. ( ) 垄断竞争市场长期均衡时与完全竞争市场一样没有经济利润。

36. ( ) 垄断竞争市场上长期均衡的条件是：$MR=MC=AR=AC$。

37. ( ) 在实现了长期均衡时，垄断竞争市场和完全竞争市场上的长期平均成本状况是不同的。

38. ( ) 在垄断竞争市场上，企业的成功取决于产品差别竞争。

39. ( ) 寡头市场上各企业之间存在着极为密切的关系。

40. ( ) 由于寡头之间可以进行勾结，所以，他们之间并不存在竞争。

41. ( ) 拐折的需求曲线假设，当一家寡头提高价格时，其竞争对手也提高价格。

42. ( ) 彩电市场厂商竞争激烈，属于完全竞争市场。

43. ( ) 完全竞争市场长期均衡时，厂商经济利润为空，如果价格下跌，所有厂商都无法继续经营。

四、计算题

1. 已知某完全竞争的行业中每个厂商完全一样，单个厂商的长期总成本函数 $LTC=0.2q^3-4q^2+40q$，市场需求函数为 $Q_d=2000-50P$。试求：

(1) 厂商实现长期均衡时的产量与价格。

(2) 该行业长期均衡时的厂商数量。

(3) 如果政府决定将行业厂商数量限制在 50 家，每个厂商的均衡产量与价格是多少？

2. 某成本不变的完全竞争市场中，一个企业的产品单价是 640 元，其成本函数为 $TC=240Q-20Q^2+Q^3$。

(1) 求利润最大时的产量，此时的平均成本、总利润。

(2) 假定这个企业在该行业中有代表性，试问这一行业是否处于长期均衡状态？为什么？

(3) 如果这个行业目前尚未处于长期均衡状态，则达到均衡时这家企业的产量是多少？单位成本是多少？产品单价是多少？

（4）写出行业的长期供给曲线。

3. 已知某垄断厂商的成本函数为：$C=2Q^2-20Q+43$，利润最大化时的价格和需求的价格弹性分别是 5 和 -5，求该厂商的利润。

4. 某成本不变的完全竞争市场中，若很多相同厂商的长期成本函数都是 $LTC=Q^3-4Q^2+8Q$，如果正常利润是正的，厂商将进入行业；如果正常利润是负的，厂商将退出行业。

（1）描述行业的长期供给函数。

（2）假设行业的需求函数为 $Q_d=2000-100P$，试求行业均衡价格、均衡产量和厂商的数量。

5. 垄断竞争市场中一厂商的长期总成本函数为 $LTC=0.001Q^3-0.425Q^2+85Q$，$Q$ 是月产量。假定不存在进入障碍，产量由该市场的整个产品集团调整。如果产品集团中所有厂商按同样比例调整它们的价格，出售产品的客观需求曲线为：$Q=300-2.5P$，其中 Q 是厂商月产量，P 是产品单价。

（1）计算厂商长期均衡产量和价格。

（2）计算厂商的需求曲线上长期均衡点的弹性。

（3）若厂商的需求曲线是线性的，导出厂商长期均衡时的需求曲线。

6. 已知某完全竞争的成本不变行业中的单个厂商的长期总成本函数 $LTC=Q^3-12Q^2+40Q$。求：

（1）如果 $P=100$，厂商利润最大时的产量、平均成本和利润。

（2）该行业长期均衡时的价格和单个厂商的产量。

（3）当市场的需求函数为 $Q=660-15P$，行业长期均衡时的厂商数量。

7. 已知某完全竞争厂商的短期总成本函数 $STC=0.1Q^2+8Q$，该厂商利润最大时的产量 $Q=30$。假定该厂商准备再建设一条新生产线，新生产线的短期总成本 $STC=0.05Q^2+10Q$，求新生产线的均衡产量。

8. 假定某完全竞争市场有 100 家完全相同的厂商，每个厂商的短期总成本函数为 $STC=0.5q^2+q+10$，求：

（1）市场的供给函数。

（2）假定市场需求函数为 $Q=2400-400P$，求市场均衡价格。

9. 已知某完全竞争市场供给函数 $Q_s=1800P-60000$，市场需求函数 $Q_d=100000-200P$，某厂商的可变成本函数 $VC=0.1q^3-6q^2+132.5q$，固定成本函数 $FC=400$，求：

（1）该厂商利润最大时的产量。

（2）该厂商的净利润是多少？

（3）如果固定成本函数 $FC=400+c$，c 为多少时该厂商停止生产？

10. 已知某垄断厂商的成本函数为：$STC=4Q^2+10Q+A$，需求函数为：$P=100-3Q+4\sqrt{A}$。其中，A 是厂商的广告支出。求利润最大时产量、价格与 A 是多少？

11. 某垄断厂商的产品在两个分割市场出售，产品的成本函数为 $TC=Q^2+40Q$，两个市场的需求函数分别是：$Q_1=-12-0.1P_1$，$Q_2=20-0.4P_2$。

（1）假设两个市场可以实行差别价格，求利润最大时，两个市场各自价格、销售量与厂商利润。

（2）假设两个市场必须实行相同价格，两个市场的需求函数分别是：$Q_1=50-0.3P_1$，$Q_2=30-0.2P_2$，求利润最大时的价格、两个市场各自销售量与厂商的利润。

12. 假设某垄断厂商的需求曲线为 $Q=200-4P$。厂商计划销售 120 单位产品。

（1）如果厂商实行第一等级价格歧视，厂商的收益是多少？榨取的消费者剩余有多少？

（2）如果厂商实行第二等级价格歧视，购买 80 单位以内产品的价格为 30 元，超过 80 单位的价格为 20 元。厂商的收益是多少？厂商榨取的消费者剩余有多少？

13. 在垄断竞争市场上，某厂商短期总成本函数为 $STC=0.001Q^3-0.036Q^2+35.5Q+100$，该厂商主观认为每降低价格 1 元，可以增加 500 件产品销售。实际厂商面临的需求曲线为：$Q=400-100P$。求：

（1）该厂商短期均衡产量与均衡价格。

（2）该厂商的利润。

14. 两个竞争寡头，产品能够不同程度替代，又存在差异性。两个厂商面临的需求曲线为：$Q_1=444-4P_1+P_2$，$Q_2=438+P_1-2P_2$。

厂商的成本函数分别是：$C_1=54Q_1+80$，$C_2=81Q_2+20$。

求：两个厂商各自的均衡产量与价格。

五、分析论述题

1. 按西方经济学家的看法，能否说“产品差别越大，则产品价格差别越大”

2. 经济效率是利用资源的有效性。试比较不同市场（完全竞争市场、完全垄断市场、垄断竞争市场、寡头市场）的经济效率。

3. 电视、广播、报纸杂志天天都在播放、刊登数量繁多的广告。但是，在大量的广告中农民推销小麦、大米的广告以及石油、黄金、股票或者外汇市场的广告是否常见？为什么？

第八章　不确定性与博弈论

【学习目的】

本章主要分析不完全信息条件下的经济行为。传统的微观经济学建立在完全信息假设的基础上，但在现实经济活动中，信息往往是不完全、不确定、不对称的，不完全信息所带来的不确定性使经济主体的决策面临风险。对不确定性环境中的决策行为和经济行为的研究，可以拓展经济学研究的思路，增强经济学对现实的分析和解释力，不确定性经济学也构成了信息经济学研究的基础。博弈论研究在策略相互影响的局势中，决策者如何选择自己的策略以使自身的收益最大化的方法。博弈论不仅是信息经济学研究的基本方法之一，也成为经济学研究的一种标准分析工具。通过本章的学习，学生可以了解不确定性经济学的基础知识，掌握博弈分析的基本方法。

【学习要求】

了解信息经济学研究中信息的类型；了解决策者的风险偏好；能够利用预期效用与预期收入分析不同决策者的风险偏好；了解保险的原理和保险公司制定保费的原则；能够根据效用函数判断决策者的风险偏好；熟悉逆向选择与信号传递、道德风险与机制设计以及委托—代理问题；掌握博弈要素和博弈的类型；掌握纯策略上策均衡的概念、条件和分析方法；熟悉纯策略纳什均衡的概念、条件和分析方法；掌握混策略纳什均衡的概念、条件和分析方法；了解序贯博弈、重复博弈、不完全信息静态博弈、贝叶斯纳什均衡、不完全信息动态博弈。

【主要概念】

公共信息、私人信息、完全信息、不完全信息、确定信息、不确定信息、对称信息、不对称信息、风险爱好者、风险回避者、公平保费、信息市场失灵、知情者、不知情者、逆向选择、信号传递、道德风险、机制设计、委托人、代理人、委托—代理问题、博弈论、局中人、策略集合、收益函数、合作博弈、非合作博弈、常和博弈、变和博弈、静态博弈、动态博弈、完全信息博弈、不完全信息博弈、纯策略、混策略、上策、上策均衡、重复剔除的上策均衡、纳什策略、纳什均衡、混策略纳什均衡、序贯博弈、博弈树、子博弈精炼纳什均衡、重复博弈、海萨尼转换、贝叶斯纳什均衡。

【内容要点】

本章所涉及的不确定性经济学是信息经济学研究的基础，而博弈论是信息经济学研究的基本方法之一。本章分为两个部分：不确定性经济学与博弈论。

按照不同的划分依据，信息经济学将市场信息分为：公共信息与私人信息、完全信息与不完全信息、确定信息与不确定信息、对称信息与不对称信息。

在不完全信息的条件下，经济主体的决策面临风险。不同的经济主体在面对风险时有不同的态度，有些是敢于冒险的风险爱好者，有些是追求稳定的风险回避者。决策者不同的风险偏好与决策者的效用函数有关：如果决策者的效用曲线凸向右下方，货币的边际效用递增，决策者为冒险者；如果决策者的效用曲线凸向左上方，货币的边际效用递减，决策者为避险者；如果决策者的效用曲线是一条向右上方倾斜的直线，货币的边际效用不变，决策者为中性者。面对信息不完全所带来的不确定性，决策者可以通过保险把对于个人来讲很大的风险分摊给许多人，从而使个人所承担的风险或损失变得很小。保险公司按照"事故损失×概率＋管理费用"的原则收取保险费，通过吸引大量参保人使收入大于补偿额。决策者参保的基本要求是参保后的预期效用大于不参保。避险者愿意支付的保费大于公平保费，冒险者愿意支付的保费小于公平保费。

尽管保险是分散风险的有效手段，但保险市场并非总能有效率地运行，信息市场失灵会导致市场给出错误的信号，破坏激励机制，甚至使市场消失。"逆向选择"和"道德风险"是信息市场失灵的主要表现。发生"逆向选择"和"道德风险"的根本原因在于信息不对称，信息不对称有不同的划分方法：按不对称行为发生的时间分为事前不对称与事后不对称，按不对称信息的内容可以分为隐藏信息的不对称与隐藏行为的不对称。其中，事前隐藏信息的不对称称为逆向选择，事后隐藏行为的不对称称为道德风险。"信号传递"是解决逆向选择问题的方法之一，在产品市场上常见的信号传递的方式包括：广告宣传、产品凭证、售后服务等。"机制设计"是解决道德风险问题的基本方法，包括激励机制与约束机制。有效的机制设计通常包括：合同制约、品牌信誉、抵押保证、效率工资、利益分享与风险共担等。委托—代理问题也属于道德风险的一种。一般可以将知情者称为代理人，不知情者称为委托人。由于委托人难以直接观测到代理人的行为，特别是其行为的动机，所以容易产生"道德风险”问题。委托人需要根据能观测到的信息签订最优契约，诱使代理人从利己动机出发选择对委托人最有利的行为。对于企业管理中的委托—代理问题，通常的对策包括：剩余利润、利润分享与风险共担、完善的证券市场和经理人市场等。

博弈论（也叫对策论）是分析两个或两个以上参与者选择能够共同影响每一个参与者的行为或战略的方法。一个完整的博弈包括局中人、策略集合和收益函数三要素。按照不同的划分依据，博弈可以分为：合作博弈与非合作博弈、常和博弈与变和博弈、静态博弈与动态博弈、完全信息博弈与不完全信息博弈。在完全信息博弈中，在给定信息下，如果局中人只能选择某特定策略作为最优策略，该策略是纯策略，如果需要以某种概率选择不同策略，则称为混策略。

在博弈论部分，本章需要重点掌握完全信息静态博弈，这是理解其它博弈类型的基础。纯策略上策均衡是完全信息静态博弈的特例，在博弈过程中，如果无论对方选择何种策略，某特定策略都是我能够选择的最优策略，则该策略称为“上策”或“占优策略”，各方上策的组合称为“上策均衡”或“占优均衡”。囚徒困境是分析纯策略上策均衡的经典案例，反映出在非合作博弈中，各方均出于利己动机选择自己的行为，最后的均衡往往不是最优的。上策均衡的另一种求解方法是重复剔除的上策均衡，通过剔除严格下策重新构造一个不包括所剔除策略的新矩阵，重复进行这一过程，直到剩下唯一策略组合。智猪博弈是重复剔除的上策均衡的经典案例。与纯策略上策均衡相比，纯策略纳什均衡更具有普遍性。在博弈中，如果对方选择某策略时，某特定策略是我能选择的最优策略，该策略称为纳什策略；各方纳什策略的组合称为纳什均衡。在某些条件下，纳什均衡可能不止一个，比如性别大战。

在有些博弈中，确定性的纯策略不存在纳什均衡，但采用随机选择的混策略，可以实现混策略纳什均衡。如果对方以一定概率选择混策略，我所选择的混策略是我能选择的预期收益最大的混策略，该策略称为最优混策略，各方最优混策略的组合，构成混策略纳什均衡。混策略纳什均衡的主要特征是作为混合策略一部分的每一个纯策略有相同的期望值，否则，一个博弈者会选择那个期望值最高的策略而排除所有其他策略，这意味着原初的状态不是一个均衡。混策略纳什均衡有两种主要的求解方法：一个是最大化支付法，即最大化各个参与人的预期收益函数；另一个是支付相等法，即每个参与人的混合策略都使其余参与人的任何纯策略的期望支付相等，构成方程组求解。

上述四种均衡统称为纳什均衡，这四种均衡概念中每种均衡依次是前一种均衡的扩展。前一种均衡是后一种均衡的特例。纯策略上策均衡是重复剔除的上策均衡的特例；重复剔除的上策均衡是纯策略纳什均衡的特例；纯策略纳什均衡是混策略纳什均衡的特例。

在完全信息动态博弈中，局中人行动有先后，后行动者可以观测到先行动者的行为，并选择相应的策略。由于先行动者拥有后行动者可能选择的策略的完全信息，所以先行动者可以先分析自己的行动对后行动者的影响和后行动者可能采取的策略，在此基础上选择自己的策略。如果局中人在前一个阶段的行动决定随后的子博弈的结构，因此，后一阶段子博弈不同于前一阶段的子博弈，或者说，同样结构的子博弈只出现一次。这样的动态博弈称为“序贯博弈”。博弈树是用来表示和分析序贯博弈的图形方法，在有限序列博弈中，都可以用逆推法求解均衡，即从博弈树的末端开始，求解终点节的子博弈均衡，逐步向前推，直到始节点，求得整个动态博弈的均衡。这样，不仅整个动态博弈构成纳什均衡，而且可以剔除不可置信的威胁或承诺，使每个子博弈都构成纳什均衡，这是“子博弈精炼纳什均衡”，也叫“子博弈完美纳什均衡”。

动态博弈的另一种类型是重复博弈。在重复博弈中，上一阶段的行动选择不影响下一阶段的博弈结构，每个阶段的博弈具有相同结构。尽管重复博弈也追求收益最大化，但并非追求每个阶段的收益最大化，而是追求所有阶段收益的贴现值或加权平均值最大化，不会因为局部利益而牺牲长远的整体利益。

如果局中人具有不为其他局中人所知的私人信息，这时的博弈为不完全信息博弈。在不完全信息博弈中，如果局中人需要同时做出决策或后决策者无法观察先行动者行为时，该博弈为不完全信息静态博弈。为分析不完全信息静态博弈，海萨尼提出了一种处理不完全信息博弈的方法，将不确定条件下的选择转换为风险条件下的选择，称为海萨尼转换。这种方法将不完全信息静态博弈变成一个两阶段动态博弈，第一个阶段是自然 N 的行动选择，第二个阶段是除 N 外的局中人的静态博弈。把“不完全信息”转变成为完全但不完美信息，从而可以用分析完全信息博弈的方法进行分析。在海萨尼转换的基础上，海萨尼提出了贝叶斯纳什均衡，即在给定局中人类型和其他局中人类型的先验概率分布的条件下，所有局中人都达到预期收益最大化的状态。

在不完全信息的动态博弈中，局中人在博弈开始时对于其他局中人的所属类型的分布概率只有自己的主观判断（即先验概率），但在博弈开始后，后行动者会根据所观察到的其他局中人的行为，运用贝叶斯公式，对自己的先验概率进行修正，然后选择最优策略，而先行动者预计到自己的行动会被后行动者利用来修正先验概率，也会设法显示对自己最有利的信息。不完全信息动态博弈的均衡解为精炼贝叶斯均衡。

【基本概念释义】

公共信息：所有市场参与者都能自由获得的信息。

私人信息：只有部分或个别市场参与者才能拥有的信息。

完全信息：主体拥有市场环境的全部知识包括所有的公共信息和私人信息。

不完全信息：主体只拥有市场环境的部分知识或信息。

确定信息：一项决策只能产生一种结果。

不确定信息：决策可能产生两种及其以上结果。

对称信息：经济主体同等拥有彼此信息。

不对称信息：有关经济主体不同等地拥有彼此信息。

风险爱好者：敢于冒险的决策者。

风险回避者：追求稳定的谨慎的决策者。

知情者：在信息不对称的情况下，拥有信息较多的一方。

逆向选择：事前隐藏信息的不对称。

信号传递：知情者采取某种行动向不知情者发送相关信息，用以回避逆向选择，改进市场运行状况。

道德风险：事后隐藏行为的不对称。

机制设计：不知情者通过合理的制度安排使知情者在追求自身利益最大化的同时，也使不知情者的利益最大化，用以解决道德风险问题。

委托—代理问题：属于道德风险的一种，由于代理人的目标函数与委托人的目标函数不一致，代理人有可能偏离委托人目标函数而委托人难以观察和监督，从而出现代理人损害委托人利益的现象。

委托人：泛指任何一种涉及非对称信息的交易中拥有信息较少的一方。

代理人：泛指任何一种涉及非对称信息的交易中有信息优势的一方。

博弈论：也叫对策论，是分析两个或两个以上参与者选择能够共同影响每一个参与者的行为或战略的方法。

局中人：参与博弈并承担后果的利益主体。

策略集合：给定条件下，局中人可能采取的所有行为方案的集合。

收益函数：策略集合的函数，反映局中人采用特定策略所得到的收益，可以用基数效用或预期效用表示。

合作博弈：如果局中人之间有协议或承诺且具有完全约束力能够执行，则该博弈是合作博弈。

非合作博弈：如果局中人之间没有达成有约束力的协议，则该博弈是非合作博弈。

常和博弈：局中人的利益根本对立，各方的收益之和为常数。

变和博弈：博弈双方利益既对立又统一，各方收益之和是一个变数。

静态博弈：如果局中人同时行动或后行动者无法观察到先行动者的行为，无法根据先行动者的行为作出自己的选择，该博弈是静态博弈。

动态博弈：如果局中人行动有先后，且后行动者能根据先行动者的行为选择自己的策略，则该博弈为动态博弈。

完全信息博弈：如果收益函数是局中人的公共信息，则博弈为完全信息博弈。

不完全信息博弈：如果某一方的收益函数是私人信息，则博弈为不完全信息博弈。

纯策略：在完全信息博弈中，在给定信息下，如果局中人只能选择某特定策略作为最优策略，该策略是纯策略。

混策略：在完全信息博弈中，在给定信息下，如果局中人需要以某种概率选择不同策略，则称为混策略。

上策：也叫占优策略，在博弈过程中，无论对方选择何种策略，某特定策略都是我能够选择的最优策略，则该策略称为上策。

上策均衡：也叫占优均衡，是博弈过程中各方上策的组合。

重复剔除的上策均衡：通过剔除严格下策重新构造一个不包括所剔除策略的新矩阵，重复进行这一过程，直到剩下唯一策略组合，该策略组合称为重复剔除的上策均衡。

纳什策略：在博弈中，如果对方选择某策略时，某特定策略是我能选择的最优策略，该策略称为纳什策略。

混策略纳什均衡：如果对方以一定概率选择混策略，我所选择的混策略是我能选择的预期收益最大的混策略，该策略称为最优混策略，各方最优混策略的组合，构成混策略纳什均衡。

序贯博弈：在动态博弈中，每次博弈结构不同而连续多次的博弈称为序贯博弈。

博弈树：用来表示和分析序贯博弈的图形方法，通过博弈树可以表示所有局中人能够采取的所有可能行动和博弈的所有可能结果，由节点和分支组成，节点之间由分支相连。

子博弈精炼纳什均衡：是一个策略组合，通过剔除不可置信的威胁或承诺，该策略组合不仅使整个动态博弈构成纳什均衡，而且每个子博弈都构成纳什均衡。

重复博弈：如果同样结构的博弈重复多次，则该博弈为重复博弈，在重复博弈中，上一阶段的行动选择不影响下一阶段的博弈结构，每个阶段的博弈具有相同结构。

海萨尼转换：海萨尼在不完全信息博弈分析中通过引入“自然”作为一个虚拟的局中人，将不确定条件下的选择转换为风险条件下的选择，称为海萨尼转换。

贝叶斯纳什均衡：在给定局中人类型和其他局中人类型的先验概率分布的条件下，所有局中人都达到预期收益最大化的状态。

【课后练习题参考答案】

1.（1）根据效用函数 $U(w)=\sqrt{w}$，如果不参加保险，其预期效用 $U_e=(1-25\%)\times\sqrt{1000000}+25\%\times\sqrt{1000000-200000}=973$

（2）如果参加保险，由 $\sqrt{(1000000-R)}=973$ 得 $R=53300$

2. 上策均衡的策略组合包括：(A, C) (A, D) (B, C) (B, D)

A 为上策的条件：$a>e$，$c>g$

B 为上策的条件：$e>a$，$g>c$

C 为上策的条件：$b>a$，$f>e$

D 为上策的条件：$a>b$，$e>f$

如果 $a>e$，$c>g$，$b>a$，$f>e$ 有上策均衡 (A, C)

如果 $a>e$，$c>g$，$a>b$，$e>f$ 有上策均衡 (A, D)

如果 $e>a$，$g>c$，$b>a$，$f>e$ 有上策均衡 (B, C)

如果 $e>a$，$g>c$，$a>b$，$e>f$ 有上策均衡 (B, D)

3.（1）若这两个厂商同时推出新产品，则 A 推出 L 时，B 必选 H，但 B 选 H 时，A 不会选 L 而要选 H。因此，(L, H) 不是均衡。如果 A 选 H 时，B 必须 H，因为如选 L，利润只有 10，因此，(H, H) 会是一个纳什均衡。当 A、B 两个厂商都选择高品质产品 H 时，这两个厂商都将获得的利润为 20。

（2）若 A 先推出新产品，然后 B 再推出新产品，则会形成一个动态博弈。此博弈序列将呈现如图的博弈树形状。从图可见，A 先推出新产品的话，肯定选择高品质产品 H，于是 B 只能选择高品质产品 H。可见，这时 A 的利润是 20，B 的利润也是 20

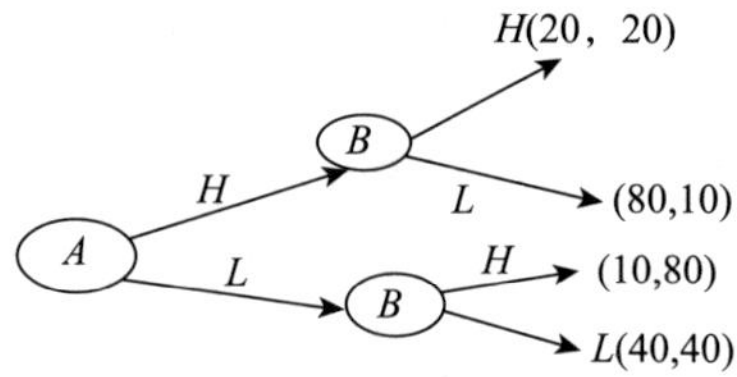

4.（1）根据题意，$\begin{matrix} P = 30 - Q \\ Q = Q_1 + Q_2 \end{matrix}$

则 $P = 30 - b(Q_1 + Q_2)$

寡头 1 的总收益 $TR_1 = P \times Q_1 = [30 - b(Q_1 + Q_2)] \times Q_1 = 30Q_1 - Q_1^2 - Q_1Q_2$

寡头 1 的边际收益 $MR_1 = \dfrac{dTR_1}{dQ_1} = 30 - 2Q_1 - Q_2 = MC = 0$

$Q_1 = 15 - \dfrac{Q_2}{2}$

同理可得 $Q_2 = 15 - \dfrac{Q_1}{2}$

于是可得 $Q_A = Q_B = 10$

（2）假设寡头 1 是先行动者，产量为 Q_1，寡头 2 为后行动者，产量为 Q_2，市场需求函数是：$P = 30 - (Q_1 + Q_2)$，按照逆推法，寡头 2 的利润函数是：$\pi_2 = Q_2 \times P = [30 - (Q_1 + Q_2)] \times Q_2$，通过利润函数对 Q_2 求导，令一阶导数为零，寡头 2 对寡头 1 的最优反应函数为：$Q_2^* = 15 - \dfrac{1}{2}Q_1$，这样，寡头 1 根据寡头 2 的最优反应函数所得的利润函数为：

$$\pi_1 = P \times Q_1 = \left[30 - (Q_1 + 15 - \frac{1}{2}Q_1)\right] \times Q_1 = 15Q_1 - \frac{1}{2} \times Q_1^2$$

令寡头 1 的利润函数的一阶导数为零，得 $Q_1^* = 15$，代入寡头 2 的反应函数，得 $Q_2^* = 7.5$

于是，$\pi_1 = 112.5$，$\pi_2 = 56.25$

【本章习题】

一、单项选择题

1. 信息经济学将旧汽车买主在购买旧汽车时由于非对称信息而导致的不利选择环境称为（　）。

   A. 逆向选择

B. 信息失灵
C. 市场机制失灵
D. 道德风险

2. 下列均衡属于完全信息动态博弈的均衡的是（　）。
A. 纯策略纳什均衡
B. 子博弈精练纳什均衡
C. 精练贝叶斯纳什均衡
D. 贝叶斯纳什均衡

3. 下面哪种模型是一种动态的寡头市场博弈模型（　）。
A. 古诺模型
B. 张伯伦模型
C. 斯塔克尔伯格模型
D. 信号传递模型

4. 下面哪一个属于知情者先行动的解决逆向选择问题的方法（　）。
A. 信号传递　　B. 信号制造
C. 信号甄别　　D. 机制设计

5. “囚徒困境”奠定了何种博弈论的理论基础（　）。
A. 动态博弈论　　B. 静态博弈论
C. 合作博弈论　　D. 非合作博弈论

6. 博弈树主要用来描述和分析哪种博弈（　）。
A. 动态博弈
B. 静态博弈
C. 合作博弈
D. 非合作博弈

7. 从非对称信息发生的时间先后来看，非对称性可能发生在当事人签约之前，也可能发生在签约之后，研究事前非对称性模型是什么模型（　）。
A. 信号传递模型
B. 逆向选择模型
C. 道德风险模型
D. 信号甄别模型

8. 货币收入的边际效用递减的决策者为（　）。
A. 冒险者　　B. 避险者
C. 中性者　　D. 以上都不对

9. 逆向选择最早产生于（　）。

A. 产品市场　　B. 保险市场

C. 资本市场　　D. 劳动力市场

10. 一个博弈中，直接决定局中人支付的因素是（　）。

A. 策略组合　　B. 策略

C. 信息　　D. 行动

11. 博弈论中，局中人从一个博弈中得到的结果常被称为（　）。

A. 效用　　B. 支付

C. 决策　　D. 利润

12. 博弈中通常包括下面的内容，除了（　）。

A. 局中人

B. 占优战略均衡

C. 策略

D. 支付

13. 囚徒困境说明（　）。

A. 双方都独立依照自己的利益行事，则双方不能得到最好的结果

B. 如果没有某种约束，局中人也可在（抗拒，抗拒）的基础上达到均衡

C. 双方都依照自己的利益行事，结果一方赢，一方输

D. 每个局中人在做决策时，不需考虑对手的反应

14. 在一般产品销售市场上，以下哪种原因导致了逆向选择（　）。

A. 产品质量的不确定性

B. 私人信息

C. 公共信息

D. 产品价格

二、多项选择题

1. 市场信息的基本形式包括（　）。

A. 公共信息与私人信息

B. 完全信息与不完全信息

C. 真实信息与虚假信息

D. 对称信息与非对称信息

2. 下列决策者属于避险者的是（　）。

A. 决策者预期收入的效用大于收入的预期效用

B. 决策者愿意支付的保费大于公平保费

C. 决策者货币边际效用递增

D. 决策者的效用曲线凸向左上方

3. 下列哪些现象属于逆向选择（　）。

A. 劣质品驱逐优质品

B. 工人偷懒

C. 司机投保后不再注意保养自己的车

D. 投保的往往是技术不好的司机

4. 下列哪些行为属于信号传递（　）。

A. 广告宣传

B. 效率工资的条款

C. 商标的使用

D. 售后服务的承诺

三、判断题

1.（　）有限次重复博弈的子博弈精炼纳什均衡每次重复采用的都是原博弈的纳什均衡。

2.（　）在动态博弈中，因为后行为的博弈方可以先观察到对方行为后再做选择，因此总是有利的。

3.（　）当一次性博弈有唯一纳什均衡时，有限次重复博弈的子博弈精炼纳什均衡每次重复采用的都是原博弈的纳什均衡。

4.（　）在市场上，卖方凭借自己拥有商品内在性质的私人信息有可能把自己的伪劣商品当作优商品卖给买方。卖方的这种作法就是逆向选择。

5.（　）博弈中混合策略纳什均衡一定存在，纯策略的不一定存在纳什均衡。

6.（　）上策均衡一定是纳什均衡。

7.（　）在一个博弈中博弈方可以有很多个。

8.（　）在一个博弈中只可能存在一个纳什均衡。

9.（　）因为零和博弈中博弈方之间关系都是竞争性的、对立的，因此零和博弈就是非合作博弈。

10.（　）在一个博弈中如果存在多个纳什均衡则不存在上策均衡。

四、计算题

1. 一位农夫所种植的西红柿正在枯萎，他决定是否浇水。如果他浇水，或者下雨，则西红柿种植将获利 1 000 美元；但是如果西红柿缺水，则将获利 500 美元。灌溉系统运营的成本为 100 美元。该农民力图使西红柿销售的期望利润最大化。

（1）如果农民认为有50%的可能性会下雨，他应该浇水吗？

（2）为了从一个能百分之百精确预报天气的巡回天气预报员那里获得信息，此农民所愿意支付的最大金额是多少？

（3）如果该预报员的准确率为75%，则你对（2）的答案有何变化？

2. 城市的人会比乡村的人更容易丢失他们的贵重手表。具体地说，城市的人在一年之内就会丢失他们1 000美元的手表的概率为80%，而乡村同样概率的人却只有20%。城市的人和乡村的人在人口中有同样的代表性。

（1）如果保险公司假定城市的人和乡村的人具有同样的可能去买手表丢失保险，实际上公平的保险费率会是多少？

（2）如果城市的人与乡村的人效用函数 $U(I)=\ln I$，并且每个人当前的财富都是10 000美元，那么，这些人会不会以（1）中的保险费率购买手表保险？

（3）给定（2）的结果，能否正确计算保险费率？它应该等于什么？每一类型的人的效用会怎样？

（4）假定保险公司对城市的人和乡村的人要收不同的保险费率。这些人的最大化效用与（2）、（3）中所计算的效用相比会怎样？

3. 两寡头古诺模型，$P=P(Q)=a-Q$，但两个厂商的边际成本不同，分别为 C_1 和 C_2。

（1）如果 $0<C_i<a/2$，问纳什均衡产量各为多少？

（2）如果 $C_1<C_2<a$，但 $2C_2>a+C_1$，则纳什均衡产量又为多少？

4. 在一个由三寡头操纵的垄断市场中，逆需求函数为 $p=a-q_1-q_2-q_3$，这里 q_i 是企业 i 的产量。每一企业生产的单位成本为常数 c。三企业决定各自产量的顺序如下：(1) 企业 1 首先选择 $q_1 \geqslant 0$；(2) 企业 2 和企业 3 观察到 q_1，然后同时分别选择 q_2 和 q_3。试解出该博弈的子博弈完美纳什均衡。

5. 假设在同一种商品的市场中，企业 1 与企业 2 在竞争，竞争的策略是产量，分别记作 q_1、q_2。假设市场价格 P 与 q_1、q_2 的关系为逆需求函数：$P(Q)=2-(q_1+q_2)$，企业 1、企业 2 同时行动，企业 1 单位成本 $c_1=1$ 是共同知识，企业 2 的成本可能是 $\frac{3}{4}$ 或 $\frac{5}{4}$，企业 1 只知道 $c_2=\frac{3}{4}$ 的可能性是 $\frac{1}{2}$，这也是共同知识。求贝叶斯纳什均衡解。

五、论述题

运用博弈论相关知识，分析为什么火车站和机场餐饮商业服务的价格贵质量差，而居民区价格优惠服务较好?

第九章　分配理论

【学习目的】

本章分析微观经济学所要解决的第三个基本问题：为谁生产的问题，也就是生产的产品按照什么原则分配给各方。前面各章的内容主要集中在产品市场方面，而本章分析的重点是要素市场，研究一定技术条件下的要素价格与收入分配。本章主要涉及两个问题：分配机制与社会收入分配状况。前者说明社会产品分配的原则，后者说明按照这种原则分配的结果。要素价格决定了收入在要素所有者之间的分配，所以要素价格理论也叫分配理论。通过本章的学习，学生可以了解要素定价的一般原则，以及工资、利息、地租、利润的决定，掌握分析社会收入分配状况的常用工具洛伦兹曲线和基尼系数。

【学习要求】

了解要素需求的特点和影响要素需求的因素，熟悉边际收益产量、边际产量、边际产值的概念及其相互关系，掌握劳动力、资本、土地供给曲线的特点，了解不同类型的要素市场与产品市场上厂商均衡的条件；掌握完全竞争市场的工资决定，能够用替代效应与收入效应来解释工资与劳动供给的反向变动关系，了解工会组织影响工资的主要方法和制约因素；掌握利息产生的相关理论，熟悉决定市场利率的因素，了解利息、利率的性质与作用；了解地租的决定以及级差地租、准租与经济租的概念；掌握正常利润与经济利润的概念与性质，能够区分经济利润与会计利润，了解经济利润产生的源泉和利润的作用；掌握洛伦兹曲线与基尼系数，能够利用洛伦兹曲线与基尼系数分析社会收入分配的平等程度。

【主要概念】

边际生产力、边际收益产量、边际产值、要素边际成本、要素平均成本、名义工资、实际工资、时间偏好、流动性偏好、迂回生产、级差地租、准租、经济租、正常利润、经济利润、洛伦兹曲线、基尼系数。

【内容要点】

分配理论研究为谁生产的问题，即产品与收入如何分配。收入分配主要涉及两个问题：分配机制与社会收入分配状况。分配机制是社会产品与收入分配的原则，在市场经济条件下，要素所有者的收入主要取决于所提供要素的价格，所以本章分析的重点是要素价格的决定。在生产过程中所使用的生产要素主要包括劳动、资本、土地与企业家才能。这些生产要素既有共同点，也有各自的特点。

本章第一部分从生产要素的共同点出发，分析要素定价的一般原则。与产品市场的定价类似，决定要素价格的主要因素是生产要素的供给与需求。与产品需求相比，生产要素的需求具有派生性与联合性的特点，即对生产要素的需求是由产品需求派生出来的间接需求，而且在生产过程中，往往需要多种生产要素配合使用。影响要素需求的主要因素，包括产品需求及产品价格、生产技术状况以及生产要素的价格。在影响要素需求的因素不变时，要素的需求曲线取决于要素的边际生产力。边际生产力的价值形态是边际收益产量，厂商愿意支付的价格等于要素的边际收益产量。由于边际收益产量递减，要素的需求曲线向右下方倾斜，即厂商愿意支付的价格与要素的需求量反方向变动。劳动力、资本与土地不同的供给特点形成不同的供给曲线。要素的供给曲线与需求曲线的交点决定了要素市场的均衡。

不同类型的要素市场与不同类型的产品市场组合，会形成不同的厂商均衡。当产品市场与要素市场均完全竞争时，要素边际成本线为平行线，厂商均衡的条件为：$MRP = P \cdot MP = VMP = PF$。要素价格等于边际产值，这意味着没有剥削。当要素市场完全竞争而产品市场不完全竞争时，厂商均衡的条件为：$MRP = MFC = PF < VMP$，该市场存在剥削，投入的要素没有获得边际产值，但仍然获得边际收益产量。要素市场不完全竞争而产品市场完全竞争时，厂商均衡的条件为：$MRP = VMP = MFC > PF$，要素价格低于边际产值，也低于边际收益产量，说明该要素市场剥削程度高于要素市场完全竞争一产品市场不完全竞争的情况。在两个市场都是不完全竞争市场的条件下，当要素市场均衡时：$VMP > MRP = MFC > PF$，剥削程度最高。

本章第二部分结合劳动、资本、土地与企业家才能的不同特点，分析工资、利息、地租、利润的决定。

工资是劳动的价格。在完全竞争的劳动力市场上，劳动的供给价格取决于劳动的成本，劳动的成本包括实际成本与心理成本。只有工资高于劳动的成本，劳动者才愿意提供劳动。在一般情况下，工资越高，劳动的供给量越大。但劳动供给的特殊性在于，当工资水平很高时，劳动的供给量反而会减少。工资与劳动供给的反向变动关系可以用替代效应与收入效应来解释。替代效应使工人的劳动时间随工资增加而增加；收入效应使工人的劳动时间随工资增加而减少。当工资提高到一定水平后，收入效应大于替代效应，这时，工资与劳动的供给反向变动，工人的供给曲线向后弯曲。但市场总的供给一般还是会随着工资的提高而增加，整个市场的劳动供给曲线向右上方倾斜。劳动的供给曲线与需求曲线共同决定均衡的工资水平。

工会组织的存在使劳动力市场出现了劳动卖方垄断的情况。工会可以通过三种方法来争取提高工资：支持或要求政府实行贸易保护主义，增加对厂商产品的需求；限制移民、减少童工、缩短劳动时间、提前退休等，减少劳动供给；强行要求雇主将工资提高，或者要求政府立法规定最低工资。工会提高工资的努力受到产品的需求弹性、劳动力成本占总成本的比例、劳动的可替代性以及工会的基金和会员人数等因素制约。

利息是货币资本的价格。对于利息的产生，时间偏好理论与流动性偏好理论解释了为什么提供货币资本应该得到利息的问题，迂回生产理论解释了利息从何而来的问题。对于利率的决定，利息理论认为，决定利息率的基本因素是资本的供给与需求。资本供给的主要来源是储蓄，资本的供给量与利率同方向变动，资本的供给曲线向右上方倾斜。资本的需求主要来自于资本品购买与更新等，在利润率一定的条件下，资本需求量与利率反方向变动，资本的需求曲线向右下方倾斜。资本的供给除了家庭储蓄外还包括企业储蓄以及中央银行发行货币等，对资金的需求除了厂商的投资需求外，还有家庭的消费需求和政府投资需求等。除了资本的供给与需求外，风险因素、时间因素等也会影响利率的决定。

利息的主要作用是配置资本与动员社会资金。利率是调节国民经济增长、调节经济结构和影响国际收支的重要手段。

地租是土地的价格。经济学上所说的土地泛指一切自然资源。土地的供给曲线为垂直线，供给完全无弹性。而需求曲线受边际生产力递减规律影响向右下方倾斜。土地的供给曲线与需求曲线共同决定均衡地租。地租有绝对地租与级差地租之分，市场价格与边际土地以上土地的平均成本之差就是级差地租，当土地全部被私人占有后，任何土地一经使用，地主就会要求地租，这种地租成为产品价格的构成部分，称为绝对地租。边际土地只有绝对地租，边际土地以上各级土地既有绝对地租也有级差地租。

在短期内，厂房、设备等固定要素供给的特点类似土地。固定要素短期内所获得的收益通常被称为“准租”。准租必须大于0，这是短期厂商继续生产的基本条件。厂商的收益与机会成本之差为经济租。经济租大于0，是厂商在长期生产中将要素留在某行业生产的基本条件。

利润分为正常利润与超额利润，经济学所说的利润指超额利润，也叫经济利润。正常利润是成本的一部分，等于企业所有自有要素的机会成本，属于隐含成本。获得正常利润是要素长期留在原有行业的基本条件。超过正常利润的那一部分利润为超额利润，即厂商收益超过总成本的部分。产生超额利润的源泉主要有：创新、承担风险以及垄断。利润的作用主要包括激励企业家提高经营管理能力，鼓励企业家创新和承担风险，以及引导企业家将更多资源投向社会最需要的领域，使资源配置更合理，资源利用更充分。

本章第三部分分析社会收入分配状况。分析社会收入分配平等程度的最常用工具是洛伦兹曲线，最常用的指标是基尼系数。洛伦兹曲线是一条向右下方弯曲的曲线，洛伦兹曲线越接近于对角线，即弯曲度越小，收入分配的平等程度越高；越接近于折线，即弯曲度越大，收入分配越不平均。在洛伦兹曲线基础上意大利统计学家基尼提出了基尼系数。基尼系数的值在0～1之间，当基尼系数等于0时，表示分配绝对平均；当基尼系数等于1时，分配绝对不平均；等于其它值时，基尼系数越大，表示分配越不平均。

【基本概念释义】

边际生产力：在其它条件不变时，每增加一个单位的要素投入所增加的产出。

边际收益产量：在其它条件不变时，厂商每增加一个单位的要素投入所增加的收益。

边际产值：在其它条件不变时，每增加一个单位的要素投入所增加的产量的价值。

要素边际成本：每增加一个单位的要素投入所增加的总成本。

要素平均成本：厂商投入每一单位的要素平均支出的成本。

名义工资：不考虑货币的购买力，以货币数量表示的工资。

实际工资：按照能够购买的实物价值计算的工资。

时间偏好：在现期消费和未来消费中，人们对现期消费的偏好。

流动性偏好：人们基于交易动机、预防动机和投机动机，对现金的偏好。

迂回生产：先生产资本品，再用资本品生产消费品的生产方式。

级差地租：由于土地肥沃程度、地理位置等差异而引起的有差别的地租，等于市场价格与边际土地以上土地的平均成本之差。

准租：固定要素短期内所获得的收益。

经济租：厂商的收益与机会成本之差。

正常利润：企业所有自有要素的机会成本，属于隐含成本。

超额利润：也叫经济利润或纯利润，是超过正常利润的那一部分利润，即厂商收益超过总成本的部分。

洛伦兹曲线：美国统计学家洛伦兹提出的，用来分析社会收入分配平等程度的曲线。

基尼系数：意大利统计学家基尼在洛伦兹曲线基础上提出的，用来分析社会收入分配平等程度的指标。

【课后练习题参考答案】

1.（1）当产品市场与要素市场均完全竞争时，厂商均衡的条件为：

$MRP = P \cdot MP = VMP = PF$

$MP = Q'(L) = -0.03L^2 + 2L + 36$

$VMP = P.MP = -0.003L^2 + 0.2L + 3.6 = 4.8$

$(0.1L-6)(0.03L-0.2) = 0$

解得：$L=60$ 和 $L=20/3$（舍去，因为此时 $dMP_L/dL>0$）

可见，当厂商实现利润最大化时，应每天投入 60 劳动小时。

（2）利润为：$TR-TC=P \cdot Q-(FC+VC)=P \cdot Q-(FC+W \cdot L)$

把已知变量代入上式中得：

$0.1\times(36\times60+60^2-0.01\times60^3)-(50+4.8\times60)=22$ 元。可见，厂商每天获得的纯利润为 22 元。

2. 厂商均衡的条件为：$\dfrac{MP_L}{P_L} = \dfrac{MP_K}{P_K}$

$\dfrac{L^{-0.5}K^{0.5}}{L^{0.5}K^{-0.5}} = \dfrac{P_L}{P_K}$

$K = \dfrac{LP_L}{P_K}$ ①

$MP_L = Q'(L) = 24L^{-0.5}K^{0.5}$，$VMP = P.MP = 1200L^{-0.5}K^{0.5}$

当产品市场与要素市场均完全竞争时，$VMP = 1200L^{-0.5}K^{0.5} = P_L = 14400$②

将①代入②得：$1200L^{-0.5}L^{0.5}14400^{0.5}P_K^{-0.5} = 14400$

$P_K = 100$

【本章习题】

一、单项选择题

1. 在完全竞争的产品和要素市场中，厂商的要素需求曲线向右下方倾斜的原因在于（　）。

   A. 边际成本递减　　B. 边际产量递减

   C. 边际收益递减　　D. 规模报酬递减

2. 边际收益产量等于边际产值的是（　）。

   A. 完全竞争要素市场中的厂商

   B. 完全竞争产品市场中的厂商

   C. 非完全竞争产品市场中的厂商

   D. 非完全竞争要素市场中的厂商

3. 已知生产要素 M、N 的价格分别为 6 元、10 元，产品的边际收益为 2 元，则在 M、N 的边际产量为多少时，该生产厂商才能获得最大利润（　）。

   A. 6，10　　B. 12，20

   C. 3，5　　D. 1.5，2.5

4. 在完全竞争产品市场中，厂商生产一种产品的要素投入价格为 20 元，它的边际产量为 5，则根据利润最大化原则，出售该产品的边际收益为（　）。

   A. 20 元　　B. 5 元

   C. 4 元　　D. 无法确定

5. 若厂商均衡时，要素价格等于边际收益产量，低于边际产值，属于下列什么情况（　）。

   A. 产品市场与要素市场均完全竞争

   B. 要素市场完全竞争而产品市场不完全竞争

   C. 要素市场不完全竞争而产品市场完全竞争

   D. 产品市场与要素市场都是不完全竞争市场

6. 一个垄断企业，投入品 M 的价格为 20 元，边际产量为 5，产品价格是 4 元，则这个企业的产量（　）。

   A. 未达到利润最大化，应减少产量

   B. 未达到利润最大化，应扩大产量

   C. 生产出利润最大化，但是成本未达到最小化

   D. 在成本最小条件下实现利润最大化产量

7. 在一个完全竞争市场中，追求利润最大化的厂商的产品价格上升时，将引起劳动的边际产品价值以及导致劳动的需求曲线的变化为（　）。

A. 边际产品价值降低；劳动的需求曲线右移

B. 边际产品价值增加；劳动的需求曲线左移

C. 边际产品价值增加；劳动的需求曲线右移

D. 边际产品价值降低；劳动的需求曲线左移

8. 在完全竞争市场上，土地的需求曲线与供给曲线的形状分别是（　）。

A. 水平，垂直

B. 向左下方倾斜，向右下方倾斜

C. 向右下方倾斜，向左下方倾斜

D. 向右下方倾斜，垂直于数量轴

9. 厂商的利润与准租金的大小相比而言（　）。

A. 二者相等

B. 前者大于后者

C. 大小无法比较

D. 前者小于后者

10. 假设某影星的年收入为 100 万元，如果她从事其他工作，最多能得到 40 万元的收入，那么其所获得的经济地租为（　）。

A. 60 万元　　B. 40 万元

C. 100 万元　　D. 140 万元

11. 如果收入是平均分配的，则洛伦兹曲线将会（　）。

A. 与纵轴重合

B. 与横轴重合

C. 与 45°线重合

D. 无法判断其位置

12. 如果完全竞争要素市场上，要素价格、产品价格、边际收益均等于 4 元，则厂商均衡时，边际产量等于（　）。

A. 2　　B. 1

C. 4　　D. 无法确定

13. 一个厂商在产品市场上是完全竞争的，要素 A 是其唯一的可变要素，则该厂商对要素 A 的需求曲线由以下何者给出（　）。

A. VMP 曲线；　　B. MP 曲线；

C. MC 曲线；　　D. 以上都不是

14. 某工人在工资率为每小时 2 美元的时候每周挣 100 美元，每小时 3 美元的时候每周挣 120 美元，由此可以断定（ ）。

A. 收入效应起着主要作用

B. 替代效应起着主要作用

C. 两者都没有发生作用

D. 无法确定收入效应与替代效应作用的大小

15. 假定生产要素 A、B、C 的边际产量分别是 12、10、2，它们的价格分别是 6、5、1，那么这一生产要素的组合（ ）。

A. 是最小成本的组合；

B. 不是最小成本的组合；

C. 是否为最小成本组合，视不同产品和要素市场而定；

D. 是否为最小成本组合，视不同要素市场而定

16. 完全竞争产品市场与不完全竞争产品市场两种条件下的生产要素的需求曲线相比，（ ）。

A. 前者与后者重合

B. 前者比后者陡峭

C. 前者比后者平坦

D. 无法确定

17. 工资率的上升所导致的替代效应是指（ ）。

A. 工作同样长的时间可以得到更多的收入

B. 工作较短的时间也可以得到同样的收入

C. 工人宁愿工作更长的时间，用收入带来的享受代替闲暇带来的享受

D. 以上都正确

18. 当洛伦兹曲线和绝对不平均线所夹面积为零时，基尼系数（ ）。

A. 等于 0　　B. 等于 1

C. 等于无穷大　　D. 无法确定

19. 对供给量暂时固定的生产要素的支付是所谓的（ ）。

A. 地租　　B. 租金

C. 准租　　D. 经济租

20. 微观经济学的要素价格理论一般称为（ ）。

A. 生产理论　　B. 分配理论

C. 消费理论　　D. 成本理论

二、多项选择题

1. 若厂商均衡时，劳动的边际收益产量大于工资率，则其属于下列什么

情况（ ）。

A. 产品市场与要素市场均完全竞争

B. 要素市场完全竞争而产品市场不完全竞争

C. 要素市场不完全竞争而产品市场完全竞争

D. 产品市场与要素市场都是不完全竞争市场

2. 若厂商均衡时，劳动的边际产值大于工资率，则其属于下列什么情况（ ）。

A. 产品市场与要素市场均完全竞争

B. 要素市场完全竞争而产品市场不完全竞争

C. 要素市场不完全竞争而产品市场完全竞争

D. 产品市场与要素市场都是不完全竞争市场

3. 有关工资率变动的收入效应描述正确的是（ ）。

A. 它是指工资率对劳动者的收入，从而对劳动时间产生的影响

B. 若劳动时间不变，工资率的提高使得劳动者的收入提高

C. 若劳动时间不变，工资率的提高使得劳动者有能力消费更多的闲暇

D. 工资率的提高的收入效应使得劳动供给增加

4. 对资本供给曲线与均衡利息率变动的描述正确的是（ ）。

A. 当产品市场上产品价格提高时，资本的需求曲线向左移动

B. 在生产过程中资本的边际产量提高时，市场均衡利息率将降低

C. 在生产过程中资本的边际产量降低时，市场均衡利息率将降低

D. 当产品市场上产品价格下降时，资本的需求曲线向左移动

5. 正常利润是（ ）。

A. 经济利润的一部分

B. 会计利润的一部分

C. 经济成本的一部分

D. 隐含成本的一部分

6. 生产要素的需求是一种（ ）。

A. 派生需求　　B. 直接需求

C. 联合需求　　D. 间接需求

7. 下列判断正确的是（ ）。

A. 经济租属于长期分析，而准地租属于短期分析

B. 经济租是对某些特定要素而言，而经济利润则是对整个厂商来说的

C. 厂商存在经济利润，其要素存在经济租

D. 一种要素在短期内存在准地租，并不意味着长期中也存在经济利润

8. 当要素 A 供给（价格）弹性为零时（　）。
A. 该要素需求的供给量是固定且与该要素价格无关
B. 该要素的需求曲线单独决定平衡价格
C. 要素 A 的全部支付为租金
D. 以上都不对
9. 在完全竞争的市场上，厂商对生产要素的需求量取决于（　）。
A. 消费者对该要素生产的产品的需求
B. 产品市场的价格
C. 要素的边际产量
D. 生产要素的价格
10. 当厂商面对要素市场不完全竞争和产品市场完全竞争时，（　）。
A. 边际收益产量等于要素价格
B. 边际收益产量等于边际产值
C. 边际收益产量等于要素边际成本
D. 要素价格低于边际产值

三、判断题

1.（　）生产要素的需求是一种派生的需求和联合的需求。
2.（　）企业对生产要素的需求取决于生产要素的边际生产力。
3.（　）劳动的供给和其他商品的供给一样，价格越高，供给越多，因此，提高工资可以无限增加劳动的供给。
4.（　）劳动的供给曲线是一条向右上方倾斜的曲线。
5.（　）在完全竞争市场上，劳动的需求曲线是一条向右下方倾斜的曲线。
6.（　）劳动的需求取决于劳动的边际产量。
7.（　）用先进的机器代替工人的劳动，会使劳动的需求曲线向右移动。
8.（　）工会在工资的决定中起着决定性的作用。
9.（　）现代生产的特征之一是迂迴生产的过程加长，从而生产效率提高。
10.（　）利息率与储蓄呈同方向变动，与投资呈反方向变动。
11.（　）土地的供给量随地租的增加而增加，因而土地的供给曲线是一条向右上方倾斜的曲线。
12.（　）地租上升使土地的供给不断增加。
13.（　）无论在短期还是长期，准地租都存在。
14.（　）劳动市场上工人要求的工资是每月 800 元，企业实际支付给工人的工资是每月 850 元，那么，工人每月可获得 50 元的经济租。

15.（　）正常利润是对承担风险的报酬。

16.（　）超额利润是对企业家才能这种特殊生产要素的报酬。

17.（　）企业家的创新是超额利润的源泉之一。

18.（　）两家企业生产同样一种产品，其中一家企业把产品打入了新的国外市场，这就是创新的一种形式。

19.（　）由公司发展为跨国公司，这并不是创新。

20.（　）实际的基尼系数总是大于零而小于一。

21.（　）甲、乙两国的基尼系数分别为 0.1 和 0.2，那么甲国的收入分配要比乙国平均。

22.（　）厂商的最优要素需求量就是产量最大的要素量。

23.（　）在完全竞争的要素市场中，由于厂商的边际产品价值等于要素价格，所以厂商没有剥削要素所有者。

24.（　）基尼系数等于 0 时，洛伦兹曲线变成了一条直线。

四、计算题

1. 假设一垄断者只使用一种可变要素 X，去生产单一产品。该可变要素的价格为 $P_X=5$，产品需求函数和生产函数分别为 $P=85-3q$，$q=2\sqrt{X}$。求该垄断者利润极大时使用的 X、产品数量 q 和产品价格 P。

2. 假定一垄断者仅使用劳动 L 去生产其产品，产品按完全竞争市场中固定价格 2 出售，生产函数为：$Q=6L+3L^2-0.02L^3$，劳动供函数为：$W=60+3L$，求利润最大时的 L、Q 和 W。

3. 假设某企业为其产品和要素市场上的完全垄断者，企业的生产函数为 $Q=2L$，其中 L 为生产所使用的劳动力的数量。如果其产品的需求函数为 $Q=110-P$，劳动力的供给函数为 $L=\frac{1}{2}W-20$，试问为了谋求最大利润，该企业应该生产多少？在此产量下，L、W 和 P 各等于多少？

4. 假设某企业只使用一种可变要素 L 生产产品。生产函数为 $Q=4L^{0.5}$，Q 为产量，L 为要素数量。要素市场为完全竞争市场。

（1）如果产品市场为完全竞争市场，产品价格为 $P=5$，求该企业对要素的需求函数。

（2）如果产品市场为不完全竞争市场，产品需求函数为 $Q=200-10P$，求该企业对要素的需求函数。

5. 假定对劳动的市场需求曲线为 $D_L=-50W+450$，劳动的供给曲线为 $S_L=100W$，其中 S_L、D_L 分别为劳动的供给量与需求量，W 为每小时工资。问：

（1）在这一市场中，劳动与工资的均衡水平为多少?

（2）假如政府希望把均衡工资提高到 4 元/小时，其方法是将钱直接补贴给企业，然后由企业给工人提高工资。为使职工平均工资由原来工资提高到 4 元/小时，政府需补贴给企业多少？新的就业水平是多少？企业付给职工的总补贴将是多少?

五、分析论述题

改革开放之前，我国城镇人口的基尼系数为 0.18 左右，现在基尼系数已接近 0.5，这说明我国的收入分配发生了什么变化？如何认识这种变化?

第十章　微观经济政策

【学习目的】

本章主要研究政府对微观经济的干预。前面各章的内容主要是建立在“市场出清”、“完全理性”和“完全信息”这三个基本假设的基础之上，分析市场机制如何实现资源的最优配置。在现实经济社会三个基本假设难以完全满足，导致市场机制难以充分发挥作用，经济社会存在的市场失灵的领域也需要政府对微观经济进行干预，实施必要的微观经济政策，弥补市场机制的不足，使资源配置更合理。通过本章的学习，学生可以了解市场失灵的主要表现，理解政府干预微观经济的原因，以及政府实施的价格政策、消费政策、产业政策和收入分配平等化政策等微观经济政策。

【学习要求】

了解“市场出清”、“完全理性”和“完全信息”三个基本假设的缺陷，掌握市场失灵的主要表现和解决办法，了解政府在解决市场失灵方面的作用，理解政府干预微观经济的必要性；了解价格调节的不完善性，掌握政府对支持价格与限制价格政策的运用，理解支持价格与限制价格政策的利弊；了解消费者行为理论的局限，了解政府保护消费者利益的政策和对消费行为外部效应的干预政策；了解厂商生产活动带来的社会问题，理解政府对厂商生产活动的干预政策和反垄断政策，能够分析政府产业政策对社会福利的影响；了解政府的收入分配平等化政策。

【主要概念】

市场失灵、公共物品、非竞争性、非排他性、纯公共品、准公共物品、公共资源、外部效应、科斯第一定理、支持价格、限制价格。

【内容要点】

本章主要包括两方面的内容：政府为什么干预微观经济和政府如何干预微观经济，即政府实施微观经济政策的原因，以及政府对微观经济政策的运用。

本章第一部分分析政府实行微观经济政策的理论依据。政府干预微观经济的原因主要有两个方面：微观经济学基本假设的缺陷，以及经济社会存在市场失灵的领域。

传统的微观经济学理论认为：价格机制能够解决“生产什么”、“如何生产”以及“为谁生产”的问题，实现资源的最优配置，不需要政府对经济进行干预。但这一结论是建立在“市场出清”、“完全理性”和“完全信息”这三个基本假设基础之上的，而三个基本假设都存在缺陷：市场出清假设的缺陷在于并非所有的市场都能被价格出清，同时，价格调节具有盲目性和滞后性，在出清市场的过程中，资源配置难以实现最优，而且出清的市场未必是最优的，未必符合社会的长远利益；完全理性假设的缺陷在于行为人在行动中既受理性驱使也受到感性因素的影响，而且不具备完全的计算和逻辑推理能力，只有有限的理性；完全信息假设的缺陷在于经济生活中大量存在私人信息，而且信息的收集和分析需要成本，所以居民或厂商都不可能掌握完全的信息。在现实经济社会三个基本假设很难实现，这使得价格机制在很多情况下不能充分发挥其配置资源的作用，需要政府实施必要的微观经济政策，弥补价格机制的不足，使资源配置更合理。

政府干预微观经济的另一个原因是经济社会存在市场失灵的领域。市场失灵主要表现在公共物品、外部效应、垄断、收入分配不均以及信息不对称等方面。

公共物品具有非竞争性与非排他性特点，使用公共物品容易产生“搭便车”的问题，每个人都想搭别人的便车，期待别人购买公共品，结果就是没有公共物品的供给。市场机制难以实现公共物品的有效配置，需要政府以多种方式提供公共物品。

外部效应是没有在市场交易中反映出来的一个经济体对其它经济体的外在影响，可以分为正效应与负效应。当存在生产的负外部效应时，产量超过社会最优的产出水平；当存在生产的正外部效应时，产量会低于社会的最优水平。外部效应的存在使社会无法达到帕累托最优状态，使市场机制难以发挥其配置资源的基本功能。处理外部效应问题通常有三种做法：政府通过税收、补贴或法律限制进行干预；合并企业；明确产权。

收入分配的不平等是市场经济的必然结果。适度的收入差距可以激励经济主体更努力地改善经济效率，但贫富悬殊会带来一系列的社会问题，特别是社会治安问题。而且当财富越来越集中到少数人手中时，由于富人的边际消费倾向低，还可能导致消费需求不足的问题。需要政府进行收入的再分配，改变社会收入分配不均的状况。

自由竞争必然带来垄断，不完全竞争市场普遍存在。垄断厂商使市场交易量无法达到完全竞争状态下的最优水平，资源得不到充分利用，导致生产者剩余和消费者剩余减少，造成社会福利的损失，垄断也是收入分配不均的重要原因。市场机制本身不能解决垄断问题，需要政府采取必要的反垄断政策进行干预。

由于私人信息的存在和信息成本等原因，信息往往是不完全和不对称的。信息不对称所产生的“逆向选择”和“道德风险”等问题使资源难以得到最优配置，信息不对称给经济运行带来的效率损失是显而易见的。政府可以采取多种措施来减少市场中的信息不对称并降低其不利影响，对于改善信息不对称条件下市场运行效率发挥着重要作用。

本章的第二部分分析政府对微观经济政策的运用。主要包括：价格政策、消费政策、产业政策和收入分配平等化政策。

政府干预价格的根本原因是价格调节的不完善性。由市场所决定的价格未必对经济最有利，尤其是不一定符合社会的整体利益和长远利益。价格过低，损害生产者利益，影响生产的长期稳定；价格过高，会影响到社会的稳定。所以，政府有必要对价格进行干预，政府的价格政策主要包括支持价格与限制价格。实行支持价格有助于稳定生产，优化产业或产品结构，促进投资和提高生产效率，也可能造成产品的过剩，增加政府的财政负担。政府限制价格有利于实现社会的公平与稳定，但也会导致短缺长期存在，刺激不合理需求，造成资源浪费，还可能刺激“权力寻租”，败坏社会风尚。

在不完全理性与不完全信息的条件下，消费者无法依据价格信号来实现效用的最大化，需要政府通过消费政策来解决市场信息不对称、信息不完全的问题，并引导消费者理性消费。消费者行为的外部效应使社会资源无法实现最优配置，需要政府通过消费政策矫正市场机制的不足，使消费者行为符合消费者自身的长远利益，也符合社会的整体利益。针对消费者不完全理性与不完全信息的问题，政府实施了保护消费者利益的政策，主要包括：保证商品的质量；规范商品信息的披露；禁止或限制不正确消费；强制义务教育等符合消费者长远利益的消费，以及建立或支持消费者权益保护组织等。针对消费者行为的外部效应，政府为保护社会资源、保护环境和和公众利益、树立良好社会风尚也需要采取必要的干预政策。

厂商的生产活动可以使社会资源的利用更充分，使消费者的需求得到更好的满足以及增加社会就业等，具有对社会有利的一面，也存在外部效应、垄断等问题。针对厂商生产活动的外部效应，政府通过法律限制、税收政策、产量限制与价格管制等政策，减少负外部效应的影响，鼓励具有正外部效应的生产活动。垄断具有规模经济、范围经济等优势，也有妨碍创新、减少消费者剩余、加剧社会收入分配不公等弊端。针对不同的行业，政府需要采取有差别的政策。某些行业自由竞争更有利于社会福利，应该防止形成垄断；某些自然垄断行业，垄断能更好降低平均成本，政府可以实行有限的反垄断政策，即允许垄断的存在但防止厂商滥用垄断地位，减少垄断对社会福利的损害。政府产业政策的影响往往是多方面的，政府的某些税收政策可能导致社会福利的净损失。

市场经济国家在收入的初次分配中依据效率优先原则，再通过政府的收入再分配政策，缩小收入分配的差距，在一定程度上实现收入分配的平等化。政府的收入再分配政策主要包括税收政策与社会福利政策两部分。通过向高收入者征税可以使其可支配收入减少，以缩小收入的差距。个人所得税是调节个人收入的主要税种，除了个人所得税以外，政府的税收调节政策还包括纠正财产分配不平等的财产税等，这些政策都有助于增进收入分配的平等化。福利政策则是通过对低收入者提供救济，来增加他们的收入以实现收入分配的平等化。

【基本概念释义】

市场失灵：市场机制在某些领域不起作用或不能充分发挥作用，从而市场不能提供符合社会效率条件的商品或服务。

公共物品：具有非竞争性与非排他性，无法通过价格机制实现资源最优配置的物品。

竞争性：只有减少他人消费才能增加自己消费的特性。

排他性：可以因某种原因拒绝他人消费的特性。

非竞争性：自己的消费不影响其他人的消费的特性。

非排他性：无论从经济性还是从技术上都难以排斥不付费的使用者的特性。

纯公共物品：既有非竞争性又有非排他性的物品。

准公共物品：具有一定程度的非竞争性但没有非排他性的物品。

公共资源：具有一定非排他性，但没有非竞争性的物品。

外部效应：没有在市场交易中反映出来的一个经济体对其它经济体的外在影响。

科斯第一定理：如果产权界定是明确的，且协商成本为零，则无论产权属于谁都能实现资源的最优配置。

支持价格：政府为支持某行业的生产而规定的高于均衡价格的最低价。

限制价格：政府为限制某些生活必需品价格上涨所规定的低于均衡价格的最高价格。

【课后练习题参考答案】

1. (1) 征税后的供给曲线为：$Q_s{}'=-60+40(P-0.5)$

由市场均衡条件 $Q_d=Q_s{}'$ 得：$150-50P=-60+40(P-0.5)$

均衡价格 $P_e{}'=2.56$，均衡数量 $Q_e{}'=22.22$

(2) 政府的税收收入为：$22.22\times0.5=11.11$

(3)

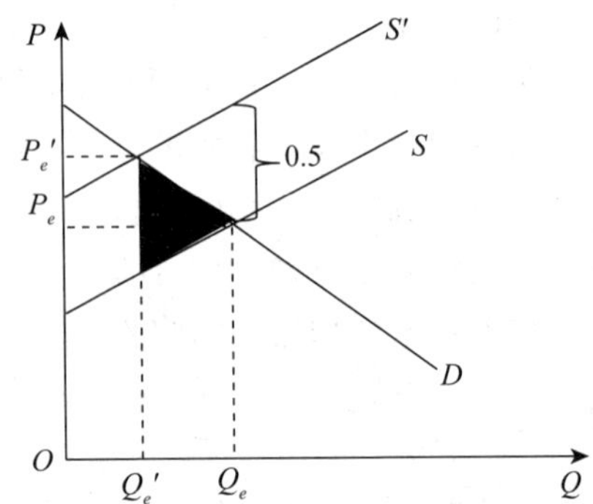

由征税前市场均衡条件 $Q_d=Q_s$ 得：$150-50P=-60+40P$

均衡价格 $P_e=7/3$，均衡数量 $Q_e=33.33$

社会福利的净损失为：$0.5\times(Q_e-Q_e{}')\times0.5=2.78$

2. 第一种做法会影响其他车主开车和停车，具有负外部效应。第二种做法在保护自己的汽车时，也保护了其他车主的汽车，具有正外部效应。

【本章习题】

一、单项选择题

1. 为了提高资源配置效率，政府对公用事业和其它自然垄断行业的垄断行为应该（　）。
   A. 防止形成垄断
   B. 尽量支持
   C. 发挥市场机制的作用
   D. 实行有限的管制
2. 当负外部效应发生在一种产品的生产中时（　）。
   A. 社会成本大于私人成本
   B. 社会收益大于私人收益
   C. 社会成本小于私人成本

D. 社会收益小于私人收益

3. 如果上游工厂污染了下游居民的饮水，按照科斯定理，问题就可以妥善解决的条件是（　）。

A. 不管产权是否明确，只要交易成本为零

B. 不论产权是否明确，交易成本是否为零

C. 只要产权明确，不管交易成本有多大

D. 只要产权明确，且交易成本为零

4. 被称为外部效应的市场失灵发生在（　）。

A. 当市场不能完全出清时

B. 当竞争建立在自身利益最大化的前提上时

C. 当厂商追求利润最大化目标时

D. 当市场价格不能反映一项交易的所有成本和收益时

5. 某项生产活动存在正外部效应时，（　）。

A. 其产量大于社会的最优水平

B. 其产量等于社会的最优水平

C. 其产量小于社会的最优水平

D. 以上三种情况都有可能

6. 搭便车现象是针对下面哪个问题的一种形象的比喻（　）。

A. 外部效应问题

B. 收入分配问题

C. 公共物品问题

D. 信息不对称问题

7. 公共物品的产权属于社会，而不属于任何个人是指它的（　）。

A. 排他性　　B. 非排他性

C. 竞争性　　D. 非竞争性

8. 当人们无偿地享有了别的经济体带来的额外收益时，经济学中称之为（　）。

A. 公共物品　　B. 负外部效应

C. 交易成本　　D. 正外部效应

9. 一种公共资源是（　）。

A. 既有竞争性又有排他性

B. 既无竞争性又无排他性

C. 有竞争性但无排他性

D. 无竞争性但有排他性

10. 针对正的外部效应，政府应该（　）。

A. 征税　　B. 法律限制

C. 补贴　　D. 依靠市场机制

11. 以下项目中属于纯公共物品的是（　）。

A. 国防　　B. 道路　　C. 电视广播　　D. 桥梁

12. 政府提供公共物品的原因是（　）。

A. 人们的需求不足

B. 私人企业攫取的利润过多

C. 政府在提供这些物品方面更有效率

D. “搭便车”问题使公共物品供给不足

13. 国庆节高速公路对小轿车免费通行，导致大量私家车被堵高速公路上，高速公路变成了“停车场”，此时高速公路属于（　）。

A. 纯公共品　　B. 准公共物品

C. 私人物品　　D. 公共资源

14. 各行其道，这既不会增加路的成本，也不会使任何一个人感到不便。这说明了公共物品的（　）。

A. 竞争性　　B. 非竞争性

C. 排他性　　D. 非排他性

15. 政府禁止餐馆出售野生动物，是为了（　）。

A. 减少不完全信息对消费者利益的损害

B. 减少不完全理性对消费者利益的损害

C. 限制消费行为的外部效应

D. 以上三种理由都有

16. 市场失灵是指（　）。

A. 市场价格机制的运行不再具有灵活性

B. 商品需求对价格变化的敏感程度下降

C. 市场对稀缺性资源配置的无效率

D. 收入分配不均

17. 某人的行为给其他人带来经济利益，但其他人不为此利益支付费用，这种现象可以称为（　）。

A. 公共物品　　B. 搭便车

C. 正外部效应　　D. 负外部效应

18. 下列哪一种说法体现了负外部效应概念（　）。

A. 连天下雨减少了小麦的产量

B. 小麦减产引起农民收入下降
C. 养蜂人所养蜜蜂使果园的产量增加，但果园所有人并未支付报酬
D. 私家车带来大气污染和交通拥堵

19. 消费物品非排他性的含义是（　）。
A. 只有支付价格才能获得消费权利
B. 不支付价格也能获得消费权利
C. 有众多的消费者
D. 有众多的生产者

20. 下列哪种产品或劳务的市场失灵问题最不显著（　）。
A. 国防　　B. 教育
C. 电视节目　　D. 衣服

21. 什么情况下会出现“搭便车”现象（　）。
A. 公共物品　　B. 私人物品
C. 社会福利　　D. 不完全信息

22. 下列各项中属于经济学所讲的不利于资源有效配置的外部性有（　）。
A. 郊区居民进城引起地价上升而使得地产主的境况改善
B. 生产同一商品的供应商甲因增加产量而对乙企业的销售带来影响
C. 大企业从事研究开发，小企业无成本地利用了这项开发所带来的好处
D. 谷贱伤农

23. 交易双方信息不对称，比方说买方不清楚卖方一些情况，是由于（　）。
A. 卖方故意要隐瞒自己一些情况
B. 买方认识能力有限
C. 完全掌握情况所费成本太高
D. 以上三种情况都有可能

24. 有关社会成本的正确论述是（　）。
A. 它不包括私人成本
B. 它包括私人成本
C. 与私人成本没有关系
D. 以上三种情况都有可能

25. 当政府试图处理负外部效应时，它的基本目标是（　）。
A. 消除社会成本
B. 消除引起负外部效应的行为

C. 增加私人成本使之等于社会成本

D. 激励决策者考虑全部成本

二、多项选择题

1. 解决负外部效应的对策有（　）。

A. 征税　　B. 补贴

C. 企业合并　　D. 明确产权

2. 导致市场失灵的因素有（　）。

A. 垄断　　B. 外部效应

C. 公共物品　　D. 政府干预

3. 政府限制价格的负面影响有（　）。

A. 黑市交易

B. 资源浪费

C. 产品过剩

D. 增加政府的财政负担

4. 以下项目中属于俱乐部物品的是（　）。

A. 教育　　B. 有线电视

C. 公共绿地　　D. 路灯

5. 与完全竞争市场相比，垄断的主要缺点有（　）。

A. 损害市场效率和社会福利

B. 市场交易量无法达到完全竞争状态下的最优水平

C. 导致收入分配不均

D. 规模不经济

6. 科斯定理（　）。

A. 表明外部性问题的根本原因是产权制度的不合理

B. 重视“看不见的手”的作用，把外部性问题纳入市场机制之中，使外部性具有相应的价格

C. 是通过产权制度的调整，将商品有害的外部性内部化，从而将有害外部性降低到最低限度的理论

D. 是通过产权制度的调整，将商品有益的外部性内部化，从而将有益外部性提高到最高限度的理论

7. 以下哪些情况为正外部效应的表现（　）。

A. 居民接受良好的教育

B. 企业使用清洁能源生产

C. 居民清扫门口道路上的垃圾

D. 居民购买私家车，出行更方便

8. 以下说法正确的有（ ）。

A. 存在正外部效应的情况下，私人活动的水平常常低于社会最优水平

B. 存在正外部效应的情况下，私人活动的水平常常高于社会最优水平

C. 存在负外部效应的情况下，私人活动的水平常常低于社会最优水平

D. 存在负外部效应的情况下，私人活动的水平常常高于社会最优水平

9. 某项生产活动的社会收益大于私人收益时，（ ）。

A. 产量会低于社会的最优水平

B. 政府可以给予补贴

C. 企业会减少产量

D. 社会没有达到帕累托最优状态

10. 假设政府对某商品征收从量税，消费者与厂商的税负分担比例为（ ）。

A. 商品需求的价格弹性越大，消费者负担的比例越低

B. 商品需求的价格弹性越大，厂商负担的比例越低

C. 商品供给的价格弹性越大，消费者负担的比例越低

D. 商品供给的价格弹性越大，厂商负担的比例越低

三、判断题

1. （ ）按贡献标准分配国民收入不会引起收入分配的不平等。

2. （ ）私人物品的特征是消费的非排他性和非竞争性。

3. （ ）私人生产的物品不具备消费的非排他性和非竞争性。

4. （ ）私人物品的排他性和竞争性引起搭便车问题。

5. （ ）在收入分配中，分配的原则是效率优先，兼顾公平。

6. （ ）公共物品实际上就是公用的物品。

7. （ ）公共物品只能由政府来提供。

8. （ ）公共物品的存在引起了搭便车问题。

9. （ ）公共物品的存在说明了依靠市场机制可以实现资源的有效配置。

10. （ ）造纸厂附近的居民会受到造纸厂污染的影响，这就是负的外部性。

11. （ ）外部性的存在意味着社会边际成本小于私人边际成本。

12. （ ）存在外部性时，社会边际成本与私人边际成本、社会边际利益与私人边际利益都不一定相等。

13. （ ）无论是正负外部性都会引起市场失灵。

14. （ ）垄断的存在会引起市场失灵。

15.（ ）市场失灵的存在要求由政府来取代市场机制。

16.（ ）负的外部效应会导致资源的供给不足。

17.（ ）只要产权是明晰的，产权的初始界定对资源配置的效率没有影响。

18.（ ）只要私人成本（或收益）不等于社会成本（或收益），就会导致社会资源配置的无效率。

19.（ ）正外部效应有利于资源优化配置。

20.（ ）公交车属于公共物品。

21.（ ）对有负外部效应的商品生产都应禁止。

22.（ ）完全竞争市场一定比垄断更能保证生产资源的有效利用。

23.（ ）政府免费提供的产品是公共物品。

24.（ ）有负外部效应的污染问题必须通过政府解决。

25.（ ）在一定条件下，增加公共物品消费者人数并不需要减少其它消费品的生产。

四、计算题

1. 两企业之间存在外部性，企业一给企业二造成外部不经济。企业一生产 X 产品、企业二生产 Y 产品，各自的成本函数为 $C_1=2x^2$，$C_2=y^2+2xy$。x、y 分别为两企业的产量，企业二的成本受企业一的产量 x 的影响。X、Y 的市场价格分别为 80、60。

（1）假设两企业不对外部性进行交涉，两企业的产量各为多少？

（2）假设两企业进行外部性问题交涉，交易成本为 0，两企业的产量为多少？

（3）在（2）的场合，对企业一的负外部效应有法规及无法规时，两企业如何分配利润？

（4）政府为抑制外部不经济，对企业一的生产每单位征收 t 的税收，企业各自追求利润最大化，政府税率 t 应定为多少？

（5）政府向企业一对产量 x 征收每单位 t 的税收，而将税收向企业二发放补贴。假设两企业可以无交易成本地自由交涉，那么政府的税收、补贴政策会带来什么影响？

2. 一家垄断的钢铁厂的成本函数为：$C(q)=q^2+60q+100$，该企业面临的需求曲线为：$P=200-q$，但是钢铁厂每生产出1单位的钢铁将产生0.1单位的污染物 z，即 $z=0.1q$。清理污染的成本函数为：污染总成本 $=100+400z$，其中 z 为污染物数量。

（1）如果企业可以自由排放污染，其产品价格和产出水平为多少？

（2）假定生产者必须内部化其外部效应，即它必须支付污染成本，则其产品价格和产出水平为多少？

（3）上述计划能否消除污染？请分别算出（1）（2）两种情形下的污染物数量。

（4）假定政府希望通过税收来减少企业的污染排放。如果政府希望企业减少的污染物排放量与（2）中相同，则应该怎样设计税收？

3. 市政府准备在市区的河上建一座大桥，并对过往的汽车征收费用，估计汽车过桥的需求函数是：$P=25-0.5Q$，这里 P 是对通过的每辆汽车征收的费用，Q 是每天通过的汽车数。若大桥建成后，分摊折合每天的固定成本是500元，而没有变动成本。政府打算让一家公司承包，建设费用和收益都归公司。问：

（1）若没有政府补贴，有公司愿意承包吗？

（2）如果政府根据每天通过的汽车数给承包公司补贴，每辆车至少要补贴多少？

（3）若政府一年一次给承包公司固定财政补贴，数量与通过汽车数目无关，至少要补贴多少才有公司愿意承包？

4. 假设一个养蜂人住在苹果园旁边，果园主人由于蜜蜂而受益，因为蜜蜂能为果树授粉。然而果园主人并不为这一服务付任何费。蜂蜜和苹果都是完全竞争市场，若苹果产量为 A，蜂蜜产量为 H，养蜂人的成本函数为 $C_H(H)=\frac{H^2}{100}$，苹果园的成本函数为 $C_A(A)=\frac{A^2}{100}-H$，蜂蜜价格是1元，苹果价格为2元。问：

（1）如果两个生产者独立经营，蜂蜜和苹果的均衡产量为多少？

（2）如果两个生产者合并经营，蜂蜜和苹果的均衡产量为多少？

（3）如果两个生产者独立经营，要蜂蜜达到合并经营时的最优产量，政府需要给养蜂人多少补贴？

五、论述题

一个电脑编程人员游说反对对软件进行版权保护。他的论点是，每个人都应当从为个人电脑编写的新程序中获益，与各种各样电脑程序的接触甚至会鼓舞年轻的编程人员编出更多的新程序。考虑到由于他的建议而可能得到的社会边际收益，你同意该编程人员的主张吗？

第十一章　国民收入核算理论

【学习目的】

本章主要分析国民收入核算中几个最基本的总量指标，这是学习宏观经济理论的基础。宏观经济学研究以实现社会总福利最大化为目标，而衡量社会总福利的最重要的指标是国民收入。通过本章的学习，学生可以了解国内生产总值等国民收入总量指标的概念和核算方法，掌握宏观经济学的基本研究方法——总量分析法。

【学习要求】

掌握国内生产总值的概念和核算中需要注意的问题，掌握核算国内生产总值的支出法、收入法和部门法，能够进行国内生产总值的核算，了解用国内生产总值衡量社会总福利的缺点；掌握国民收入核算体系中，国内生产净值、国民收入、个人收入、个人可支配收入等其它总量指标的概念及其相互关系。

【主要概念】

国民收入、国内生产总值、国民生产总值、最终产品、中间产品、支出法、净出口、收入法、部门法、国内生产净值、个人收入、个人可支配收入。

【内容要点】

本章是学习宏观经济学的基础，宏观经济学研究资源利用的问题，即如何利用既定的经济资源，实现社会总福利最大化，在经济学中，主要用国民收入来衡量社会总福利。本章涉及国民收入核算中几个最基本的总量指标，重点是国内生产总值（*GDP*），这是各国政府衡量宏观经济现状和制定宏观经济政策的最重要的依据。国内生产总值是一个国家或地区在一定时期内（通常为一年）所生产的最终产品和劳务的市场价值的总和。根据国内生产总值的概念，核算国内生产总值需要注意四个问题：①“一定时期内生产”，国内生产总值只计算本年内所生产而不是销售的产品的价值；②“最终产品”，只计算供最终使用而不再出售的产品和劳务，为避免重复计算，可以将各生产阶段（各部门）的增加值累加起来核算；③“劳务”，统计劳务的价值时，一般以劳务提供者所得的报酬计入；④“市场价值的总和”，不参与市场交易而完全自用的产品和劳务，以及一些在市场成交的非生产性的活动，不应计入国内生产总值。

国内生产总值的核算方法，主要包括支出法、收入法和部门法。支出法把一定时期内社会的总支出，包括私人消费支出、私人投资支出、政府支出和国外的购买所支出的货币加在一起，得出国内生产总值。其中，私人投资包括固定资产投资和存货投资。收入法把生产中所形成的各种收入相加而得到国内生产总值，生产要素的收入等于企业的生产成本，主要包括雇员报酬、租金收入、公司利润、净利息、所有者收入、间接税和折旧，减去政府对生产者的补贴。部门法是将各部门生产的物质产品和劳务的增加值累加起来得到国内生产总值。

用国内生产总值来衡量社会总福利，存在几个不足：①不能完全反映一个国家的真实产出，对那些没有经过市场交换，但对实际产出具有影响的经济活动不能通过国内生产总值反映出来；②不能完全反映一个国家的真实生活水平，比如闲暇、工作条件、环境污染等没有在国内生产总值中反映出来；③没有说明收入如何分配，而收入分配的平等程度会影响人们的幸福感。

在国民收入核算中，国内生产总值是最基本最重要的总量指标，除此之外，还有四个与国内生产总值相关的重要总量指标：①国内生产净值（*NDP*），一国一年内新增加的产值，是国内生产总值减去折旧后的数额。②国民收入（*NI*），即狭义的国民收入，是居民因为提供生产要素所得到收入，等于国内生产净值减去间接税。③个人收入（*PI*），一国所有个人在一定时期内从各种来源所得到的收入总和，等于国民收入减未分配公司利润，减公司所得税和社会保险费，加转移支付。④个人可支配收入（*PDI*），个人收入中减去所有由个人直接负担的税收部分。

【基本概念释义】

国民收入：有广义和狭义之分，广义的国民收入是指生产、收入、支出的一个总的基本概念，包括国内生产总值等几个基本总量指标。狭义的国民收入仅指一个国家或地区在一定时期内（通常为一年）各种生产要素所获得的以市场价格计算的收入。

国内生产总值：简称*GDP*，是指一个国家或地区在一定时期内（通常为一年）所生产的最终产品和劳务的市场价值的总和。

国民生产总值：简称*GNP*，是指一个国家的“永久居民”在一定时期内（通常为一年）所生产的最终产品和劳务的市场价值的总和。

最终产品：供最终使用而不再出售的产品。

中间产品：作为生产要素继续投入生产过程中的产品与劳务。

支出法：从最终产品的流向或使用出发，把一定时期内购买的各种最终产品和劳务所支出的货币相加来计算国内生产总值的方法。

净出口：一个国家的出口总额减去进口总额。

收入法：从生产要素的投入所取得的收入的角度，把生产中所形成的各种收入相加而得到国内生产总值的方法。

部门法：把国民经济分成若干部门，然后按各部门生产的最终产品的货币价值来计算国内生产总值的方法。

国内生产净值：一个国家一年内新增加的产值。

个人收入：一个国家所有个人在一定时期内从各种来源所得到的收入总和。

个人可支配收入：个人收入中减去所有由个人直接负担的税收部分，可以实际得到的并由个人自由支配的收入。

【本章习题】

一、单项选择题

1.“面粉是中间产品”这一命题（　）。

A. 一定是对的

B. 一定是不对的

C. 可能对，也可能不对

D. 以上三种说法全对

2. 水具有多种用途，作为最终产品的是（　）。

A. 家庭用于做饭

B. 餐馆用于做饭

C. 汽车修配店用于为客户洗车

D. 化工厂作为工业生产用水

3. 用收入法核算 *GDP* 时，应包括（　）。

A. 政府转移支付

B. 间接税

C. 政府投资兴建一所学校

D. 企业投资

4. 某地区年人均 *GDP* 大于人均 *GNP*，这表明该地区公民从外国取得的收入（　）。外国公民从该地区取得的收入

A. 大于

B. 小于

C. 等于

D. 可能大于可能小于

5. 从最终使用者的角度出发，将最终产品和劳务的市场价值加总起来计算 *GDP* 的方法是（　）。

A. 支出法　　B. 收入法

C. 生产法　　D. 部门法

6. 用支出法核算国内生产总值时，住宅属于（　）。

A. 消费支出　　B. 投资支出

C. 政府购买　　D. 以上都不对

7. 下列不应该计入国内生产总值的是（　）。

A. 一辆新汽车的价值

B. 一台磨损的机器的替代品

C. 修理汽车的支出

D. 股票投资的收益

8. 国内生产总值是下列哪一项的市场价值（　）。

A. 一年内一个国家或地区中的所有交易

B. 一年内一个国家或地区中交易的所有商品和劳务

C. 一年内一个国家或地区中交易的所有最终商品和劳务

D. 一年内一个国家或地区中生产的所有最终商品和劳务

9. 国内生产净值与国内生产总值的差别是（　）。

A. 直接税

B. 折旧

C. 间接税

D. 政府的转移支付

10. 今年的名义国内生产总值大于去年的名义国内生产总值，说明（　）。

A. 今年的物价水平一定比去年上涨了

B. 今年生产的物品和劳务总量一定比去年增加了

C. 今年的物价水平和实物产量水平一定都比去年提高了

D. 以上三种说法都不正确

11. 下列哪一项不属于要素收入但被计入个人可支配收入（　）。

A. 租金

B. 银行存款利息

C. 股票红利

D. 养老金

12. 增加进口将使国内生产总值（　）。

A. 增加

B. 减少

C. 不变

D. 上述三种情况都可能

13. 净出口是指（　）。

A. 出口加进口

B. 全部产品无内销，均为出口

C. 出口减进口

D. 进口减出口

14. 在统计中，社会保险费增加对（　）有影响。

A. *GDP*　　B. *NDP*　　C. *NI*　　D. *PI*

15. *GDP* 账户不反映以下哪一项交易（　）。

A. 购买文物给拍卖行的佣金

B. 在游戏中赢得的 100 元

C. 新建但未销售的住房

D. 向管道工维修管道支付的工资

16. 下列各项指标中，由现期生产要素报酬之和得到的是（　）。

A. 国民收入

B. 国民生产总值

C. 可支配收入

D. 国民生产净值

17. 用（　）计算 GDP 时，包括间接税这一部分。

A. 支出法　　B. 要素收入法

C. 最终产品法　　D. 部门法

18. 下列产品中应计入当年 *GDP* 的是（　）。

A. 纺纱厂购入的棉花

B. 某人花 10 万元买了一幢旧房

C. 家务劳动

D. 某企业当年生产没有卖掉的 20 万元产品

19. 属于国民收入但不属于个人收入的项目有（　）。

A. 政府转移支付　　B. 折旧

C. 间接税　　　　　　　　D. 社会保险费

20. 下列项目中，属于要素收入的是（　）。

A. 与朋友打赌赢得 100 元

B. 房屋所有者收取的房租

C. 购买公债应得的利息

D. 大学生获得的奖学金

21. 当煤炭有多种用途时，作为最终产品的是（　）。

A. 家庭用于取暖

B. 餐厅用于做饭

C. 供热公司用于供应暖气

D. 化工厂作为原料

二、多项选择题

1. 下列关于 *GDP* 与 *GNP* 的说法正确的是（　）。

A. *GDP* 与 *GNP* 都属于流量

B. *GDP* 遵循国土原则，*GNP* 遵循国民原则

C. *GDP* 与 *GNP* 都以市场交易的产品和劳务计算

D. *GNP* 的值大于 *GDP*

2. 四川民工在广东打工所得收入应该计入到当年（　）中。

A. 四川的国内生产总值（*GDP*）

B. 四川的国民生产总值（*GNP*）

C. 广东的国民生产总值（*GNP*）

D. 广东的国内生产总值（*GDP*）

3. 下列哪些项目应列入国内生产总值的核算（　）。

A. 出口到国外的一批货物

B. 政府给贫困家庭发放的一笔救济金

C. 经纪人为一座旧房买卖收取的一笔佣金

D. 保险公司收到一笔家庭财产保险佣金

4. 在通过国民生产净值计算个人可支配收入时应该（　）。

A. 减去折旧

B. 减去未分配公司利润

C. 加上政府转移支付

D. 减去企业的间接税

5. 不应计入国内生产总值的收入有（　）。

A. 家庭主妇的劳务折算的收入

B. 出售股票所得的收入

C. 拍卖文物所得的收入

D. 为他人提供服务所得

6. 在下列项目中，属于政府购买的是（　）。

A. 地方政府办三所中学

B. 政府给低收入者提供一笔住房补贴

C. 政府订购一批军火

D. 政府给公务人员加薪

7. 下列关于国民收入核算的说法正确的是（　）。

A. 国内生产总值等于个人可支配收入加上折旧

B. 国民收入等于一定时期内生产要素拥有者获得的收入

C. 国内生产净值等于国内生产总值减去折旧

D. 国民收入等于国内生产净值减去间接税和企业转移支付加上政府补贴

8. 下列收入中属于转移支付的是（　）。

A. 公务员工资　　B. 养老金

C. 退伍军人津贴　　D. 政府债券利息

9. 下列哪些利息收入应计入国内生产总值（　）。

A. 企业债券利息

B. 国债利息

C. 银行存款利息

D. 消费信贷利息

10. 用支出法核算国内生产总值时，私人投资的支出包括（　）。

A. 购买土地的支出

B. 购买股票的支出

C. 购买新建住宅的支出

D. 增加存货的价值

11. 下列项目中应记入 *NDP* 的有（　）。

A. 企业利润　　B. 折旧

C. 间接税　　D. 转移支付

三、判断题

1.（　）国内生产总值等于各种最终产品和中间产品的价值总和。

2.（　）今年建成并出售的房屋的价值和去年建成而在今年出售的房屋的价值都应计入今年的国内生产总值。

3.（ ）某人出售一幅旧油画所得到的收入，应该计入当年的国内生产总值。

4.（ ）用作钢铁厂炼钢用的煤和居民烧火用的煤都应计入国内生产总值中。

5.（ ）如果农民种植的粮食用于自己消费，这种粮食的价值就无法计入国内生产总值内。

6.（ ）同样的最终产品按不同的价格会计算出不同的国内生产总值。

7.（ ）居民购买住房属于个人消费支出。

8.（ ）国内生产总值减去折旧就是国内生产净值。

9.（ ）国民收入等于工资、利润、利息和地租之和。

10.（ ）居民挣得的收入并不能全部拿到。

11.（ ）个人可支配收入等于个人消费支出与储蓄之和。

12.（ ）个人收入就是个人可支配收入。

13.（ ）个人收入等于消费与储蓄之和。

14.（ ）国民生产总值和国内生产总值是一回事。

15.（ ）只有根据名义国内生产总值，才能准确反映国内经济的实际增长情况。

16.（ ）政府的转移支付是国内生产总值构成中的一部分。

17.（ ）间接税一般不计入国内生产总值。

18.（ ）国内生产总值减去折旧是国民收入。

19.（ ）国内生产总值中的最终产品是指有形的物质产品。

20.（ ）已经生产出来但未销售的产品存货应计入国内生产总值。

21.（ ）同样的服装，在生产中作为工作服就是中间产品，而在日常生活中穿的就是最终产品。

22.（ ）同样是建筑物，如被居民购买属于消费，如被企业购买属于投资。

23.（ ）去年建成而在今年出售的房屋应计入今年的国民生产总值。

24.（ ）用作钢铁厂炼钢用的煤和居民烧火用的煤都应计入国民生产总值中。

25.（ ）从理论上讲，按支出法、收入法和部门法所计算出的国内生产总值是一致的。

四、计算题

1. 已知某国的统计资料如下：工资 100，间接税 10，利息 10，个人消费支出 100，私人投资支出 50，租金 30，利润 20，政府购买支出 30，出口 60，进口 70，政府转移支付 5，所得税 30。

（1）按收入法计算 *GDP*。

（2）按支出法计算 *GDP*。

（3）计算储蓄额。

2. 假定一国有下列国民收入统计资料：国内生产总值为 4 800，总投资为 800，净投资为 300，消费为 3 000，出口 440，政府购买为 960，政府预算盈余为 30。

请计算：

（1）国内生产净值。

（2）进口额。

（3）政府税收减去转移支付后的收入。

（4）个人可支配收入。

（5）个人储蓄。

3. 假定一国有下列国民收入统计资料：国内生产总值为 5 000 亿美元，个人可支配收入为 4 100 亿美元，政府预算赤字为 200 亿美元，个人消费支出为 3 800 亿美元，贸易赤字是 100 亿美元。试计算：

（1）储蓄 S。

（2）投资 I。

（3）政府支出 G。

五、分析论述题

下列行为对当年的 *GDP* 有什么影响？

（1）某厂将已积压数年的产品推销出去了

（2）某居民不用保姆而是自己做饭

（3）某公司卖掉一些当年生产的汽车

第十二章　国民收入决定理论

【学习目的】

国民收入决定理论是凯恩斯宏观经济学的中心理论。本章主要分析消费、投资、利率、价格等经济变量对总需求、总供给和均衡国民收入的影响，这是研究宏观经济相关问题和进行宏观经济政策分析的重要理论依据。通过本章的学习，学生可以了解总需求、总供给和均衡国民收入的主要影响因素及影响机制，掌握乘数理论、*IS—LM* 模型、总需求—总供给模型等分析宏观经济问题的工具。

【学习要求】

了解总需求的构成，掌握消费函数、储蓄函数及其相互关系，掌握国民收入均衡的条件和投资乘数，能够利用消费函数以及注入、漏出分析两部门的均衡国民收入的决定；熟悉 *IS* 曲线与 *LM* 曲线，掌握“流动性偏好”理论和“凯恩斯陷阱”，能够利用 *IS—LM* 模型分析均衡国民收入与利率的决定，能够利用 *IS—LM* 模型分析政府财政政策与货币政策的效果；掌握总需求曲线与总供给曲线的推导，能够利用总需求—总供给模型分析均衡国民收入与均衡价格水平的决定，能够通过对总需求—总供给模型的分析，理解政府的需求管理政策和供给管理政策对国民收入和物价水平的影响。

【主要概念】

总需求、消费函数、自发消费、引致消费、平均消费倾向、边际消费倾向、储蓄函数、平均储蓄倾向、边际储蓄倾向、注入、漏出、均衡国民收入、投资乘数、*IS* 曲线、*LM* 曲线、货币需求、流动性偏好、流动性陷阱、凯恩斯区域、古典区域、总需求曲线、实际货币余额、总供给曲线。

【内容要点】

国民收入决定理论是凯恩斯宏观经济理论的核心部分。本章遵循由简到繁、由浅入深的原则，先介绍简单的国民收入决定模型，只分析产品市场的均衡，揭示几个关键总量之间的关系。然后，将货币市场和利率考虑进来，分析

IS—*LM* 模型。最后，考虑价格因素，研究总需求—总供给模型。

仅仅基于产品市场来考察生产与收入水平决定的理论被称为简单的国民收入决定理论。均衡的国民收入水平由总需求与总供给共同决定，简单的凯恩斯模型将研究的重点放在总需求方面。总需求包括消费、投资、政府购买和净出口四个方面，来自于居民户、厂商、政府和国外经济四部门。为了研究的方便，本章暂时不考虑政府与国外经济，研究两部门的简单凯恩斯模型。相应的，对于总需求只分析消费与投资需求。如果将投资作为外生变量，假设它是既定的，那么，只需要研究消费变动对总需求和均衡国民收入的影响。消费与国民收入之间的函数关系可以用消费函数来分析，假设收入与消费之间为线性关系，消费函数可表示为：$C=a+bY$。其中，a 表示自发消费，b 为边际消费倾向，bY 表示引致消费。储蓄和收入之间的关系可以用储蓄函数来表示：$S=-a+(1-b)Y$，其中，$(1-b)$ 代表边际储蓄倾向。

当经济处于均衡状态时，总需求等于总供给，总支出等于总收入。在只存在两部门的条件下，假定投资是自主投资 I_0，总支出 $AE=C+I_0$，总收入为 Y，于是，国民收入均衡的条件为：$C+I_0=Y$，利用消费函数：$C=a+bY$，可以得到均衡的国民收入为 $Y^*=\dfrac{a+I_0}{1-b}$。总支出包括消费者的消费支出、厂商的投资需求（包括净出口）和政府的购买需求，其中，投资、政府购买和净出口引起国民收入同方向变动，构成了经济中的注入，总收入从使用看又可以分为消费、储蓄和税收，其中，储蓄和税收引起国民收入反方向变动，构成了经济中的漏出。经济的均衡条件也可以表示为注入等于漏出，在两部门经济中，注入等于漏出意味着投资等于储蓄：$I_0=S$，利用储蓄函数 $S=-a+(1-b)Y$，同样可以得到均衡的国民收入为：$Y^*=\dfrac{a+I_0}{1-b}$。可以看出，均衡国民收入受到三个因素的影响：计划的投资 I_0、自发消费 a、边际消费倾向 b。当计划投资增加时，国民收入的增加值为计划投资增加值的 $\dfrac{1}{1-b}$ 倍，$\dfrac{1}{1-b}$ 被称为投资乘数。

为分析产品市场与货币市场的关系，经济学家提出了 *IS*—*LM* 模型。在产品市场均衡时，投资等于储蓄，即 $I=S$，*IS* 曲线是反映产品市场均衡条件下国民收入与利率关系的曲线。当储蓄函数与投资函数均为线性方程时，*IS* 曲线为一条向右下方倾斜的直线，表示利率与国民收入呈反方向变化。在 *IS* 曲线右边的点都存在产品市场过度的供给，*IS* 曲线左边的点都存在产品市场过度需求的情况。增加自发消费 a 或增加自发投资 I_0 都会导致 *IS* 曲线向右平行移动。在三部门经济中，增加政府支出或减税也有同样的效果。

当货币市场均衡时，货币供给 M 等于货币需求 L，即 $L=M$，LM 曲线是用来表示货币市场均衡条件下，国民收入与利率关系的曲线。货币需求来自于交易需求、预防需求和投机需求，又称为流动性偏好。交易性货币需求与预防性货币需求取决于国民收入，而投机性货币需求的主要影响因素是市场利率，与利率呈反方向变动，当利率降至极低时，人们对货币的流动性偏好趋于无限大，出现所谓的“流动性陷阱”或“凯恩斯陷阱”。根据货币需求函数与供给函数，LM 曲线向右上方倾斜，国民收入与利率呈同方向变化。在利率特别高的时候，全部需求为交易与预防需求，无论利率如何变动，国民收入都不变，LM 曲线为垂直线，该区域也被称为“古典区域”，在利率足够低时，人们对货币的投机需求变为无穷大，LM 曲线成为横轴的平行线，无论国民收入如何变动，利率都不变，该区域也叫“凯恩斯区域”。当货币供给量增加而其它条件不变时，LM 曲线会向右移动，这时在相同的利率下均衡的国民收入增加。

将 IS 曲线与 LM 曲线结合起来，可以得到产品市场与货币市场都均衡的条件下，国民收入与利率的决定。如果政府增加财政支出，在中间区域和凯恩斯区域会带来均衡国民收入的增加，但在古典区域，财政政策无效；如果政府增加货币供应，在中间区域和古典区域会带来国民收入的增加和利率的下降，但在凯恩斯区域，货币政策无效。

总需求—总供给模型则将价格与国民收入联系起来，研究总供求的均衡。总需求曲线表示在其它条件不变的情况下，总需求量与价格关系的曲线。总需求曲线向右下方倾斜，它可以从 IS—LM 模型直接推导出来。总供给曲线表示在其它条件不变的情况下，社会总供给量与价格的关系。总供给曲线可以用四象限图从劳动市场均衡模型进行推导。完整的总供给曲线大致可以分为三个部分：平行线部分被称为凯恩斯总供给曲线；向右上方倾斜部分，被称为短期总供给曲线；垂直线部分，被称为长期总供给曲线。将总供给曲线与总需求曲线结合起来，可以分析均衡国民收入水平和均衡价格水平是如何决定的。自发投资、货币供给和名义工资的调整以及技术的进步等都可能带来总供给曲线或总需求曲线的移动，从而影响均衡国民收入与均衡价格。在凯恩斯总供给曲线区域，增加总需求可以使国民收入增加，但物价并不会上涨；在长期总供给曲线区域，增加总需求只会带来物价上涨而国民收入不会增加。总需求—总供给模型可以为政府制定需求管理政策和供给管理政策提供理论依据。

【基本概念释义】

总需求：整个社会对产品和劳务的需求总和，包括消费、投资、政府购买和净出口四个部分。

消费函数：表示消费与可支配收入之间关系的函数。

自发消费：不取决于收入的消费。

引致消费：随收入变动而变动的消费部分。

平均消费倾向：某一收入水平上，消费在收入中所占的比例。

边际消费倾向：增加一单位收入，用于消费的部分所占的比率即增加的消费和增加的收入之间的比率。

储蓄函数：表示储蓄和收入之间关系的函数。

平均储蓄倾向：在一特定的收入水平上，储蓄在其中所占的比例。

边际储蓄倾向：增加一单位的收入中用于储蓄的部分所占比率。

注入：总支出中投资、政府购买和净出口引起国民收入同方向变动构成了经济中的注入。

漏出：储蓄和税收引起国民收入反方向变动构成了经济中的漏出。

均衡国民收入：总需求等于总供给或总支出等于总收入时的国民收入。

投资乘数：单位计划投资变动所引起的均衡国民收入的变动值。

IS 曲线：反映产品市场均衡条件下国民收入与利率关系的曲线。

LM 曲线：表示货币市场均衡条件下，国民收入与利率关系的曲线。

流动性偏好：人们在手边保存一定数量货币的愿望。

流动性陷阱：也叫“凯恩斯陷阱”，指利率水平较低、证券市场的获利空间较大时，人们对货币的流动性偏好趋于无限大的现象。

凯恩斯区域：当利率水平很低时，人们对货币的投机需求变为无穷大，*LM* 曲线成为横轴的平行线，无论国民收入如何变动，利率都不变，该区域被称为凯恩斯区域。

古典区域：在利率特别高的时候，货币的投机需求为零，全部需求为交易与预防需求，无论利率如何变动，国民收入都不变，*LM* 曲线为垂直线，该区域被称为古典区域。

总需求曲线：表示在其它条件不变的情况下，总需求量与价格关系的曲线。

实际货币余额：按不变价格计算的货币余额，衡量货币存量的实际购买力。

总供给曲线：表示在其它条件不变的情况下，社会总供给量与价格的关系的曲线。

【本章习题】

一、单项选择题

1. 交易性货币需求产生的原因是由于（　）。

A. 要用货币交换商品

B. 对未来收支的不可预知

C. 人们收入与支出的不同步

D. 要获得更多的货币收入

2. 直线型的消费函数表明平均消费倾向（　）。

A. 大于边际消费倾向

B. 小于边际消费倾向

C. 等于边际消费倾向

D. 以上几种情况都有可能

3. 如果消费曲线为一条向右上方倾斜的直线，则边际消费倾向（　）与平均消费倾向（　）。

A. 递减；递减　　B. 递减；不变

C. 不变；不变　　D. 不变；递减

4. 在一个两部门经济中，如果与收入水平无关的消费为 50 亿美元，投资为 30 亿美元，边际储蓄倾向为 0.2，则均衡收入为（　）。

A. 80 亿美元　　B. 400 亿美元

C. 100 亿美元　　D. 120 亿美元

5. 根据消费函数，引起消费增加的因素是（　）。

A. 价格水平的下降　　B. 收入的增加

C. 储蓄的增加　　D. 利率的降低

6. *IS* 曲线右上方、*LM* 曲线左上方的组合表示（　）。

A. 产品供大于求货币供大于求

B. 产品供大于求货币求大于供

C. 产品求大于供货币供大于求

D. 产品求大于供货币求大于供

7. 总支出曲线的斜率越大，乘数效应也就（　）。

A. 越小　　B. 越大

C. 不变　　D. 不确定

8. 当边际消费倾向为一个常数时，下列叙述正确的是（　）。

A. 收入增加，储蓄将减少

B. 收入增加一倍，消费也将增加一倍

C. 边际储蓄倾向为一个常数

D. 以上三者都不是

9. 假定在一个两部门经济中，储蓄函数表示为 $S=-200+0.1Y$。当自发投资水平减少 50 时，消费的变化量是（　）。

A. −500　　B. −150

C. −250　　D. −450

10. 乘数的作用必须在以下哪一条件下才可发挥作用（　）。

A. 经济实现了充分就业

B. 总需求大于总供给

C. 政府税收大于政府支出

D. 经济中存在闲置资源

11. IS 曲线向左下方移动的条件是（　）。

A. 政府减税

B. 自发总需求减少

C. 价格水平下降

D. 货币供给量减少

12. 长期总供给曲线表示（　）。

A. 经济中已实现了充分就业

B. 经济中的资源还没有得到充分利用

C. 在价格不变时，总供给可以无限增加

D. 在价格水平下降时，总供给减少

13. 在简单凯恩斯模型中，投资增加使储蓄（　）。

A. 不变

B. 增加

C. 减少

D. 不确定

14. 以下四种情况中，投资乘数最大的是（　）。

A. 边际消费倾向为 0.6

B. 边际消费倾向为 0.4

C. 边际储蓄倾向为 0.3

D. 边际储蓄倾向为 0.1

15. 货币供给量增加使 LM 曲线右移表示（　）。

A. 利息率不变产出不变

B. 利息率不变产出减少

C. 产出不变利息率提高

D. 产出不变利息率降低

16. 根据凯恩斯的消费理论，随着收入的增加（　）。

A. 消费增加、储蓄下降

B. 消费下降、储蓄增加

C. 消费增加、储蓄增加

D. 消费下降、储蓄下降

17. 假定货币需求为 $L=kY-hr$，货币供给增加 10 亿美元，而其他条件不变，会使 LM（　）。

A. 右移 10 亿美元

B. 右移 k 乘以 10 亿美元

C. 右移 10 亿美元除以 k

D. 右移 k 除以 10 亿美元

18. 若横轴表示收入，纵轴表示利率，则 IS 曲线的左下方表示（　）。

A. 投资大于储蓄

B. 货币需求大于货币供给

C. 投资小于储蓄

D. 货币需求小于货币供给

19. 当投资与利率负相关时，产品市场上的均衡收入（　）。

A. 与利率正相关

B. 与利率不相关

C. 与利率负相关

D. 与利率的关系不确定

20. 水平的 LM 曲线表示（　）。

A. 利息率对货币需求的影响最大

B. 利息率对货币需求的影响最小

C. 利息率对国民收入的影响最大

D. 利息率对国民收入的影响最小

21. 在 IS 曲线不变的情况下，货币供给减少会引起（　）。

A. 国民收入增加，利率下降

B. 国民收入增加，利率上升

C. 国民收入减少，利率上升

D. 国民收入减少，利率下降

22. 一般来说，位于 LM 曲线右上方的收入和利率的组合，都是（　）。

A. 货币需求大于货币供给的非均衡组合

B. 货币需求小于货币供给的均衡组合

C. 产品需求小于产品供给的非均衡组合

D. 产品需求大于产品供给的非均衡组合

23. 在总需求—总供给模型中，若总需求的变动只引起价格水平的变动，不会引起收入的变动，那么这时的总供给曲线是（　）。

A. 凯恩斯总供给曲线

B. 短期总供给曲线

C. 长期总供给曲线

D. 上述三种情况都可能

24. 如果边际消费倾向（MPC）小于平均消费倾向（APC），那么，随着可支配收入的增加有（　）。

A. APC 下降　　B. APC 上升

C. MPC 下降　　D. MPC 上升

25. 价格水平下降时，下列说法正确的是（　）。

A. 实际货币供给减少并使 LM 曲线右移

B. 实际货币供给减少并使 LM 曲线左移

C. 实际货币供给增加并使 LM 曲线右移

D. 实际货币供给增加并使 LM 曲线左移

26. 假定总供给曲线为长期总供给曲线，减税将（　）。

A. 提高价格水平和实际产出

B. 提高价格水平但不影响实际产出

C. 提高实际产出但不影响价格水平

D. 对价格水平和产出均无影响

27. 假定经济实现充分就业，总供给曲线是垂直线，若政府支出增加，则（　）。

A. 利率水平上升，实际货币供给减少

B. 利率水平上升，实际货币供给增加

C. 利率水平和实际货币供给均不变

D. 利率水平上升，实际货币供给不变

28. 总需求曲线（　）。

A. 当其他条件不变时，政府支出减少时会右移

B. 当其他条件不变时，价格水平上升时会左移

C. 当其他条件不变时，税收减少会左移

D. 当其他条件不变时，名义货币供给增加时会右移

29. 假定货币供给量和价格不变，货币需求为收入和利率的函数，则收入增加时（　）。

A. 货币需求增加，利率上升

B. 货币需求增加，利率下降

C. 货币需求减少，利率上升

D. 货币需求减少，利率下降

30. 某年储蓄大于投资，在其他条件不变的情况下，下年总产出将（　）。

A. 增加　　B. 减少

C. 不变　　D. 不确定

二、多项选择题

1. 总需求和总供给不等时，均衡国民收入发生变化的原因是（　）。

A. 居民增加储蓄导致的经济扩张

B. 居民增加消费导致的经济扩张

C. 企业增加投资导致的经济扩张

D. 政府税收减少导致的经济收缩

2. 在四部门经济中，引起国民收入反方向变动的经济变量有（　）。

A. 储蓄　　B. 税收

C. 进口　　D. 政府支出

3. 导致 *IS* 曲线向左移动的主要原因是（　）。

A. 政府支出的减少

B. 政府税收的增加

C. 储蓄的增加

D. 自发消费的减少

4. *IS* 曲线满足（　）关系。

A. 收入—支出均衡

B. 总供给和总需求均衡

C. 储蓄和投资均衡

D. 货币市场均衡

5. 简单的凯恩斯国民收入模型的假定是（　）。

A. 价格水平是固定的

B. 利率为一常数

C. 总供给曲线是完全水平的

D. 投资是既定的

6. 凯恩斯消费理论的主要假设是（　）。

A. 边际消费倾向递减

B. 收入是决定消费的最重要的因素

C. 平均消费倾向会随着收入的增加而减少

D. 边际储蓄倾向递减

7. 如果存在大量闲置资源（　）。

A. 增加总需求不影响均衡国民收入

B. 增加总需求不影响价格水平

C. 增加总供给不影响均衡国民收入

D. 增加总供给不影响价格水平

8. 用总需求—总供给模型可以直接决定（　）。

A. 国民收入

B. 投资

C. 价格水平

D. 利息率

9. 居民边际消费倾向递减说明（　）。

A. 随着人们的收入增加消费的绝对数量也会增加

B. 消费增加的数量小于国民收入的增加量

C. 消费在收入中的比例将随着国民收入的上升而下降

D. 消费和收入之间的差额随收入的增加而越来越大

10. 影响 *IS* 曲线向右移动的因素有（　）。

A. 投资增加　　B. 政府购买增加

C. 储蓄增加　　D. 政府税收增加

三、判断题

1.（　）均衡的国民收入一定等于充分就业的国民收入。

2.（　）自发消费随收入的变动而变动，它取决于收入和边际消费倾向。

3.（　）乘数的大小取决于边际消费倾向，边际消费倾向越大乘数越小。

4.（　）消费和储蓄都与收入呈同方向变动，所以，收入增加，消费和储蓄都可以增加。

5.（　）*IS* 曲线上的任何一点都表示物品市场的均衡。

6.（　）收入很低时，平均消费倾向可能大于 1。

7.（　）消费和收入之间如存在线性关系，那么边际消费倾向不变。

8.（　）乘数效应不是无限的，是以充分就业作为最终极限，并且其发生作用的必要前提是存在可用于增加生产的劳动力和生产资料。

9.（ ）当一社会建立起健全的社会保障体系，人们的平均消费倾向是会变大的。

10.（ ）如果边际消费倾向递减，平均消费倾向也一定递减；反之，平均消费倾向递减，边际消费倾向也一定递减。

11.（ ）如果 d 表示投资的利率弹性，d 越大，IS 曲线越平缓

12.（ ）边际储蓄倾向越大，政府购买变动对国民生产总值的影响就越大。

13.（ ）如果利率上升，IS 曲线向右平行移动。

14.（ ）如果货币的名义供给不变，价格水平上升，LM 曲线向右移动。

15.（ ）投资增加会引起总需求曲线向右平行移动。

16.（ ）短期总供给不变时，总需求的变动会引起均衡的国内生产总值同方向变动，物价水平反方向变动。

17.（ ）在物品市场上，利率与国内生产总值呈反方向变动是因为利率与投资呈反方向变动。

18.（ ）交易动机的货币需求取决于收入，并与之同方向变动。

19.（ ）自发总支出的增加会使 IS 曲线向左上方平行移动。

20.（ ）根据 IS—LM 模型，货币量的增加会引起国内生产总值增加，利率下降。

四、计算题

1. 假设一经济社会货币需求为 $L=0.20Y$，货币供给量为 200 亿美元，$C=90+0.8Y_d$，净税收 $T=50$ 亿美元，投资函数 $I=140-5r$，政府购买 $G=50$ 亿美元。

（1）求 IS 和 LM 方程、均衡收入、利率和投资量。

（2）若其他情况不变，G 增加 20 亿美元，均衡收入、利率和投资各为多少？

2. 假定某经济社会的消费函数 $C=30+0.8Y_d$，净税收即总税收减去政府转移支付后的金额 $T=50$，投资 $I=60$，政府购买性支出 $G=50$，净出口即出口减进口以后的余额为 $NX=50-0.05Y$，求：

（1）均衡收入。

（2）在均衡收入水平上净出口余额。

（3）投资乘数。

3. 假设某经济社会储蓄函数为 $S=-1000+0.2Y$，投资从 300 增至 500 时（单位：10 亿美元），均衡收入增加多少？若本期消费是上期收入的函数，即 $C=a+bY_{i-1}$。试求：

（1）投资从 300 增至 500 过程中，1、2、3、4 期收入，消费各为多少？

（2）短期边际消费倾向是多少？投资乘数是多少？

4. 已知消费函数为 $C=100+0.6Y$，投资为自主投资，$I=60$。求：

（1）均衡的国民收入（Y）为多少？

（2）均衡的储蓄量（S）为多少？

（3）如果充分就业的国民收入水平为 $Y_f=1000$，那么，为使该经济达到充分就业的均衡状态，投资量应如何变化？

（4）本题中投资乘数（k）为多少？

5. 假定一个经济的消费函数是 $C=800+0.8Y$，投资函数为 $I=2200-100r$，经济中货币的需求函数为 $L=0.5Y-250r$，若中央银行的名义货币供给量为 $M=600$。

（1）求 IS 曲线。

（2）求 LM 曲线。

（3）该经济的总需求函数。

五、论述题

从投资、消费、净出口几方面分析总需求曲线向右下方倾斜的原因。

第十三章　宏观经济问题

【学习目的】

本章在国民收入决定理论的基础上，分析各国宏观经济发展中面临的共同经济问题，包括通货膨胀问题、经济周期问题和经济增长问题。这三方面的问题也是各国政府制定宏观经济政策时，需要优先考虑的主要经济问题。本章既是国民收入决定理论的运用，又为政府制定宏观经济政策提供了理论依据。通过本章的学习，学生可以了解通货膨胀产生的原因和影响，了解经济周期形成的原因和主要的经济增长模型，掌握运用国民收入决定理论分析宏观经济问题的基本方法。

【学习要求】

了解通货膨胀的衡量指标，掌握通货膨胀产生的原因和对经济的影响；熟悉经济周期的四个阶段，了解经济周期的类型，能够利用乘数—加速模型分析经济周期的形成；了解经济增长的含义和源泉，掌握哈罗德—多马经济增长模型、新古典经济增长模型和新剑桥经济增长模型。

【主要概念】

通货膨胀、物价指数、消费者价格指数、生产者价格指数、*GDP* 平减指数、需求拉上型通货膨胀、成本推进型通货膨胀、供求混合型通货膨胀、结构性通货膨胀、经济周期、自发性投资、引致投资、加速原理、乘数—加速模型、经济增长。

【内容要点】

本章运用国民收入决定理论分析了各国在宏观经济发展中面临的主要经济问题，包括通货膨胀问题、经济周期问题和经济增长问题。

通货膨胀是指商品和生产要素价格普遍而持续的上升。衡量通货膨胀的常用指标包括：消费者价格指数、生产者价格指数和 *GDP* 平减指数，三者统计范围以及所选择的价格不同。解释通货膨胀原因的理论主要包括需求拉上型通货膨胀理论、成本推进型通货膨胀理论、供求混合推动的通货膨胀理论以及结构性通货膨胀理论。

需求拉上型通货膨胀理论认为，通货膨胀是总需求超过总供给所引起的。由于实际因素（例如增加财政支出、降低税收等）或货币因素（例如货币供给的增加等）引起的总需求的增加，使总需求曲线右移，在凯恩斯总供给曲线区域，可以使国民收入增加，但物价并不会上涨；在短期总供给曲线区域，伴随着产出的增加同时价格水平上升，被称为半通货膨胀；在长期总供给曲线区域，增加总需求只会带来物价上涨而国民收入不会增加，被称为完全的通货膨胀。

成本推进型通货膨胀理论认为，在总需求不变的情况下，通货膨胀是由于生产要素价格（包括工资、租金、利润以及利息）上涨，生产成本上升导致的。这种生产成本的提高主要是由于存在着强大的、对市场价格具有操纵力量的团体（如工会、垄断企业）。在成本推进式通货膨胀发生过程中，随着价格的上涨，产出会出现下降。

供求混合推动的通货膨胀理论认为通货膨胀是由需求拉上和成本推进共同起作用导致的。通货膨胀的初因可能是需求的影响，也可能是成本的影响。如果最初是由于成本的冲击引发的通货膨胀，随着价格的上涨，产出会出现下降，政府为了充分就业目标，会刺激有效需求，使总需求曲线右移，产出增加同时物价会进一步上涨，工人会要求增加工资以抵消价格上涨的影响，总供给曲线左移，又导致成本推进型通货膨胀，政府又刺激需求，如此下去，就出现了价格螺旋式的上涨过程，造成了真正的、持续的通货膨胀。如果最初是由于需求引发的，同样如此。

结构性通货膨胀理论认为，由于物价与工资的刚性以及工资的"攀比"，经济结构因素的变动包括需求结构的变动、各部门劳动生产率差异的变动、各部门开放程度的差异等，也会引起一般价格水平的持续上涨。

关于通货膨胀对经济增长的影响，经济学界存在促进论和促退论。促进论认为，适度的通货膨胀刺激厂商扩大投资，促使社会的储蓄率提高，使政府收入增加，提高社会的投资率，从而推动经济增长。促退论认为，持续性的通货膨胀破坏市场价格机制，使经济效率下降，动摇人们对货币的信心，使人们更多地从事投机活动，而不去从事正常的生产性活动，阻碍经济增长。通货膨胀不利于本国的出口，导致资本的外流，降低工薪阶层的实际收入水平和储蓄价值，使社会储蓄率下降，从而使投资率和经济增长率下降。

在通货膨胀对分配的影响方面，一般认为，通货膨胀对可以获得可变收入的人特别是企业主有利，不利于靠固定货币收入生活的人；有利于债务人，不利于债权人；有利于政府，不利于纳税人。

经济周期是生产和再生产过程中周期性出现的经济扩张与经济紧缩交替更迭、循环往复的一种现象。经济周期分为四个阶段：繁荣、衰退、萧条、复苏。

经济周期的原因可以用乘数—加速模型来说明。乘数原理说明了投资变动对国民收入变动的影响：假定边际消费倾向为 b，当计划投资增加时，国民收入的增加值为计划投资增加值的 $\frac{1}{1-b}$ 倍。加速原理则是说明国民收入变动如何影响投资变动的：收入或消费需求的增加必然引起投资的若干倍增加，而收入或消费需求的减少必然引起投资若干倍的减少。

乘数—加速模型把这两种原理结合起来，模型可以表述为公式：$Y_t=C_t+I_t+G_t$。假定政府支出既定（即政府不干预经济），只靠经济本身的力量自发调节，那么，就会形成经济周期。具体过程是由投资增加引起国民收入的更大增加，国民收入的更大增加又引起投资的更大增加，这样，经济就会出现繁荣。在国民收入达到一定水平后，由于社会需求与资源的限制无法再增加，这时会由于加速原理的作用使投资减少，投资的减少又会由于乘数的作用使国民收入继续减少，这两者之间的共同作用又使经济趋于萧条。萧条持续一定时期后由于国民收入回升又使投资增加、国民收入再增加，从而经济进入另一次繁荣。正是由于乘数与加速原理的共同作用，经济中就形成了由繁荣到萧条，又由萧条到繁荣的周期性波动。

如果政府运用经济政策改变模型中的变量，如政府支出 G_t、加速系数 α、边际消费倾向 c，则经济周期的波动可以缓和或减轻。

经济增长是给居民提供经济产品的能力的长期上升，这种不断增长的能力是建立在先进技术以及所需要的制度和思想意识之相应的调整基础上的。经济增长的源泉是资本积累、自然条件的改善、劳动素质的提高或人力资本的积累与技术进步。经济增长模型用来分析经济增长（一般用国民收入的增长率表示）与影响经济增长的因素之间的数量关系，哈罗德—多马经济增长模型、新古典经济增长模型和新剑桥经济增长模型是其中最有代表性的模型。

哈罗德—多马模型假定社会只生产一种产品，既可作为消费品也可作为资本品，资本—劳动比（K/L）不变，资本产量比（K/Y）不变，劳动产量比（L/Y）不变，规模报酬不变，技术水平既定。哈罗德的增长公式分为三个部分：①有保证的增长率，即实现充分就业的均衡增长 $G_w=\frac{\Delta Y}{Y}=\frac{s}{v}$；②实际增长率 $G=\frac{\Delta K/Y}{v}$；③自然增长率，即由人口增长和劳动生产率增长所决定的

经济增长率 $G_n = \frac{\Delta y}{y} + \frac{\Delta L}{L}$。哈罗德—多马模型提出了稳定增长的条件，但由于 G、G_w、G_n 完全由不同的因素决定，要使三者完全相等非常困难。所以，哈罗德—多马的稳定增长也被称为“刀锋上的增长”。

新古典经济增长模型放弃了哈罗德—多马模型中关于资本和劳动不可替代的假定。在暂时不考虑技术进步的情况下，有：$\frac{\Delta Y}{Y} = a \cdot \frac{\Delta K}{K} + b \cdot \frac{\Delta L}{L}$（$a = 1 - b$）。从该模型可以看出，劳动和资本是可以替代的。在资本供应充足，利率低时，企业可以增加资本投入，在工资低，劳动力价格便宜时，企业可以增加劳动投入，都可以影响经济的增长。新古典学派认为通过市场机制，也能实现经济的均衡增长。

新剑桥经济增长模型重点分析如何通过影响储蓄率来影响经济增长，实现充分就业条件下的均衡增长。由 $G_w = \frac{s}{v}$ 得：$G_w = \frac{\frac{P}{Y} \cdot (s_p - s_w) + s_w}{v}$，新剑桥学派认为，由于货币边际效用的不同，在一般情况下，资本家的储蓄倾向大于工人，通过改变国民收入在工人与资本家之间的分配比例，就可以改变社会的平均储蓄率 s。

【基本概念释义】

通货膨胀：商品和生产要素价格普遍而持续的上升。

物价指数：表示某些商品的价格从一个时期到下一个时期变动程度的指标。

消费者价格指数：反映一定时期内城乡居民所购买的生活消费品价格和服务项目价格变动趋势和程度的相对数。

生产者价格指数：衡量一个时期生产资料与消费品出厂价格变化的指标。

GDP 平减指数：按现行价格计算的 *GDP* 与按基期价格计算的 *GDP* 的比率，这是衡量某一时期一切商品与服务价格变化的指标，也叫国内生产总值折算数。

需求拉上的通货膨胀：总需求超过总供给所引起的一般价格水平的持续显著的上涨。

成本推动的通货膨胀：在总需求不变的情况下，由于生产要素价格（包括工资、租金、利润以及利息）上涨，致使生产成本上升，从而导致物价水平持续上涨的现象。

结构性通货膨胀：由于结构性因素的变动引起的一般价格水平的持续

上涨。

经济周期：经济在生产和再生产过程中周期性出现的经济扩张与经济紧缩交替更迭、循环往复的一种现象。

自发性投资：不受国民收入或消费变动影响的独立投资，是由于心理方面、政治方面的原因或生产技术的进步而引起的投资。

引致投资：由于国民收入或消费等因素的变动而引起的投资。

加速原理：收入或消费需求的增加必然引起投资的若干倍增加，而收入或消费需求的减少必然引起投资若干倍的减少。

加速系数：净投资与产量增量之比。

乘数—加速模型：把乘数原理和加速原理结合起来以说明经济周期形成原因的经济模型，是引进时间因素的国民收入决定模型，即国民收入决定的动态化。

经济增长：给居民提供经济产品能力的长期上升，这种不断增长的能力是建立在先进技术以及所需要的制度和思想意识之相应的调整基础上的。

【课后练习题参考答案】

10. 有保证的增长率等于社会储蓄倾向与资本产量比的比率，即 $G_w=s/v=0.12/3=0.04=4\%$。

11. 根据哈罗德增长模型，增长率 $G=4\%$，储蓄率 $s=\dfrac{G}{v}=2\%$，年增长率 $G=6\%$，储蓄率 s 应该等于 3%。

【本章习题】

一、单项选择题

1. 下列导致需求拉动通货膨胀的是（　）。

   A. 进口物品价格上升导致国内一般物价上升

   B. 某地发生特大干旱，导致农业歉收

   C. 垄断厂商利用市场势力制定高价

   D. 政府在不改变税收的情况下，增加了购买支出

2. 如果本期物价水平为 6%，上期物价水平为 4%，则本期通货膨胀率为（　）。

   A. 2%　　B. 1.5%　　C. 50%　　D. 150%

3. 引起结构性通货膨胀的主要原因在于（　）。

   A. 各部门工资相继上升

B. 货币需求过大

C. 部门间生产率提高快慢不同

D. 国际市场上的不稳定

4. 下列情形中，（　）最可能导致成本推动的通货膨胀。

A. 政府支出增加

B. 税率降低

C. 投资增加

D. 进口商品价格大幅上涨

5. 在熊彼得的经济周期理论中（　）。

A. 用太阳黑子变化来解释经济周期

B. 用心理预期变化来解释经济周期

C. 用企业家创新来解释经济周期

D. 用乘数—加速模型来解释经济周期

6. 下列选项中，新古典经济增长模型所包含的内容的是（　）。

A. 均衡的增长率取决于有效需求的大小

B. 要实现充分就业的均衡增长，要使 $G=G_n=G_w$

C. 通过调整收入分配，降低储蓄率，可以实现充分就业的均衡增长

D. 从长期看，由于市场的作用，经济总会趋向于充分就业的均衡增长

7. 利润的增长速度超过生产增长速度而引起的通货膨胀是（　）。

A. 需求拉动的通货膨胀

B. 成本推动的通货膨胀

C. 结构性通货膨胀

D. 混合的通货膨胀

8. 如果在某一时期内国民收入不变，则净投资（　）。

A. 持续增加

B. 持续下降

C. 不变

D. 上述三种情况都可能

9. 根据库兹涅茨给经济增长的定义，影响经济增长的最重要的因素是（　）。

A. 劳动　　B. 自然资源

C. 技术进步　　D. 资本

10. 根据哈罗德的增长公式，自然增长率（　）。

A. 使企业家满意于他们已作出了最优决策，并将在未来继续作出类

似的决策

B. 确保没有过剩的生产能力

C. 往往是经济自发地经历的

D. 考虑到了人口增长和技术进步

11. 引起国民收入波动的最大因素是（　）。

A. 政府支出　　B. 进口需求

C. 消费需求　　D. 投资需求

12. 在通货膨胀中利益不受损的人是（　）。

A. 债权人

B. 债务人

C. 养老金收入者

D. 雇工

13. 经济增长最基本的特征（　）。

A. 国内生产总值的增加

B. 技术进步

C. 制度和意识的调整

D. 社会福利的增加

14. 假如要使经济增长率从 2%提高到 4%，在储蓄率为 20%的条件下，根据哈罗德模型，资本—产量比率应该是（　）。

A. 提高 50%　　B. 降低 50%

C. 提高 100%　　D. 降低 20%

15. 经济周期的中心是（　）。

A. 价格的被动　　B. 利率的波动

C. 收入的波动　　D. 消费的波动

16. 经济周期中从正常的经济活动水平到低谷的部分是（　）。

A. 衰退　　B. 繁荣

C. 萧条　　D. 复苏

17. 经济周期中的两个主要阶段是（　）。

A. 繁荣和萧条　　B. 繁荣和衰退

C. 萧条和复苏　　D. 繁荣和复苏

18. 根据哈罗德的分析，如果有保证的增长率大于实际增长率，经济将（　）。

A. 持续高涨　　B. 长期萧条

C. 均衡增长　　D. 不能确定

19. 根据哈罗德的定义，有保证的增长率与实际增长率之间可能有的关系是（ ）。

A. $G_w > G$

B. $G_w = G$

C. $G_w < G$

D. 以上各项均可能

20. 根据新古典增长模型，若资本增长 1%，劳动投入不变，则经济增长（ ）。

A. 大于 1%　　B. 等于 1%

C. 小于 1%　　D. 不确定

二、多项选择题

1. 新古典经济增长模型认为（ ）。

A. 劳动和资本是可以替代的

B. 资本产量比可以改变

C. 规模报酬可以改变

D. 可以改变储蓄率来实现均衡增长

2. 在充分就业的情况下，下列哪些因素可能导致通货膨胀？（ ）。

A. 进口价格上升

B. 工资不变但劳动生产率提高

C. 出口增加

D. 政府支出不变但税收增加

3. 成本推动型通货膨胀的起因有（ ）。

A. 垄断定价

B. 行业工会加薪要求

C. 石油冲击

D. 货币供给过多

4. 下列情形中，可能会导致结构性通货膨胀的有（ ）。

A. 垄断性大公司为获取垄断利润会人为提高产品价格

B. 劳动力和生产要素不能根据社会对产品和服务的需求及时发生转移

C. 有组织的工会迫使工资的增长率超过劳动生产率的增长率

D. 资源在各部门之间的配置严重失衡

5. 通货膨胀的再分配效应表现在（ ）。

A. 通货膨胀不利于固定收入者，有利于变动收入者

B. 通货膨胀不利于储蓄者，有利于实际资产持有者

C. 通货膨胀不利于债权人，有利于债务人

D. 通货膨胀不利于公众，有利于政府

6. 通货膨胀之所以把大量居民手中的财富转移到政府手中，是因为（ ）。

A. 政府是债权人，居民是债务人

B. 根据累进税制，通货膨胀时期居民的名义收入增加，要多缴税款

C. 政府是债务人，居民是债权人

D. 根据累进税制，通货膨胀时期居民的实际收入增加，要多缴税款

7. 哈罗德模型的假设包括（ ）。

A. 社会只生产一种产品

B. 生产中只使用劳动和资本两种生产要素

C. 规模报酬不变

D. 不考虑技术进步

8. 根据新剑桥经济增长模型，如果提高工资占国民收入的比例，（ ）。

A. 社会平均储蓄率上升

B. 社会平均储蓄率下降

C. 有保证的增长率上升

D. 有保证的增长率下降

9. 加速原理说明（ ）。

A. 产量的变动决定了投资的变动

B. 投资的变动决定了产量的变动

C. 投资的变动大于产量的变动

D. 即使产量不变也会带来投资的减少

10. 根据哈罗德的增长公式，如果投资率低于储蓄率，（ ）。

A. $G_w > G$

B. $G_w < G$

C. $AD < AS$

D. $AD > AS$

三、判断题

1.（ ）加速原理说明了投资取决于利率的变动。

2.（ ）加速原理说明了产量的变动率大于投资的变动率。

3.（ ）在一定的生产技术水平之下，增加 100 万元的产量需要增加的净投资为 200 万元，则加速系数为 0.5。

4.（ ）根据加速原理，当经济发展到一定阶段时，再实现高增长率是一

件困难的事。

5.（　）经济繁荣与衰退的主要原因都在于投资的波动性。

6.（　）物价上升就是通货膨胀。

7.（　）如果通货膨胀率相当稳定，而且人们可以完全预期，那么通货膨胀对经济的影响就很小。

8.（　）经济学家认为，引起工资推动的通货膨胀和利润推动的通货膨胀的根源都在于经济中的垄断。

9.（　）在通货膨胀不能预期的情况下，通货膨胀将影响收入分配及经济活动。

10.（　）不能预期的通货膨胀有利于债务人，而不利于债权人。

11.（　）不能预期的通货膨胀有利于工人而不利于雇主。

12.（　）经济周期的中心是国民收入的波动。

13.（　）凯恩斯主义用乘数—加速原理相互作用理论来说明投资如何自发地引起周期性经济波动。

14.（　）通货膨胀产生的直接原因是商品供不应求。

15.（　）净投资可以是负数。

16.（　）经济周期理论的重点从总需求角度分析经济的短期波动，而经济增长理论的重点是从总供给的角度分析经济的长期趋势。

17.（　）经济增长的标志是社会生产能力的不断提高。

18.（　）经济周期的四个阶段依次是繁荣、衰退、萧条、复苏。

19.（　）经济周期是经济中不可避免的波动。

20.（　）乘数与加速原理的互为因果、互为前提，造成了国民经济的周期性波动。

四、计算题

1. 如果某国经济中 t 年的国民收入 Y_t 为 1 000 亿元，资本—产出比 v 为 2，重置投资 D_t 为每年 200 亿元，年初资本存量 K_0 为 1 800 亿元，以后三年的国民收入分别为 1 120 亿元、1 130 亿元和 1 130 亿元，试分别计算连续四年的净投资 I 和总投资 G。

2. 假定某国经济的边际储蓄倾向为 0.25，加速数 $v=2$，每期自发投资

I_d=900 亿美元，2001 年国民收入水平为 6 000 亿美元，比上一年增加 400 亿美元。求 2002 年、2003 年的总投资和国民收入是多少？

3. 已知资本—产量比率为 4，假设某国某年的国民收入为 1 000 亿美元，消费为 800 亿美元。按照哈罗德增长模型，要使该年的储蓄全部转化为投资，第二年的增长率应该为多少？

4. 已知某国 2004 年的实际资本产出比率为 4，当投资增加 300 亿美元之时，国民收入增加 1 500 亿美元，根据哈罗德—多马模型和乘数原理，该国 2004 年的有保证的增长率能达到多少？

五、论述题

经济波动为什么会有上限和下限？

第十四章　宏观经济政策

【学习目的】

本章在国民收入决定理论、通货膨胀理论以及经济周期与经济增长理论等宏观经济理论的基础上，探讨政府如何对经济总量进行调控以实现宏观经济政策目标。本章是对宏观经济学理论的具体运用，体现了宏观经济理论在现实经济活动中的价值。通过本章学习，学生可以了解政府宏观经济政策的目标和实现政策目标的手段，了解宏观经济政策工具的内容、作用机制和影响，培养运用宏观经济理论分析政府宏观经济政策的能力。

【学习要求】

了解政府宏观经济政策目标的具体内容和政策目标间的矛盾，了解需求管理与供给管理政策的区别与联系；掌握财政政策的主要内容，熟悉自动稳定器及其作用机制，了解相机抉择的财政政策，了解制约财政政策效应的各种因素，能够分析财政政策的挤出效应；了解货币的职能，了解货币供给的构成，熟悉货币乘数与银行创造货币的机制，掌握货币的供给曲线与需求曲线，掌握货币政策的主要工具、作用机制与局限性；能够利用 *IS—LM* 模型分析财政政策与货币政策对宏观经济的影响，熟悉在不同的经济增长周期对宏观经济政策组合的选用，了解宏观经济调控政策的时滞；掌握政府影响总供给的收入政策、人力政策、指数化政策和经济增长政策。

【主要概念】

宏观经济政策、充分就业、自然失业、周期性失业、需求管理政策、供给管理政策、财政政策、自动稳定器、挤出效应、货币政策、法定货币、狭义货币、广义货币、货币乘数、法定准备金、法定存款准备金率、再贴现、公开市场业务、收入政策、指数化政策、人力政策。

【内容要点】

本章是对前面各章所涉及的宏观经济学理论的综合运用，主要研究政府如何通过宏观经济政策工具实现政策目标。

政府的宏观经济政策目标包括：充分就业、物价稳定、经济持续增长和国际收支平衡。充分就业，是指除了自然失业以外的所有愿意参加工作的人都能按他们的意愿接受的工资从事职业的一种状态，或者说是消灭了周期性失业的状态。自然失业是由于经济中某些难以避免的原因如劳动力市场不完善、经济结构调整等所引起的失业。主要包括摩擦性失业、求职性失业、结构性失业、技术性失业、季节性失业。现实经济中自然失业率一般在5%左右，不会对社会稳定带来威胁。周期性失业是由于总需求不足所造成的非自愿失业。物价稳定是指经济中保持较低而稳定的通货膨胀率。经济增长要求维持适度的经济增长率和培育经济持续增长的能力。国际收支平衡是指一国净出口与净资本的流出相等而形成的平衡。

宏观经济政策的目标并不总是一致的，充分就业与物价稳定之间、物价稳定与经济增长之间、充分就业与经济增长之间，以及经济增长、充分就业与国际收支平衡之间都可能存在矛盾。政府需要尽量实现各种政策目标的总和最优。

按照政策工具影响的对象，可以将宏观经济政策大致分为需求管理与供给管理政策。需求管理政策通过影响总需求来达到一定的政策目标，按照需求管理政策希望达到的目标可以分为扩张性政策工具与紧缩性政策工具两种。从需求管理政策的内容划分，又可以分为财政政策与货币政策。

财政政策通过财政支出与税收政策来调节总需求。政府支出包括公共工程支出、政府购买以及政府转移支付。当经济衰退时，政府可以通过增加支出、减税刺激经济增长，反之，政府应减少支出、增加税收抑制通货膨胀。

某些财政政策工具能够自行纠正经济活动出现的偏差，配合调节总需求，被称为自动稳定器，包括税收、转移支付以及农产品价格维持制度。这些政策工具不需要政府调整，也能自动地发生作用，调节经济，但只能减轻萧条和通货膨胀的程度，并不能完全消除波动。为了确保经济的稳定增长，政府应主动地采取相机抉择的财政政策，根据“逆经济风向而行”的办法，在经济萧条时期，通过扩张性的财政政策来刺激总需求，以实现充分就业。在经济过度繁荣时期，通过紧缩性的财政政策来抑制总需求，确保物价稳定。

财政政策的效应受各种因素制约，包括：“时滞”效应、挤出效应、政治上的阻力和不同阶层与集团的反对。在经济萧条时期，由于政府增加支出引起的私人消费或投资减少，称为“挤出效应”。为了弥补财政赤字，政府往往需要在公开市场上出售政府债券来筹集资金。政府出售债券使市场上资金减少，利率上升，利率的上升减少了私人投资，引起了挤出效应。挤出效应的大小取决于投资的利率弹性，投资的利率弹性大则挤出效应大。如果政府通过增加税收来弥补财政赤字，使私人收入减少，从而私人消费与投资减少，也会产生挤出效应。挤出效应的大小取决于边际消费倾向，边际消费倾向大，则挤出效应大。政府支出增加还可能引起价格水平的上升，从而减少私人消费与投资以及削弱商品在世界市场上的竞争能力，从而出口减少，海外投资减少，这也是一种挤出效应。

货币政策是中央银行通过控制货币供给量、调整利率进而影响投资和整体经济以达到一定经济目标的相应措施。货币供应量分为 M_0、M_1、M_2 等几个层次：M_0 是流通中的现金也叫通货；M_1 也叫狭义货币，包括现金、活期存款等流动性最强的金融资产，可以直接用于支付；M_2，也叫广义货币，包括储蓄存款等可以用很小成本较快地转换为狭义货币的资产。基础货币构成市场货币供应量的基础，包括商业银行的存入中央银行的存款准备金与社会公众持有的现金。商业银行体系可以通过其放款和投资活动创造出数倍于原始存款的派生存款。派生存款总额与原始存款的倍数即是存款货币乘数。货币供给量包括存款量和现金发行量，它取决于基础货币和货币乘数，与利率无关，是由货币当局确定的。货币供给曲线是一条与横轴垂直的直线。

货币的需求曲线分为三个部分：垂直线部分，表示投机需求为 0 时的货币需求，这时全部的货币需求等于交易需求与预防需求之和，这部分需求与利率无关；中间部分向右下方倾斜，反映了投机需求与利率的反方向变动关系；平行线部分代表“凯恩斯陷阱”区域，在利率极低时，全部的货币需求等于投机需求。当货币的需求曲线与供给曲线相交时，对应的利率为均衡的利率水平，对应的货币量为均衡货币数量。政府通过改变货币供应量，可以影响利率，从而影响宏观经济。在“凯恩斯陷阱”区域，货币供应量的改变不能影响利率，货币政策无效。

中央银行影响货币供给量的主要手段包括存款准备金政策、再贴现政策和公开市场业务，又称一般性货币政策工具。在经济衰退时期，中央银行通过降低法定存款准备金率或再贴现率，在金融市场上买入有价证券等措施，增加货币供应量，使利率下降，投资增加，总需求增加，国民收入增加。在经济过度繁荣时期，通过提高法定存款准备金率或再贴现率，在金融市场上卖出有价证券等措施，减少货币供应量，使利率上升，投资减少，总需求减少，抑制通货膨胀。

货币政策也有其局限性，主要体现在：在经济衰退时期，实行扩张的货币政策效果不明显；货币流通速度的变动影响货币政策的效果；货币政策作用的外部时滞也影响政策执行效果；在开放经济中，货币政策的效果还要因为资金在国际上的流动以及国际市场上的诸多不可预知的因素而受到影响。

政府在进行需求管理时，需要根据具体的宏观经济运行状况以及政策作用的特点，选择合适的财政政策和货币政策组合。财政政策的重点在于直接影响就业和经济增长，货币政策着眼于货币市场并对物价产生影响。当经济出现严重的萧条时，用扩张性财政政策刺激总需求，又用扩张货币政策以缓减“挤出效应”；当经济出现严重通货膨胀时，用紧缩货币来提高利率降低总需求水平，同时用紧缩财政以防止利率水平过高；当经济出现轻度通胀时，用紧缩财政降低总需求，又用扩张货币政策降低利率；当经济出现“滞胀”时，用扩张财政刺激总需求，用紧缩货币提高利率以抑制通货膨胀。

宏观经济调控政策实施过程中会遇到时滞的影响，即从决策到预期目标实现都会有长短不定的时间间隔。政策时滞可以分为内时滞和外时滞。内时滞包括政府分析判断宏观经济形势产生的认识时滞，政府制定具体的调控政策产生的决策时滞，以及呈报、听证、辩论和通过政策产生的批准时滞。外时滞包括政策向执行部门传达、布置产生的传递时滞，各经济职能部门贯彻、落实有关政策产生的执行时滞，以及政策付诸实施以后到实现预期目标产生的作用时滞。

政府影响总供给的政策主要包括收入政策、人力政策、指数化政策和经济增长政策等。收入政策主要通过限制工资与物价来抑制成本推进型通货膨胀，主要措施包括：工资—物价冻结、工资与物价指导线、税收刺激。指数化政策根据通货膨胀率调整各种名义变量，使实际收入保持不变，具体做法包括：工资指数化以及税收指数化。人力政策通过人力资本投资和完善劳动力市场，实现充分就业的目标。经济增长政策通过提高经济增长潜力影响总供给，主要措施包括：增加劳动力的数量，提高劳动力的质量；资本积累；增加基础科学研究的投入，加强科学研究工作的协调组织，对企业的技术研究实施优惠政策以促进技术进步；制定各种长短期计划以及运用产业政策来指导产业的均衡发展。

【基本概念释义】

充分就业：包含劳动在内的一切生产要素都以愿意接受的价格参与生产活动的状态。

自然失业：经济中某些难以避免的原因如劳动力市场不完善、经济结构调整等所引起的失业。

周期性失业：由于总需求不足所造成的非自愿失业。

需求管理政策：通过影响总需求来达到一定政策目标的政策工具，包括财政政策与货币政策。

供给管理政策：通过影响总供给，主要是通过增加有效供给来达到一定政策目标的政策工具。

财政政策：通过调整政府的收入与支出来影响总需求，实现政府的目标的政策工具。

自动稳定器：能够自行纠正经济活动出现的偏差，自动配合调节总需求的财政政策，包括税收、转移支付以及农产品价格维持制度。

挤出效应：政府支出增加所引起的私人消费或投资减少的经济效应。

货币政策：中央银行通过控制货币供给量、调整利率进而影响投资和整体经济以达到一定经济目标的相应措施。

狭义货币：包括现金、活期存款、其它支票存款和旅行支票等流动性最强的金融资产，可以直接用于支付。

广义货币：储蓄存款等可以用很小成本较快地转换为狭义货币的资产。

基础货币：经商业银行的存贷款业务而能扩张或收缩货币供应量的货币，包括商业银行的存入中央银行的存款准备金与社会公众持有的现金。

货币乘数：中央银行创造一单位的基础货币所能增加的货币供应量。

法定存款准备金率：中央银行强制要求商业银行等货币存款机构上缴的存款准备金占全部存款的比例。

再贴现政策：中央银行通过提高或降低再贴现率来影响商业银行的信贷规模和市场利率，以实现货币政策目标的一种手段。

公开市场业务：中央银行在金融市场上公开买卖有价证券，以改变商业银行等存款货币机构的准备金，进而影响货币供应量和利率，实现货币政策目标的一种货币政策手段。

政策时滞：经济政策从决策到预期目标实现的时间间隔。

收入政策：政府通过限制工资与物价来抑制成本推进型通货膨胀的政策。

工资与物价指导线：政府根据劳动生产率的增长和其它因素规定的工资与物价增长的限度。

指数化政策：政府根据通货膨胀率调整各种名义变量，使实际收入保持不变的政策。

人力政策：通过人力资本投资和完善劳动力市场，实现充分就业目标的政策。

【课后练习题参考答案】

1. C

2. A

3. A

【本章习题】

一、单项选择题

1. 在其他条件相同的情况下，下列（　）情况对扩张经济的作用最小。
   A. 降低贴现率
   B. 央行购买政府债券
   C. 增加货币需求
   D. 降低法定准备金率
2. 对利率变动反应最敏感的是（　）。
   A. 货币的交易需求
   B. 货币的谨慎需求
   C. 货币的投机需求
   D. 三种货币需求的敏感程度相同
3. 如果中央银行采取扩张的货币政策，可以（　）。
   A. 在公开市场买入债券，以减少商业银行的准备金，促使利率上升
   B. 在公开市场卖出债券，以增加商业银行的准备金，促使利率下跌
   C. 在公开市场买入债券，以增加商业银行的准备金，促使利率下跌
   D. 在公开市场卖出债券，以减少商业银行的准备金，促使利率上升
4. 货币供给增加使 *LM* 曲线右移，若要均衡收入变动接近于 *LM* 曲线的移动量，则必须（　）。
   A. *LM* 曲线陡峭，*IS* 曲线也陡峭
   B. *LM* 曲线和 *IS* 曲线一样平缓
   C. *LM* 曲线陡峭，而 *IS* 曲线平缓
   D. *LM* 曲线平缓而 *IS* 曲线陡峭
5. 经济学家认为通过相机抉择的财政政策能稳定经济，会出现以下（　）情况。
   A. 预算每年平衡
   B. 预算连年赤字
   C. 衰退时出现赤字，通胀时出现盈余
   D. 衰退时出现盈余，通胀时出现赤字
6. 宏观经济政策四大目标之间具有一致性的是（　）。
   A. 充分就业与经济增长
   B. 经济增长与国际收支平衡
   C. 物价稳定与充分就业

D. 物价稳定与国际收支平衡

7. 若实行削减个人所得税率和增加国防开支的政策，在短期内将导致（　）。

A. 总供给减少，物价上涨

B. 增加总需求从而增加国民收入

C. 总需求减少从而减少国民收入

D. 因政策相互矛盾而使结果不确定

8. 在下述何种情况下，挤出效应更有可能发生（　）。

A. 货币需求对利率具有敏感性，私人部门支出的利率也有敏感性

B. 货币需求缺乏利率敏感性，私人支出也缺乏利率敏感性

C. 货币需求具有利率敏感性，私人支出对利率没有敏感性

D. 货币需求缺乏利率敏感性，私人支出很有利率敏感性

9. 货币政策影响经济的渠道是（　）。

A. 直接影响收入

B. 影响资金的周转率

C. 直接影响价格

D. 影响借款的成本

10. *LM* 曲线斜率相同，*IS* 曲线越平坦，货币政策效果越（　）；*IS* 曲线斜率相同，*LM* 曲线越陡峭，货币政策效果越（　）。

A. 小；大　　B. 大；小

C. 大；大　　D. 小；小

11. "紧缩性财政政策和紧缩性货币政策"使利率（　）。

A. 提高　　B. 下降

C. 不变　　D. 不确定

12. 货币政策比财政政策更为有利，这是因为（　）。

A. 货币政策的效果比财政政策更容易预期

B. 货币政策比财政政策有更直接的影响

C. 货币政策能够均衡地影响经济的各个方面

D. 货币政策比财政政策实行起来更快

13. 假设在封闭经济中，家庭把所增加的可支配收入的 80%消费掉。那么，税收减少 1 亿美元（每个家庭的减税额相同），这将使均衡国民收入的水平改变（　）。

A. 0.8 亿美元　　B. 1.25 亿美元

C. 4 亿美元　　D. 5 亿美元

14. 当政府为克服经济衰退采用扩张性财政政策而出现挤出效应时，可以配合使用以消除挤出效应的政策手段是（　）。

A. 增加货币供给

B. 减少货币供给

C. 增加收入税

D. 增加政府转移支付

15. 如果政府支出的增加与政府转移支付的减少相同时，收入水平会（　）。

A. 增加　　B. 不变

C. 减少　　D. 不相关

16. 政府把个人所得税率从20%降到15%，以刺激经济的复苏。这体现了（　）。

A. 内在稳定器的作用

B. 财政收入政策的作用

C. 财政支出政策的作用

D. 赤字财政政策的作用

17. 政府的财政收入政策通过哪一个因素对国民收入产生影响？（　）。

A. 政府转移支付　　B. 政府购买

C. 消费支出　　D. 出口

18. 以下因素中，与“挤出效应”具有反向作用的是（　）。

A. 政府支出乘数

B. 货币需求对产出的敏感程度

C. 货币需求对利率的敏感程度

D. 投资需求对利率的敏感程度

19. 政府发行国债（　）

A. 是国家财政收入的重要来源

B. 是国家财政支出的重要方面

C. 宽松货币政策的重要内容

D. 从紧货币政策的重要内容

20. 市场经济国家的中央银行最常用的货币政策工具是（　）。

A. 法定准备金率

B. 再贴现率

C. 公开市场业务

D. 道义劝告

二、多项选择题

1. 宏观经济政策的目标包括（　）。
   A. 充分就业
   B. 物价稳定
   C. 经济增长
   D. 政府预算收支平衡
2. 货币乘数大小与多个变量有关，这些变量是（　）。
   A. 法定准备金率
   B. 通货存款比率
   C. 超额准备金率
   D. 边际消费倾向
3. 当人们更倾向于使用支票时，（　）。
   A. 投资乘数变大
   B. 货币乘数变大
   C. 边际消费倾向变大
   D. 利率下降
4. 中央银行在公开市场上买进政府债券的结果将是（　）。
   A. 投资减少
   B. 商业银行准备金增加
   C. 公众手里的货币增加
   D. 市场利率下降
5. 有关财政政策与货币政策的时滞的说法中，正确的是（　）。
   A. 财政政策的内在时滞大于货币政策的内在时滞
   B. 财政政策的外在时滞小于货币政策的外在时滞
   C. 货币政策的内在时滞大于财政政策的内在时滞
   D. 货币政策的外在时滞小于财政政策的外在时滞
6. 下述哪些项是经济的自动稳定器？（　）。
   A. 累进税率制
   B. 政府购买
   C. 社会保障支出
   D. 农产品价格支持方案
7. 在通货膨胀严重的情况下，下列哪种政策组合可用？（　）。
   A. 降低税率，提高贴现率，并限制进口
   B. 减少政府的转移支付，中央银行买进政府债券，鼓励出口

C. 削减政府支出，提高法定准备金比率，鼓励进口

D. 提高税率，中央银行卖出政府债券，限制出口

8. 通货膨胀是政府关注的焦点。政府调控物价，可行的财政政策有（　）。

A. 增加涉农补贴，增加农产品的有效供给

B. 提高银行的存款准备金率

C. 减少政府购买支出

D. 减少福利支出

9. 下列因素中可能造成需求拉动通货膨胀的因素包括（　）。

A. 政府减税

B. 中央银行降低法定存款准备金率

C. 中央银行买入有价证券

D. 政府对企业的技术研究实施优惠政策

10. 通常认为紧缩货币的政策是（　）。

A. 提高贴现率

B. 提高法定准备金率

C. 增加税收

D. 中央银行卖出政府债券

三、判断题

1.（　）如果消费者能对收入变化及时地调整他们的消费水平，那么对经济就起到内在稳定的作用。

2.（　）中央银行购买政府债券将引起货币供给量的减少。

3.（　）假如政府支出和政府税收同时增加同样的数量，均衡国民收入没发生变化。

4.（　）西方经济学家认为货币包括存款。

5.（　）减税对国民收入的影响一般来说小于投资。

6.（　）*IS* 曲线越平坦，扩张性财政政策的效果就越大。

7.（　）物价稳定就是通货膨胀率为零。

8.（　）减少经济波动就是要消灭经济周期。

9.（　）充分就业和物价稳定是一致的，只要达到了其中一项，也就实现了另一项。

10.（　）充分就业与经济增长有一致的一面，也有矛盾的一面。

11.（　）不同的政策工具可以达到相同的政策目标。

12.（　）凯恩斯主义所重视的政策工具是需求管理。

13.（　）需求管理包括财政政策和货币政策。

14.（　）财政政策和货币政策都是由政府制定的。

15.（　）扩张性的财政政策包括增加政府支出和增税。

16.（　）在财政政策中，转移支付的增加可以刺激私人投资。

17.（　）个人所得税与公司所得税都具有内在稳定器的作用。

18.（　）内在稳定器能够消除经济萧条和通货膨胀。

19.（　）政府采用赤字财政政策发行债券时，主要是直接将公债卖给个人或企业。

20.（　）如果政府把债券卖给中央银行，这种筹资方法会引起通货膨胀。

21.（　）实行赤字财政会使经济进入衰退。

22.（　）在没有实现充分就业的情况下，挤出效应的大小主要取决于政府支出增加所引起的利率上升的高低。

23.（　）在萧条时期，为了刺激总需求，中央银行要在公开市场上卖出有价证券。

24.（　）相机抉择的实质是灵活地运用各种经济政策。

25.（　）财政政策和货币政策的政策时延是不一样的。

四、计算题

1. 中央银行想使流通中的货币量增加 1 200 万元，如果现金—存款率是 0.2，准备金率是 0.1，中央银行需要在金融市场上购买多少政府债券？

2. 在三部门经济中，消费 $C=40+0.8Y_d$，税收 $T=50$，投资 $i=140-10r$，政府购买 $G=50$，货币需求 $L=0.2Y-5r$，名义货币供给量为 100 亿美元，价格水平为 1。

（1）请导出 IS 和 LM 方程，求出均衡利率和均衡收入。

（2）当政府购买从 50 亿美元增加到 80 亿美元时，均衡收入和利率又为多少？

（3）是否存在“挤出效应”，挤出效应是多少？

五、分析论述题

政府支出 1 000 亿元用于基础设施建设。解释为什么总需求的增加会大于 1 000 亿元或小于 1 000 亿元。

参考答案

第一章习题

一、单项选择题

1.D　2.A　3.C　4.C　5.D　6.B　7.C　8.A　9.B　10.B　11.B　12.D　13.B　14.B　15.A　16.D　17.B　18.C　19.D　20.A　21.C　22.C　23.A　24.A　25.B　26.A　27.C　28.B　29.C　30.D

二、多项选择题

1.ABD　2.ACD　3.CD　4.BC　5.ABD　6.ABC　7.ACD　8.ABC　9.ABC　10.AD

三、判断题

1.√　2.×　3.×　4.√　5.√　6.×　7.×　8.×　9.√　10.√

四、分析论述题

答：在资源配置的过程中，人们需要考虑机会成本。所谓机会成本是指把资源用于某一用途时，所放弃的其它可供选择的最好用途。时间也是重要的资源，具有多方面的用途，在配置时间资源时也需要考虑机会成本。对于不同的群体，排队时间具有不同的机会成本，老年人和家庭主妇闲暇时间多，把时间用于排队抢购所获取的收益大于时间的其它用途，即对于老年人和家庭主妇排队抢购是时间的最优配置。而对于其它群体，将时间用于其它用途如学习、工作所获取的收益大于排队抢购，即排队抢购时间的收益小于机会成本。所以，其它群体一般不会排队抢购。

第二章习题

一、单项选择题

1.D　2.B　3.A　4.A　5.B　6.C　7.D　8.C　9.C　10.D　11.C　12.D　13.A　14.C　15.D　16.A　17.B　18.B　19.A　20.C　21.B　22.B　23.A　24.C　25.A　26.C　27.A　28.D　29.C　30.D　31.C　32.D　33.C　34.D

二、多项选择题

1.AC　2.CD　3.AB　4.ABCD　5.AD　6.BCD　7.AD　8.ABC

9. ABD　10. BCD

三、判断题

1. ×　2. ×　3. ×　4. √　5. √　6. √　7. √　8. √　9. ×　10. ×　11. ×　12. ×　13. ×　14. √　15. ×　16. √　17. √　18. √　19. √　20. ×　21. ×　22. ×　23. √　24. ×　25. ×

四、计算题

1. 解：(1) 由 $Q_{d1}=40-2P+0.1Y_1$，$Y_1=100$，得 A 的需求函数为 $Q_{d1}=50-2P$ 由 $Q_{d2}=63-3P+0.2Y_2$，$Y_2=60$，得 B 的需求函数为 $Q_{d2}=75-3P$

市场需求函数为 $Q_d=Q_{d1}+Q_{d2}=125-5P$

(2) 当 $P=20$ 时，$Q_d=125-100=25$

(3) 政府对 A 征税 10 并支付给 B，A 的需求函数为 $Q_{d1}=40-2P+0.1Y_1=40-2P+0.1\times(100-10)=49-2P$，B 的需求函数为 $Q_{d2}=63-3P+0.2Y_2=77-3P$，市场需求函数为 $Q_d=Q_{d1}+Q_{d2}=126-5P$，所以，市场销售量为 $Q_d=126-100=26$

2. 解：(1) 市场需求函数 $D=10000d=10000\times(12-2P)=120000-20000P$，市场供给函数为 $S=1000s=1000\times20P=20000P$

(2) 由 $D=S$ 得 $120000-20000P=20000P$，所以 $P=3$，$Q=D=S=60000$

(3) 新的个人需求函数 $d'=d+2=14-2P$，市场需求函数 $D'=10000d'=140000-20000P$，由 $D'=S$ 得 $P=3.5$，$Q=70000$

(4) 征收销售税，供给曲线向上移动 2 个单位，原供给函数 $P=1/20s$，新的供给函数为 $P=1/20s'+2$，即 $s'=20P-40$，市场供给函数为 $S'=1000s'=1000\times(20P-40)$，由 $D=S'$ 得：$P=4$，$Q=40000$

(5) 政府补贴，供给曲线向下移动 1 个单位，原供给函数 $P=1/20s$，新的供给函数为 $P=1/20s'-1$，即 $s'=20P+20$，市场供给函数为 $S'=1000s'=1000\times(20P+20)$，由 $D=S'$ 得：$P=2.5$，$Q=70000$

五、分析论述题

1. 答：猪肉价格的下降会增加人们对它们的需求量，这是替代效应与收入效应共同发生作用的结果。因为当猪肉的价格下降后（其他商品如牛肉、鸡肉和鸡蛋等价格不变），人们在一定限度内就会少买这些肉蛋类商品，而把原来用于购买这些商品的钱转而用于购买猪肉。就是说，猪肉价格下降会促使人们用猪肉替代上述肉蛋类商品，从而引起对猪肉需求量的增加。这就是价格变化的替代效应。另一方面，由于需求是以人们的购买力为前提的，而人们的购买力主要来自他们的货币收入。其他商品价格不变而猪肉的价格下降，这意味着同量的货币收入在不减少其他商品消费量的情况下，可以买进更多的猪肉。因为猪肉价格的下降实际上表示人们的实际收入提高了。就是说，猪肉价格的下降会促使人们增加对包括猪肉在内的正常商品的需求量。这就是收入效应。因此，当作为正常商品的猪肉的价格下降时，由于替代效应和收入效应的共同作用，人们对它们的需求量会比价格变化前增加。

2. 答：由冰冻雨雪引起的菜价上涨可以从供给的角度来分析原因。由于冰冻雨雪灾害引起蔬菜的产量减少，同时蔬菜的运输成本增加，使得供给减少，在需求不变的情况下，供给减少价格上涨。

由节日消费引起的价格上涨可以从需求的角度来分析原因。由于人们在节假日的购物习惯，致使物品需求加大，引起价格上涨。

第三章习题

一、单项选择题

1. D　2. A　3. D　4. B　5. B　6. B　7. A　8. B　9. A　10. B　11. D　12. C　13. B　14. B　15. B　16. C　17. B　18. A　19. A　20. C　21. C　22. D　23. C　24. B　25. A　26. C　27. A　28. C　29. D　30. D　31. B　32. A　33. B　34. A　35. A　36. C　37. C　38. A　39. A　40. A

二、多项选择题

1. BCD　2. BD　3. AD　4. ABCD　5. ABD　6. AD　7. AD　8. ACD　9. AD　10. AB

三、判断题

1. ×　2. ×　3. √　4. ×　5. ×　6. ×　7. √　8. ×　9. ×　10. √　11. ×　12. ×　13. √　14. √　15. √　16. √　17. √　18. √　19. ×　20. ×

四、计算题

1. 根据题意，如果下一年居民实际收入增加 10%，需求收入弹性为 3，则销售量将增加 3×10%×80 万=24 万，从 80 万增加到 104 万单位。同时，如果提价 5%，需求价格弹性为 1.2，则销售量将减少 1.2×5%×80 万=4.8 万，从 80 万减少为 75.2 万。两者的共同影响，将使下一年销售量从 80 万增加到 99.2 万单位，增加 24%。如果公司希望销售量只增加 5%，即从 80 万增加到 80×（1+5%）=84 万单位。由于居民实际收入增加，已使销售量增加到 104 万单位，必须通过提价将销售量减少 20 万单位，即减少 25%。已知需求价格弹性 1.2，要使销售量减少 25%，则必须提价 20.83%。

2. 设 Y 的需求函数 $Q_Y=a-bP$ ，有 $a-8b=40-0.5\times8$，交点处 X 商品

的需求价格弹性 $E_d=\frac{dQ_x}{dP_x}\cdot\frac{P_x}{Q_x}=0.5\times8/Q$，$Y$ 商品的求价格弹性 $E_d=2\times0.5\times8/Q=b\times8/Q$，得 $b=1$，$a=44$，Y 的需求函数为 $Q_Y=44-P$

3.（1）根据题意，$Q_x=100$，$Q_y=250$，则

$P_x=1000-5Q_x=500$

$P_y=1500-4Q_y=500$

由 $P_x=1000-5Q_x$ 得 $Q_x=200-\frac{1}{5}P_x$，X 产品的需求价格弹性为：

$$E_d=\frac{dQ_x}{dP_x}\cdot\frac{P_x}{Q_x}=-\frac{1}{5}\times\frac{500}{100}=-1$$

由 $P_y=1500-4Q_y$ 得 $Q_y=375-\frac{1}{4}P_y$，Y 产品的需求价格弹性为：

$$E_d=\frac{dQ_y}{dP_y}\cdot\frac{P_y}{Q_y}=-\frac{1}{4}\times\frac{500}{250}=-\frac{1}{2}$$

（2）根据题意，$Q_{y2}=300$ 时，$P_{y2}=300$，$\Delta P_y=-200$

$Q_{x2}=50$，$\Delta Q_x=-50$，$E_c=\frac{\Delta Q_x}{\Delta P_y}\cdot\frac{(P_y+P_{y2})/2}{(Q_x+Q_{x2})/2}=\frac{-50}{-200}\cdot\frac{(500+300)/2}{(100+50)/2}=\frac{4}{3}$，$X$ 公司与 Y 公司产品需求的交叉弹性为 $\frac{4}{3}$

4. 单位弹性的商品需求函数为 $P\cdot Q=k$，根据题意，$k=2\times200=400$，所以该商品的需求函数为：$Q=\frac{400}{P}$

5. 根据题意，$E_d=\frac{\Delta Q/Q}{\Delta P/P}=\frac{0.1}{\Delta P/1}=-0.5$，得 $\Delta P=0.2$ 元

6. 设价格应该降低 x 元，由题意得 $Q_{d1}=500$，$Q_{d2}=1\ 000$，$P_1=5$，$P_2=5-x$，

$$E_d=\frac{\Delta Q_d/\left(\frac{Q_{d1}+Q_{d2}}{2}\right)}{\Delta P/\left(\frac{P_1+P_2}{2}\right)}=\left|\frac{\Delta Q_d}{\Delta P}\right|\times\frac{P_1+P_2}{Q_{d1}+Q_{d2}}=\frac{500}{x}\cdot\frac{5+5-x}{1500}=-3，$$

$x=1$

7.（1）设需求函数为：$Q=a-bP$，则：$E_d=\frac{dQ_d}{dP}\cdot\frac{P}{Q_d}=\frac{dQ_d}{dP}\cdot\frac{1000}{20000}=0.25$

$\frac{dQ_d}{dP}=5b=5$，由 $20000=a-5\times1000$ 得 $a=25000$

需求函数为：$Q_d=25000-5P$

设供给函数为：$Q=c+dP$，则：$E_s=\frac{dQ_s}{dP}\cdot\frac{P}{Q_s}=\frac{dQ_s}{dP}\cdot\frac{1000}{20000}=0.5$

$\frac{dQ_s}{dP}=10$，$d=10$，由 $20000=c+10\times1000$ 得 $c=1000$

供给函数为：$Q_s=1000+10P$

（2）由 $1.4Q_d=Q_s$ 得：$1.4\times(25000-5P)=1000+10P$

$P=2000$，$Q=31000$

8. 由 $Q=MP^{-N}$ 得：$E_m=\frac{dQ_d}{dM}\cdot\frac{M}{Q_d}=\frac{1}{P^n}\cdot\frac{M}{\frac{M}{P^n}}=1$

$$E_d=\frac{dQ_d}{dP}\cdot\frac{P}{Q_d}=M\cdot(-n)\cdot\frac{1}{P^{n+1}}\cdot\frac{P}{\frac{M}{P^n}}=-n$$

9. 由需求函数 $Q=1000+1.5Y$ 得企业产品的收入点弹性：

$$E_m=\frac{dQ_d}{dY}\cdot\frac{Y}{Q_d}=1.5\times\frac{Y}{1000+1.5Y}=\frac{1.5Y}{1000+1.5Y}=\frac{1.5}{\frac{1000}{Y}+1.5}<1$$

收入缺乏弹性，说明商品需求量的增长低于收入的增长，所以该企业产品的产量不能快于国民收入的增长。

10. 由 $P=100-\sqrt{Q}$ 得：$Q=(100-P)^2$

$$E_d=\frac{dQ_d}{dP}\cdot\frac{P}{Q_d}=2\times(100-P)\times(-1)\times\frac{P}{(100-P)^2}=\frac{-2P}{100-P}$$

$P=50$ 时需求的价格弹性：$E_d=\frac{-2P}{100\quad P}=\frac{-2\times50}{100-50}=-2$

$P=40$ 时需求的价格弹性：$E_d=\frac{-2P}{100-P}=\frac{-2\times40}{100-40}=-\frac{4}{3}$

五、分析论述题

1. 答：气候不好对农民是否有利就是要看农民的总收入在气候不好的情况下如何变动。显然气候不好的直接影响是农业歉收，即农产品的供给减少，这表现为农产品供给曲线向左上方移动。假若此时市场对农产品的需求状况不发生变化，即需求曲线固定不动，那么农产品供给的减少将导致均衡价格的上升。由于一般地对农产品的需求缺乏弹性，根据需求的价格弹性与销售总收入之间的关系可知，此时农民的总收入将随着均衡价格的上升而增加。故在需求状况不因气候不好发生变化，并且对农产品需求缺乏弹性的情况下，气候不好引致的农业歉收对农民增加收入是有利的。当然，若需求状况也同时发生变化，或者需求不是缺乏弹性，那么农民将不因气候不好而得更多的收入。故对这个问题的回答依赖于对弹性系数及需求状况所作的假设，一般不能笼统下判断。

2. 答：（1）餐饮业属于需求富有弹性（有替代品），中小学教科书属于需求缺乏弹性（由教育部门指定，无替代品）。

（2）对于需求富有弹性的商品而言，价格与总收益呈反方向变动，即降价可使总收益增加；对于需求缺乏弹性的商品而言，价格与总收益呈同方向变动，即降价会使总收益减少。

（3）需求富有弹性的商品可以降价促销，而需求缺乏弹性的商品不能降价促销。

第四章习题

一、单项选择题

1. C 2. D 3. D 4. A 5. B 6. D 7. C 8. B 9. C 10. C 11. C 12. A 13. C 14. A 15. B 16. C 17. B 18. C 19. D 20. D 21. A 22. C 23. A 24. A 25. B 26. D 27. C 28. C 29. B 30. A 31. B 32. C 33. A 34. C 35. B 36. D 37. B 38. B 39. A 40. C

二、多项选择题

1. ABD 2. ABC 3. AC 4. ABC 5. AC 6. ABD 7. ABCD 8. CD 9. ABD 10. ABC

三、判断题

1. × 2. √ 3. × 4. × 5. × 6. × 7. × 8. × 9. × 10. × 11. × 12. × 13. × 14. × 15. × 16. × 17. × 18. √ 19. × 20. × 21. × 22. × 23. √ 24. √ 25. √ 26. × 27. × 28. × 29. √ 30. √ 31. × 32. √

四、计算题

1. 计算三门课的边际效用，如下表：

小时数	1	2	3	4	5	6
经济学 MU	14	11	10	8	5	2
英语 MU	12	10	8	7	6	5
管理学 MU	10	8	2	1	1	1

经济学用 3 小时，英语用 2 小时，管理学用 1 小时，边际效用均为 10 分。

2.（1）由效用函数得：$MU_x = 0.4X^{-0.6}Y^{0.6}$

$MU_y = 0.6X^{0.4}Y^{-0.4}$

实现消费者均衡时，$MU_x / MU_y = P_x / P_y = 2/3$

$X/Y = 1 X = Y = 10$

（2）最小支出$= P_xX + P_yY = 50$

3.（1）$MU_x/P_x = MU_y/P_y => Y/2 = X/4$，$X = 2Y$ ①

预算约束 $P_xX + P_yY = 2X + 4Y = 120$②

由①②得 $X=30$，$Y=15$

（2）总效用$= XY = 450$③

（3）$MU_x/P_x = MU_y/P_y => Y/2.88 = X/4$④

由③④得 $X=25$，$Y=18$

$M' = 25 \times 2.88 + 18 \times 4 = 144$

即收入增加 24 才能保持原来的总效用水平。

4.（1）由预算线 $5X + 10Y = 50$ 可知 $P_x = 5$，$P_y = 10$

由效用函数可知：$MU_x = 2 + Y$ $MU_y = 2 + X$

实现消费者均衡时，$MU_x/P_x = MU_y/P_y$ $(2+Y)/5 = (2+X)/10$ 即 $X = 2Y + 2$ 带入 $5X + 10Y = 50$，算出 $X=6$，$Y=2$

（2）$U = 2X + 2Y + XY + 22 = 2\times 6 + 2\times 2 + 2\times 6 + 22 = 50$

5. 根据题意，$P_x = 2$，$P_y = 3$，$M = 240$

$X \cdot P_x + Y \cdot P_y = M$, $MRS_{XY} = \dfrac{MU_X}{MU_Y} = \dfrac{Y}{X}$，

$\therefore \dfrac{MU_X}{MU_Y} = \dfrac{P_x}{P_y} = \dfrac{2}{3} = \dfrac{Y}{X}$ ①

$2X + 3Y = 240$ ②

由①②得 $X=60$，$Y=40$

6. 原来的效用 $U = 3\times 5 + 5 = 20$

现 X 消费为 4，要得到 20 单位效用，$Y = 20 - 3\times 2 = 14$

7.（1）由消费者均衡条件 $\dfrac{MU_X}{MU_Y} = \dfrac{Y}{X} = \dfrac{P_x}{P_y} = 1$，得 $X=Y$

代入预算约束方程 $5X + 5Y = 100$，得 $X = Y = 10$，$U = XY = 100$

（2）由消费者均衡条件 $\dfrac{MU_X}{MU_Y} = \dfrac{Y}{X} = \dfrac{P_x}{P_y} = \dfrac{10}{5}$，得 $Y = 2X$

代入预算约束方程 $10X + 5Y = 100$，得 $X=5$，$Y=10$

（3）作希克斯补偿线与原无差异曲线相切，切点斜率 $\dfrac{P_x}{P_y} = \dfrac{10}{5}$，无差异曲

线效用函数为$U=XY=100$

$\frac{MU_X}{MU_Y}=\frac{Y}{X}=2$，$Y=2X$，代入$XY=100$，得$X=5\sqrt{2}$，替代效应为$5\sqrt{2}-10$，收入效应为$5-5\sqrt{2}$

8. $MU_{X1}=20x_1+20x_2$

$MU_{X2}=20x_1+20x_2$

$MRS_{X_1X_2}=\frac{MU_{X_1}}{MU_{X_2}}=1$，商品$X_1$、$X_2$的边际替代率为常数，是完全替代品。

9. 根据题意，预算约束方程为$3X+2Y=M$

$MU_X=Y+1$，$MU_Y=X$

根据消费者均衡条件：$\frac{MU_X}{MU_Y}=\frac{Y+1}{X}=\frac{P_x}{P_y}=\frac{3}{2}$得$Y=\frac{3X-2}{2}$，代入预算约束方程$3X+2Y=M$得$6X-2=M$，$X=\frac{M+2}{6}$，$X$的需求收入弹性$E_m=\frac{M}{M+2}$

$0<\frac{M}{M+2}<1$，X是必需品

10. (1) 由消费者均衡条件$MRS_{XY}=\frac{MU_X}{MU_Y}=\frac{Y}{X}=\frac{P_x}{P_y}$得$YPy=XPx$①

设预算约束方程：$XPx+YPy=M$，由①得$X=\frac{M}{2P_x}$

X的需求价格弹性$E_d=\frac{dX}{dP_x}\cdot\frac{P_x}{X}=\frac{M}{2P_x{}^2}\cdot\frac{P_x}{\frac{M}{2P_x}}=1$

(2) 消费者均衡点的边际替代率$MRS_{XY}=\frac{P_x}{P_y}=\frac{1}{3}$

五、分析论述题

答：这一悖论可以从需求和供给两方面来共同说明，因为价格是由需求和供给共同决定的。从需求一方看，价格取决于商品的边际效用，而不是总效用。由于水源充足，人们对水的消费量大，因而其边际效用很小，价格也就很便宜。同理，人们对金刚钻的边际效用很大，其价格也就相应地昂贵。

从供给一方看，由于水源充足，生产人类用水的成本很低，因而其价格也低。金刚钻则很稀缺，生产金刚钻的成本也很大，因而金刚钻很昂贵。

综合需求和供给两方面，则水便宜，金刚钻昂贵。

第五章习题

一、单项选择题

1. A　2. B　3. D　4. B　5. D　6. C　7. C　8. A　9. D　10. B　11. B　12. D　13. C　14. B　15. D　16. A　17. C　18. A　19. A　20. D　21. C　22. A　23. A　24. D　25. C　26. D　27. A　28. A　29. D　30. D　31. A　32. C　33. D　34. D　35. A　36. B　37. C　38. C　39. A　40. D

二、多项选择题

1. ABCD　2. AB　3. ACD　4. ABC　5. ABCD　6. ABC　7. AC　8. AD　9. BCD　10. ACD　11. ACD　12. AB　13. ABC　14. ABCD　15. ABC　16. AB　17. AC　18. BC　19. ABCD　20. BC

三、判断题

1. ×　2. ×　3. ×　4. √　5. ×　6. ×　7. √　8. ×　9. √　10. ×　11. √　12. ×　13. √　14. ×　15. ×　16. ×　17. √　18. ×　19. ×　20. ×　21. ×　22. √　23. ×　24. ×　25. √　26. ×　27. √　28. √　29. ×　30. √　31. ×　32. √　33. √　34. √　35. √　36. ×　37. √　38. √　39. √　40. √　41. √　42. ×　43. ×　44. √　45. √　46. √　47. √　48. ×　49. √　50. √

四、计算题

1. (1) $MP_L=-0.3L^2+6L+10$　$AP_L=-0.1L^2+3L+10$

劳动的平均产量最大时，$MP_L=AP_L$，$-0.3L^2+6L+10=-0.1L^2+3L+10$

$L=15$

(2) 劳动的边际产量最大时，$\frac{\mathrm{d}MP_L}{\mathrm{d}L}=0$

$L=10$

2. (1) 由生产函数得 $MP_L=\frac{\mathrm{d}Q}{\mathrm{d}L}=\frac{30K^2}{(2K+L)^2}$

$AP_L=\frac{15K}{2K+L}$

(2) $\frac{\mathrm{d}MP_L}{\mathrm{d}L}=\frac{-30K^2\times 2(2K+L)}{(2K+L)^4}=\frac{-60K^2}{(2K+L)^3}<0$

劳动的边际产量函数是递减函数。

3. 解：对于生产函数 $Q=20L+50K-6L^2-2K^2$，

得 $MP_L=20-12L$ ，$MP_K=50-4K$

由生产者均衡条件 $MP_L/MP_K=P_L/P_K$

得（20－12L）/（50－4K）＝15/30　40－24L＝50－4$K$$K$＝6$L$＋5/2

代入成本函数 15L＋30K＝660 中 15L＋30（6L＋5/2）＝660，

得 L＝3，K＝6L＋5/2＝20.5

4. 解：(1) $\frac{MP_L}{MP_K}=\frac{2L^{-\frac{1}{2}}K^{\frac{1}{2}}}{2K^{-\frac{1}{2}}L^{\frac{1}{2}}}=\frac{K}{L}=\frac{P_L}{P_K}$

当 $P_L=1$，$P_K=4$，$Q=10$ 时，$K=\frac{P_L}{P_K}L=\frac{1}{4}L$

代入生产函数 $Q=4\sqrt{KL}$ 得 $L=\frac{Q}{2}=5$ $K=\frac{1}{4}L=\frac{5}{4}$

(2) $MP_L=\frac{\mathrm{d}Q}{\mathrm{d}L}=\frac{10K(K+L)-10KL}{(K+L)^2}=\frac{10K^2}{(K+L)^2}$

$MP_K=\frac{\mathrm{d}Q}{\mathrm{d}K}=\frac{10L(K+L)-10KL}{(K+L)^2}=\frac{10L^2}{(K+L)^2}$

$$\frac{MP_L}{MP_K}=\frac{\frac{10K^2}{(K+L)^2}}{\frac{10L^2}{(K+L)^2}}=(\frac{K}{L})^2=\frac{P_L}{P_K}$$

$K=(\frac{P_L}{P_K})^{\frac{1}{2}}L$，当 $P_L=1$，$P_K=4$，$Q=10$ 时，$K=\frac{1}{2}L$

代入生产函数 $Q=\frac{10KL}{K+L}$ $10=\frac{10K\times 2K}{K+2K}=\frac{20}{3}K$

$K=\frac{3}{2}$，$L=3$

(3) $MP_L=K^2$，$MP_K=2KL$

由 $\frac{MP_L}{MP_K}=\frac{P_L}{P_K}$ 得 $\frac{K^2}{2KL}=\frac{P_L}{P_K}\Rightarrow\frac{K}{2L}=\frac{P_L}{P_K}$

$K=\frac{2P_L}{P_K}L$ 当 $P_L=1$，$P_K=4$，$Q=10$ 时，$K=\frac{1}{2}L$ 代入生产函数 $Q=K^2L$

$L=\sqrt[3]{40}$ $K=\sqrt[3]{5}$

5. (1) $f(\lambda K,\lambda L)=5(\lambda L)^{0.3}(\lambda K)^{0.2}=5\lambda^{0.5}L^{0.3}K^{0.2}$，$\lambda f(K,L)=5\lambda L^{0.3}K^{0.2}$

$f(\lambda L,\lambda K)<\lambda f(K,L)$ 该生产函数规模报酬递减

(2) $f(\lambda L,\lambda K)=3\lambda L+5\lambda K$，$\lambda f(K,L)=3\lambda L+5\lambda K$　$f(\lambda L,\lambda K)=\lambda f(K,L)$

该生产函数规模报酬不变

(3) $f(\lambda L,\lambda K)=[0.5(\lambda L)^2(\lambda K)^4]^{\frac{1}{3}}=\lambda^2(0.5L^2K^4)^{\frac{1}{3}}$

$\lambda f(K, L) = \lambda(0.5L^2K^4)^{\frac{1}{3}}$

$f(\lambda L, \lambda K) > \lambda f(K, L)$ 该生产函数规模报酬递增

6. $f(\lambda L, \lambda K) = \beta_0 + \lambda\beta_1 (KL)^{\frac{1}{2}} + \lambda\beta_2 K + \lambda\beta_3 L = \lambda[\beta_0 + \beta_1 (KL)^{\frac{1}{2}} + \beta_2 K + \beta_3 L] + (1-\lambda)\beta_0 = \lambda f(L, K) + (1-\lambda)\beta_0$

该生产函数规模报酬不变，要求 $f(\lambda L, \lambda K) = \lambda f(L, K)$，由于 $\lambda > 0$，$\beta_0 = 0$

7.（1）在成本既定条件下，产量最大的条件是：$\dfrac{MP_L}{MP_K} = \dfrac{P_L}{P_K}$

$\dfrac{15K^{0.5}L^{-0.5}}{15L^{0.5}K^{-0.5}} = \dfrac{K}{L} = \dfrac{P_L}{P_K} = 5$（资本的价格相当于 0.1，以 10000 元为 1 个单位）

由 $0.5L + (1+0.1)K = 6000$　$K = 5L$ 得 $L = 1000$，$K = 5000$

（2）$\dfrac{15K^{0.5}L^{-0.5}}{15L^{0.5}K^{-0.5}} = \dfrac{K}{L} = \dfrac{P_L}{P_K} = 4$

由 $30L^{0.5}K^{0.5} = 3000$，$K = 4L$

得 $2L = 100$，$L = 50$，$K = 200$

8. $MP_L = -3L^2 + 48L + 240$

$AP_L = -L^2 + 24L + 240$

平均产量最大时，$MP_L = AP_L$　$L = 12$

总产量最大时，$MP_L = 0$　$L = 20$

（1）投入—产出区一区为：$L < 12$

（2）投入—产出区二区为：$12 \leqslant L \leqslant 20$

（3）投入—产出区三区为：$L > 20$

9. 由生产要素最适组合的条件：$\dfrac{MP_L}{MP_K} = \dfrac{P_L}{P_K}$ 得 $\dfrac{K}{L} = \dfrac{1}{2}$，$L = 2K$

代入生产函数 $Q = 5LK$，得 $K = \sqrt{\dfrac{Q}{10}}$ $L = 2\sqrt{\dfrac{Q}{10}}$

生产 1000 件产品，$Q = 1000$，$K = 10$，$L = 20$

10. 由生产函数 $Q = \min(3K, 4L)$ 得 $Q = 3K = 4L$

$Q = 1200$ 时，$K = 400$，$L = 300$

11.（1）当 $K = 10$ 时，劳动总产量函数：$Q = f(L, 10) = 20L - 0.5L^2 - 50$

劳动的平均产量函数 $AP_L = Q/L = 20 - 0.5L - 50/L$

劳动的边际产量函数 $MP_L = Q'(L) = 20 - L$

（2）总产量最大，即边际产量 $MP_L=0$，$L=20$

平均产量最大时，$AP_L=MP_L$，$20-0.5L-50/L=20-L$

$L=10$

（3）$L=10$ 时，$AP_L=MP_L=10$

五、分析论述题

答：边际收益递减规律指在技术给定和生产的其他要素投入不变的情况下，连续增加某种可变投入使其边际产量增加到某一点，超过该点后，增加可变投入会使其边际产量减少。技术给定和生产的其他要素投入不变是边际收益递减规律成立的前提条件，我国农业人口太多，耕地有限，在既定的土地上不断增加劳动投入引起边际收益递减，农业生产效率低下，农民就不可能富裕起来，所以农村剩余劳力向第二、第三产业转移有利于增加农民收入。

农村剩余劳力向第三产业转移，有助于将小块分散的耕地集中起来，由大型农业组织生产，可以使用先进设备，实现规模经济，有利于提高农业生产效率，会促进农业发展。同时，城市第二、第三产业获得大量农村剩余劳力也有助于这些产业实现规模经济。

第六章习题

一、单项选择题

1. C　2. D　3. A　4. B　5. D　6. C　7. D　8. B　9. C　10. A　11. C
12. B　13. A　14. A　15. B　16. D　17. C　18. A　19. D　20. C　21. D
22. A　23. D　24. D　25. B　26. A　27. D　28. B　29. A　30. A　31. B
32. C　33. B　34. A　35. B　36. A　37. D　38. D　39. B　40. D

二、多项选择题

1. ABC　2. ABD　3. ACD　4. AD　5. BD　6. AB　7. AB　8. ABD
9. BCD　10. ABCD　11. ABC　12. ABD　13. ABCD　14. ABD

三、判断题

1. ×　2. ×　3. √　4. √　5. √　6. √　7. √　8. ×　9. ×　10. √
11. √　12. ×　13. ×　14. √　15. √　16. ×　17. ×　18. ×　19. √　20. ×
21. √　22. ×　23. √　24. √　25. ×　26. ×　27. ×　28. √　29. √　30. √
31. √

四、计算题

1.（1）根据生产函数和已知条件可知，生产的最佳组合原则为

$$\frac{MP_L}{P_L}=\frac{MP_W}{P_W}$$

$$\frac{\frac{1}{2}\left(\frac{W}{L}\right)^{1/2}}{3}=\frac{\frac{1}{2}\left(\frac{L}{W}\right)^{1/2}}{12}$$

得 $4W=L$ ①

$4W=L$ 是李某和王某实现最优写作的原则，即成本最小产出最大。

将①代入生产函数 $Q=L^{1/2}W^{1/2}$，得 $Q=2W$

当 $Q=150$，300，400 时，得 $W=75$，150，225 小时。即王某最优的写作时间为 75，150 和 225 小时。

(2) 已知成本函数为 $C=3L+12W$，已知最佳的要素组合为 $4W=L$，所以 $C=24W$。又已知 $Q=2W$，所以 $C=12Q$，即成本函数为 $C=C(Q)=12Q$。边际成本 MC 为 12。

2. 李某计算的会计成本包括：设备租金 1 万美元、贷款利息 4 000 美元、工人工资 2 万美元、原材料燃料成本 2 万美元，共 5.4 万美元。其中，固定成本包括：设备租金 1 万美元、贷款利息 4 000 美元；变动成本包括：工人工资 2 万美元、原材料燃料成本 2 万美元，4 万美元。

陈某计算的经济成本包括：设备租金 1 万美元、贷款利息 4 000 美元、工人工资 2 万美元、原材料燃料成本 2 万美元、王某企业家才能的机会成本 4 万美元、自有资金的机会成本 500 美元、自有厂房的机会成本 1 万美元，共 10.45 美元，其中，显明成本包括：设备租金 1 万美元、贷款利息 4 000 美元、工人工资 2 万美元、原材料燃料成本 2 万美元；隐含成本包括：王某企业家才能的机会成本 4 万美元、自有资金的机会成本 500 美元、自有厂房的机会成本 1 万美元。

李某计算的会计利润：10 万美元－5.4 万美元＝4.6 万美元。

陈某计算的经济利润 10 万美元－10.45 万美元＝－5500 美元。

3. 由 $Q=5000-50P$ 得 $P=100-0.02Q$，

$TR=P\cdot Q=100Q-0.02Q^2$

$MR=TR'=100-0.04Q$

由 $AC=6000/Q+20$，得 $TC=6000+20Q$

$MC=TC'=20$

厂商利润最大时，$MR=MC$，得 $Q=2000$，$P=60$

厂商利润 $\pi=TR-STC=74000$

4. 长期生产中，资本规模 K 可变动，厂商可以根据所要达到的产量选择最合适的生产规模，使短期成本最小，成本极小化的条件为 $\frac{dC}{dK}=-3(2Q-K)^2+3K^2=0$ 由此解得 $K=Q$，代入短期成本函数，即得长期成本函数

$C=2Q^3+10$

5. 由总收益方程 $TR=100Q-2Q^2$ 得 $P\cdot Q=100Q-2Q^2$

$P=100-2Q$，$Q=50-\frac{1}{2}P$

当边际收益 $MR=TR'(Q)=100-4Q=20$ 时，$Q=20$

由需求函数 $Q=50-\frac{1}{2}P$ 得点价格弹性 $E_d=-\frac{dQ_d}{dP}\frac{P}{Q_d}=\frac{1}{2}\cdot\frac{P}{Q_d}$

当 $Q=20$ 时，$E_d=\frac{3}{2}$

6. (1) 由 $MC=3Q^2-30Q+100$ 得：$TC(Q)=Q^3-15Q^2+100Q+M$

当 $Q=10$ 时，$TC=500+FC=1000$

固定成本：$FC=500$

(2) 总成本函数 $TC(Q)=Q^3-15Q^2+100Q+500$

可变成本函数 $VC(Q)=Q^3-15Q^2+100Q$

平均成本函数 $AC(Q)=TC(Q)/Q=Q^2-15Q+100+500/Q$

平均可变成本函数 $AVC(Q)=VC(Q)/Q=Q^2-15Q+100$

7. 总成本函数 $TC=AC\cdot Q=2Q^3-3Q^2+5Q+160$

边际成本函数 $MC=TC'=6Q^2-6Q+5$

8. 答：(1) 对于生产函数 $Q=-0.1L^3+3L^2+8L$

劳动的平均产量函数 $APL=Q/L=-0.1L^2+3L+8$

当 $APL'=-0.2L+3=0$ 时，即 $L=15$ 时，APL 取得最大值

(2) 对于生产函数 $Q=-0.1L^3+3L^2+8L$

劳动的边际产量函数 $MPL=dQ/dL=-0.3L^2+6L+8$

当 $MPL'=-0.6L+6=0$，即 $L=10$ 时，MPL 取得最大值

(3) 当劳动平均产量最大时，即当 $L=15$ 时其平均可变成本达到最小，此时产量为 $Q=Q(15)=30.5$

(4) 厂商的利润 $\pi=PQ-WL-FC$（FC 为固定成本，常数）

$\pi=40\times(-0.1L^3+3L^2+8L)-320L-FC=-4L^3+120L^2-FC$

利润最大时，$\pi'=-12L^2+120L=0$

$L=10$

9. 由生产函数 $Q=L^{\frac{1}{2}}K^{\frac{1}{2}}$ 得：

$$MP_L=\frac{\partial Q}{\partial L}=\frac{1}{2}L^{-\frac{1}{2}}K^{\frac{1}{2}}$$

$$MP_K=\frac{\partial Q}{\partial K}=\frac{1}{2}L^{\frac{1}{2}}K^{-\frac{1}{2}}$$

$$\frac{MP_L}{MP_K}=\frac{\frac{1}{2}L^{-\frac{1}{2}}K^{\frac{1}{2}}}{\frac{1}{2}L^{\frac{1}{2}}K^{-\frac{1}{2}}}=\frac{K}{L}=\frac{P_L}{P_K}=\frac{1}{2}$$

$L=2K$

$K=\frac{Q}{2}$, $L=Q$

$TC=P_L\times L+P_K\times K=2Q$

平均成本 $AC=TC/Q=2$，边际成本 $MC=TC'=2$

10.（1）将 $Q=484$ 代入生产函数

$(2X^{\frac{1}{2}}+Y^{\frac{1}{2}})^2=484$，$2X^{\frac{1}{2}}+Y^{\frac{1}{2}}=22$

$Y=(22-2X^{\frac{1}{2}})^2$ ①

企业的总成本 $TC=30X+20(22-2X^{\frac{1}{2}})^2+500$

成本最小时，$\frac{dTC}{dX}=30+40(22-2X^{\frac{1}{2}})(-X^{-\frac{1}{2}})=0$

$X=64$，代入①得：$Y=36$

（2）由生产函数 $Q=(2X^{\frac{1}{2}}+Y^{\frac{1}{2}})^2$ 得：$Y=(Q^{\frac{1}{2}}-2X^{\frac{1}{2}})^2$

总成本函数 $TC=30X+20(Q^{\frac{1}{2}}-2X^{\frac{1}{2}})^2+500$ ②

成本最小时，$\frac{dTC}{dX}=30+40(Q^{\frac{1}{2}}-2X^{\frac{1}{2}})(-X^{-\frac{1}{2}})=0$

$X=\frac{16}{121}Q$ 代入②得：

$TC=\frac{60}{11}Q+500$

五、分析论述题

1. 答：SAC 先下降后上升是因为一开始随着可变要素的投入和产量的增加，固定要素生产效率的发挥和专业化程度的提高使得边际产量增加。但当产量增加到一定程度时，由于边际产量递减规律的作用，SAC 曲线必将上升。LAC 呈 U 型是由于规模经济或不经济。产出水平处于 LAC 递减阶段，对应着规模经济，企业在长期内资源利用不足，若扩大生产规模，LAC 会递减。若产出大于 LAC 的最低点，对应着规模报酬递减，企业规模被过度利用。

2. 答：从理论上说，延长一小时就要支付一小时所耗费的成本。这种成本既包括直接的物耗，如水、电等，也包括由于延时而需要支付的售货员的加班费，这增加的成本就是我们这一章所学习的边际成本。节假日期间，人们有更多的时间去旅游、购物，使商场的收益增加；而平时紧张工作和繁忙家务使人们没有更多时间和精力去购物，就是延时服务也不会有更多的人光顾，增加的销售额不足以抵偿延时所增加的成本。这就是在节假日期间延长营业时间，而在平时不延长营业时间的经济学道理。无论边际收益是大于边际成本，还是小于边际成本，厂商都要进行营业时间调整，说明这两种情况都没有实现利润的最大化。只有在边际收益等于边际成本时，厂商才不调整营业时间，这表明已把该赚的利润都赚到了，即实现了利润的最大化。

3.（1）老王种蔬菜的显明成本＝他为种植蔬菜而支付的货币（即种子、肥料和其他费用之和）＝200 元

（2）老王种蔬菜的隐含成本＝出租土地获得的租金＝250 元

（3）比较：老王种蔬菜的机会成本＝出租土地的租金 250 元

老王出租土地的机会成本＝种蔬菜的所获得的净收入＝500－200＝300 元。

（4）结论：只有选择最小的机会成本，才能获得最大的利润。故老王不会选择出租。

第七章习题

一、单项选择题

1. C　2. B　3. B　4. B　5. C　6. B　7. D　8. A　9. C　10. B　11. C　12. D　13. A　14. C　15. A　16. B　17. C　18. C　19. A　20. B　21. C　22. C　23. A　24. B　25. A　26. C　27. D　28. A　29. B　30. A　31. B　32. C　33. D　34. C　35. A　36. A　37. C　38. B　39. B　40. A　41. D　42. A　43. D　44. D　45. A　46. C　47. D　48. B　49. B　50. C

二、多项选择题

1. AD　2. ACD　3. ABD　4. ABC　5. ABCD　6. ABCD　7. ABC　8. BCD　9. ABC　10. ABCD　11. BD　12. ABCD　13. BD　14. ABD　15. BCD　16. ABD　17. ABD　18. ABC　19. AC　20. ABCD

三、判断题

1. √　2. √　3. ×　4. √　5. √　6. ×　7. √　8. √　9. √　10. √　11. √　12. ×　13. √　14. ×　15. ×　16. ×　17. √　18. √　19. ×　20. ×　21. ×　22. ×　23. √　24. ×　25. ×　26. ×　27. √　28. ×　29. √　30. ×　31. ×　32. ×　33. ×　34. √　35. √　36. ×　37. √　38. √　39. √　40. ×　41. ×　42. ×　43. ×

四、计算题

1.（1）由长期总成本函数 $LTC=0.2q^3-4q^2+40q$ 得：长期平均成本

函数

$LAC=0.2q^2-4q+40$

厂商实现长期均衡时，长期平均成本最低：$LAC'=0.4q-4=0$

$q=10$，代入长期平均成本函数得：$\min(LAC)=20$

$P=\min(LAC)=20$

（2）由市场需求函数 $Q_d=2000-50P$ 得：$P=20$ 时，行业总产量 $Q_s=Q_d=1000$

单个厂商的产量 $q=10$

厂商数量为 1000/10=100

（3）如果厂商数量限制在 50 家，行业总产量 $Q_s=50q$

市场均衡时，$Q_s=Q_d$

即 $2000-50P=50q$，$P=40-q$

在完全竞争市场上，厂商均衡时 $MR=P=LMC$

由长期总成本函数 $LTC=0.2q^3-4q^2+40q$ 得：$LMC=0.6q^2-8q+40$

$P=40-q=0.6q^2-8q+40$

$0.6q(q-15)=0$

每个厂商的均衡产量 $q=15$

每个厂商的均衡价格 $P=40-q=25$

2.（1）完全竞争市场利润最大的条件为 $P=MC$，$MC=240-40Q+3Q^2$，由 $P=MC$，得，$Q=-20/3$（舍去），$Q=20$，代入 $AC=240-20Q+Q^2=240$，总利润$=Q\cdot(P-AC)=20\times(640-240)=8000$

（2）因为完全竞争市场长期均衡时，厂商只能获得正常利润，而此时厂商有超额利润，因此未处于均衡状态。

（3）当 $P=LAC_{\min}$时，行业才能均衡。令 $LAC'=0$，得 $Q=10$ 代入 $LAC_{\min}=140$，$P=140$

（4）因为是成本不变的行业，因此，长期供给曲线为 $P=LAC_{\min}=140$

3. $E_d=\frac{dQ}{dP}\cdot\frac{P}{Q}\ \frac{1}{E_d}=\frac{dP}{dQ}\cdot\frac{Q}{P}$

$MR=\frac{dTR}{dQ}=\frac{PdQ+QdP}{dQ}=P+\frac{dP}{dQ}Q=P(1+\frac{1}{E_d})$

将 $E_d=-5$ 代入，$MR=4$

$MC=4Q-20$

根据利润最大化原则 $MR=MC$，得 $Q=6$　　$TR=PQ=5\times6=30$

$\pi=TR-C=35$

4.（1）$LAC=Q^2-4Q+8$，长期平均成本最低时，$dLAC/dQ=0$，$2Q-4=0$

得 $Q=2$，长期平均成本最低点 min（LAC）$=4$

价格等于长期平均成本最低点时，厂商收支相抵，经济利润为零，既没有厂商退出行业也没有新厂商进入该行业，厂商实现长期均衡。行业的长期供给函数为 $P=4$

（2）由行业的需求函数 $Q_d=2000-100P$，得 $P=4$ 时，$Q=1600$。因为每个厂商的均衡产量 $Q=2$，假设有 n 个厂商，则 $2n=1600$，$n=800$

5.（1）由 $LTC=0.001Q^3-0.425Q^2+85Q$ 得 $LAC=0.001Q^2-0.425Q+85$

由 $Q=300-2.5P$，得 $P=120-0.4Q$

长期均衡时，客观需求曲线必然和 LAC 曲线在均衡点上相交，令 $LAC=P$，则有 $0.001Q^2-0.425Q+85=120-0.4Q$，得 $Q=200$，$P=40$

（2）长期均衡时，主观需求曲线和 LAC 曲线相切，且 $MR=MC$，由 $LTC=0.001Q^3-0.425Q^2+85Q$ 得 $LMC=0.003Q^2-0.85Q+85$

当 $Q=200$ 时，$LMC=35$，因此，这时 $MR=35$，运用公式 $MR=P(1+\frac{1}{E_d})$，即 $E_d=\frac{P}{MR-P}$，得 $E_d=-8$

（3）由于主观需求曲线被假定为直线，令其表达式为 $P=A-BQ$，即当 $Q=0$ 时的价格为 A，也就是说，需求曲线与价格轴（纵轴）相交的价格截距为 A，则用需求弹性的纵轴公式有长期均衡点 $E_d=\frac{P}{A-P}$，即 $A=\frac{P}{E_d}+P$，得 $A=45$。

而主观需求曲线的斜率为 $B=\frac{A-P}{Q}=0.025$，于是有主观需求曲线：$P=45-0.025Q$

6.（1）长期边际成本 $LMC=3Q^2-24Q+40$，由于完全竞争市场中 $MR=P=LMC$

即：$3Q^2-24Q+40=100$，则 $Q=10$，厂商利润最大时的产量为 10

平均成本 $LAC=Q^2-12Q+40=20$

利润为（$P-LAC$）$Q=800$

（2）该完全竞争的成本不变行业到达长期均衡时利润为 0，即此时平均成本等于长期边际成本等于产品价格，即 $LAC=LMC=P$，

$3Q^2-24Q+40=Q^2-12Q+40$，则 $Q=6$，此时单个厂商产量为 6

长期均衡时价格 $P=LAC=Q^2-12Q+40=4$

（3）长期均衡时价格为 4，市场需求则为 600

单个厂商产量为 6，故该行业长期均衡时的厂商数量为 100

7. 由短期总成本函数 $STC=0.1Q^2+8Q$ 得：短期边际成本 $SMC=0.2Q+8$

完全竞争厂商短期均衡时 $P=MR=SMC=14$

完全竞争厂商增加产量或销售量不足以影响市场价格，新生产线的均衡产量由 $SMC=P=14$ 决定，即 $0.1Q+10=14$，$Q=40$

8.（1）由短期总成本函数 $STC=0.5q^2+q+10$ 得：短期边际成本 $SMC=q+1$

完全竞争厂商短期均衡时 $P=SMC=q+1$，$q=P-1$

行业的供给函数为 $Q=100q=100(P-1)=100P-100$

（2）市场均衡时 $100P-100=2400-400P$，市场均衡价格 $P=5$

9.（1）由 $Q_s=Q_d$ 得市场均衡价格 $P=80$，由厂商的可变成本函数、固定成本函数得厂商短期总成本函数 $STC=VC+FC=0.1q^3-6q^2+132.5q+400$，

短期边际成本 $SMC=0.3q^2-6q+132.5$，

厂商利润最大时 $SMC=P=80$，$0.3q^2-6q+132.5=80$

产量 $q=35$ 或 $q=5$

利润最大化的充分条件要求 $\dfrac{d^2TR}{dQ^2}<\dfrac{d^2TC}{dQ^2}$

即 $STC''=0.6q-6>STR''$，$0.6q-6>0$

$q=35$ 满足条件，厂商利润最大时的产量 $q=35$

（2）该厂商的净利润 $\pi=TR-STC=Pq-STC=825$

（3）无论固定成本如何变动，利润最人时的产量 $q=35$ 都不会变，当 $c=825$ 时，利润 $\pi=0$，总收益 STR 可以弥补固定成本 400 元，当 $c>1225$ 时，继续生产也不能弥补固定成本，厂商会选择停止生产

10.（1）由需求函数 $P=100-3Q+4\sqrt{A}$ 得：总收益 $TR=PQ=-3Q^2+100Q+4\sqrt{A}\,Q$

边际收益 $MR=-6Q+100+4\sqrt{A}$

由成本函数 $STC=4Q^2+10Q+A$ 得：边际成本函数 $MC=8Q+10$

厂商利润最大时，$MR=MC$

$90-14Q+4\sqrt{A}=0$ ①

利润 $\pi=TR-STC=90Q-7Q^2+4\sqrt{A}\,Q-A$

令 π 对 A 的偏导数为 0，则 $\dfrac{\partial\pi}{\partial Q}=\dfrac{2Q}{\sqrt{A}}-1=0$

得：$2Q=\sqrt{A}$ ②

由①②得：$A=900$，$Q=15$ 代入需求函数 $P=100-3Q+4\sqrt{A}$

$P=175$

11.（1）由需求函数 $Q_1=-12-0.1P_1$ 得 $P_1=120-10Q_1$，总收益 $TR_1=P_1Q_1=120Q_1-10Q_1^2$

边际收益 $MR_1=120-20Q_1$

由需求函数 $Q_2=20-0.4P_2$ 得 $P_2=50-2.5Q_2$，总收益 $TR_2=P_2Q_2=50Q_2-2.5Q_2^2$

边际收益 $MR_2=50-5Q_2$

由成本函数 $TC=Q^2+40Q$ 得边际成本 $MC=2Q+40$

假设两个市场可以实行差别价格，利润最大时，$MR_1(Q_1)=MR_2(Q_2)=MC$

由 $MR_1(Q_1)=MC$ 得：$220Q_1+2Q_2=80$①

由 $MR_2(Q_2)=MC$ 得：$2Q_1+7Q_2=10$②

由①②得：$Q_1=3.6$，$Q_2=0.4$

代入各自的需求函数得：$P_1=84$，$P_2=49$

厂商的利润 $\pi=TR_1+TR_2-TC=P_1Q_1+P_2Q_2-(Q_1+Q_2)^2-40(Q_1+Q_2)=146$

（2）假设两个市场必须实行相同价格，$Q=Q_1+Q_2=50-0.3P+30-0.2P=80-0.5P$

$P=160-2Q$，总收益 $TR=PQ=160Q-2Q^2$，边际收益 $MR=160-4Q$

厂商利润最大时，$MR=MC$，$160-4Q=2Q+40$，$Q=20$，$P=160-2Q=120$

厂商的利润 $\pi=PQ-TC=1200$

12.（1）

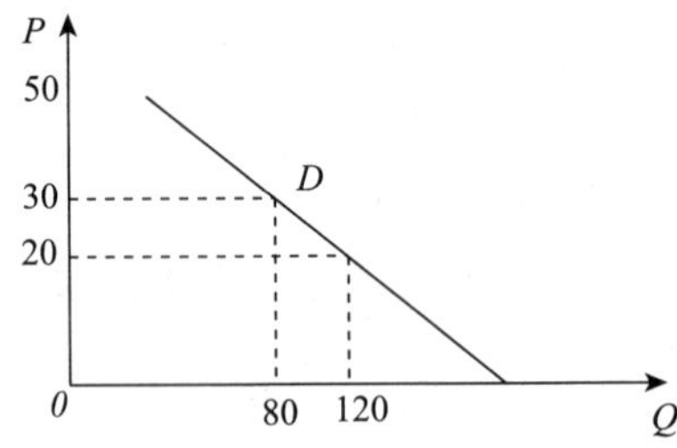

需求曲线与纵轴的交点：$Q=0$，$P=50$

厂商计划销售 120 单位产品，$Q=120$，$P=20$

如果厂商实行第一等级价格歧视，厂商按消费者的需求价格逐个制订差别

价格，厂商的收益 $TR=(20+50)\times120\times\frac{1}{2}=4200$

厂商榨取的消费者剩余为：$120\times(50-20)\times\frac{1}{2}=1800$

（2）如果厂商实行第二等级价格歧视，厂商的收益 $TR=80\times30+40\times20=3200$

厂商榨取的消费者剩余为：$3200-20\times120=800$

消费者获得的消费者剩余为：$1800-800=1000$

13.（1）设厂商的主观需求曲线为：$Q=A-500P$

在垄断竞争市场上，厂商短期均衡时，主观需求曲线与客观需求曲线相交，所以：

$Q=400-100P=A-500P$

即 $P=4-0.01Q=0.002A-0.002Q$①

同时，$mr=SMC$

由 $Q=A-500P$ 得：$TR=(0.002A-0.002Q)\times Q=0.002AQ-0.002Q^2$

$mr=0.002A-0.004Q$

由 $STC=0.001Q^3-0.036Q^2+35.5Q+100$ 得：$MC=0.003Q^2-0.036Q+35.5$

所以短期均衡时：$0.002A-0.004Q=0.003Q^2-0.036Q+35.5$ ②

由①②得：$Q=50$，$P=39.5$

（2）$\pi=PQ-TC=65$

14. 厂商 1 的利润函数为：$\pi_1=P_1Q_1-C_1$

$=P_1(444-4P_1+P_2)-54(444-4P_1+P_2)-80$

厂商 2 的利润函数为：$\pi_2=P_2Q_2-C_2$

$=P_2(438+P_1-2P_2)-81(438+P_1-2P_2)-20$

市场均衡时，$\frac{\partial\pi_1}{\partial P_1}=660-8P_1+2P_2=0$ ①

$\frac{\partial\pi_2}{\partial P_2}=660+P_1-4P_2=0$ ②

由①②得：$P_1=128$，$P_2=182$

代入各自的需求函数，得：$Q_1=296$，$Q_2=202$

五、分析论述题

1. 答：这样说是正确的。因为西方经济学家认为，产品差别造成了垄断，才能使垄断厂商按不同质的产品价格出售自己产品，如果产品没有差别，则价格就不能有差别，如果产品有差别，生产者就可以在价格上也有差别，这样的价格差别并不会使生产者丧失市场，因为有差别的产品能满足人们的不同需要，产品差别越大，满足人们不同需要的程度也就越大，从而使产品价格的差别也越大。

2. 答：根据分析可知：完全竞争市场的效率最高，垄断竞争市场较高；寡头市场较低；完全垄断最低。

（1）完全竞争市场效率最高。因为在完全竞争市场上，$MC=MR=P$，在平均成本的最低点上达到均衡（生产者有效地利用了资源），产量最高，价格最低（消费者所获得的福利最大）。在不完全竞争市场上，需求曲线是向右下方倾斜的。垄断程度越高，需求曲线越陡峭；反之，垄断程度越低，需求曲线越平坦。

（2）垄断竞争市场的经济效率较高。在垄断竞争市场下，厂商的长期均衡利润为0，所以它的相对平坦的需求曲线相切于 LAC 曲线最低点的左边；产品的均衡价格较低，等于生产的平均成本，产品的均衡产量较高；企业存在着多余的生产能力。

（3）完全垄断市场的经济效率最低。在垄断市场上，厂商在长期内要获得利润，故它长期均衡时，需求曲线与 LAC 相交；产品的均衡价格最高，且大于生产的平均成本；产品的均衡数量最低。

（4）寡头市场和完全垄断市场很相似，但是有了两家以上的厂商，注入了竞争因素，所以它较完全垄断要更有效率些。它的长期均衡时，均衡价格也较高，均衡产量较低。

3. 答：推销小麦、大米的广告以及石油、黄金、股票或者外汇市场的广告不会常见，因为这些商品市场都属于完全竞争市场类型，符合完全竞争市场的四个条件。即市场上有很多消费者和生产者，产品是同质的，资源完全自由流动，市场信息畅通。

第八章习题

一、单项选择题

1. A　2. B　3. C　4. A　5. D　6. A　7. B　8. B　9. B　10. A　11. B　12. B　13. A　14. A

二、多项选择题

1. ABD　2. ABD　3. AD　4. ACD

三、判断题

1. ×　2. ×　3. √　4. ×　5. √　6. √　7. √　8. ×　9. ×　10. √

四、计算题

1. 解：（1）如果不浇水，则此农民的期望收益为：$0.5\times1000+0.5\times$

500＝750（美元）。如果浇水，则农民可以获得的确定性收益为：1000－100＝900（美元）。因而此农民将选择浇水。

（2）如果农民获得了精确的天气预报，则在下雨的情况下，其利润为1000美元；在不下雨的情况下，其利润为1000－100＝900（美元）。从而其期望利润为：0.5×1000＋0.5×900＝950（美元）。此农民将愿意支付的最大金额为：950－900＝50（美元）。

（3）如果该预报员的准确率为75%，则此时有四种可能的结果，如下所示。

天气预报的四种结果

		天气预报	
		下雨	不下雨
天气	下雨	0.75×0.5＝0.375	0.25×0.5＝0.125
	不下雨	0.25×0.5＝0.125	0.75×0.5＝0.375

在这四种情况下，相应的利润如下所示。

各种情况下的利润

		天气预报	
		下雨	不下雨
天气	下雨	1 000	1000－100＝900
	不下雨	500	1000－100＝900

因而此时农民的期望利润为：0.375×1000＋0.125×900＋0.125×500＋0.375×900＝887.5（美元）。因而该收益小于农民无论如何都浇水下的期望收益，此时农民愿意为天气预报支付的金额为0。

2. 解：（1）公平的保险费为：0.8×0.5×1000＋0.2×0.5×1000＝500（美元）。

（2）在对数效用函数下，对于城市的人而言，他们不购买保险时的期望效用为：$E(U)=0.8\times\ln 9000+0.2\times\ln 10000=9.1261$，他们购买保险时的效用为：$E(U)=\ln 9500=9.1590>9.1261$。因而对于城市的人而言，购买保险会带来更高的期望效用，他们将会选择购买保险。对于乡村的人而言，他们不购买保险时的期望效用为：$E(U)=0.2\times\ln 9000+0.8\times\ln 10000=9.1893$，他们购买保险时的效用为：$E(U)=\ln 9500=9.1590<9.1893$。因而对于乡村的人而言，购买保险不会带来更高的期望效用，他们不会选择购买保险。

（3）因为仅有城市的人购买保险，所以公平的保险费为 $1000\times0.8=800$（美元）。城市的人仍然会选择购买保险，因为此时保险带来的效用为：$E(U)=\ln 9200=9.1269$。而此时，乡村的人仍然会选择不投保。

（4）对于城市的人而言，其保险费为 $1000\times0.8=800$（美元）；购买保险后的相应的效用为：$E(U)=\ln 9200=9.1269$。对于乡村的人而言，其保险费为 $1000\times0.2=200$（美元），购买保险后的相应的效用为：$E(U)=\ln 9800=9.1901$，因而乡村的人此时购买保险会使其效用提高。

3.（1）根据题意，寡头 1 的总收益 $TR_1=P\times q_1=[a-(q_1+q_2)]\times q_1=aq_1-q_1^2-q_1q_2$

寡头 1 的边际收益 $MR_1=\dfrac{\mathrm{d}TR_1}{\mathrm{d}q_1}=a-2q_1-q_2=C_1$

$$q_1=\frac{C_1}{2}-\frac{a}{2}-\frac{q_2}{2}$$

同理可得，$q_2=\dfrac{C_2}{2}-\dfrac{a}{2}-\dfrac{q_1}{2}$

于是可得 $q_1{}^*=\dfrac{1}{3}(a-2C_1+C_2)$

$$q_2^*=\frac{1}{3}(a-2C_2+C_1)$$

因为 $0<C_i<a/2$，这是纳什均衡产量。

（2）如果 $C_1<C_2<a$，$2C_2>a+C_1$，$q_2^*\leqslant 0$，寡头 1 完全垄断

由 $q_1=\dfrac{C_1}{2}-\dfrac{a}{2}-\dfrac{q_2}{2}$ 得：$q_1^*=\dfrac{C_1}{2}-\dfrac{a}{2}$

4. 答：该博弈分为两个阶段。第一阶段企业 1 选择产量 q_1，第二阶段企业 2 和 3 观测到 q_1，他们之间作一完全信息的静态博弈。我们按照逆推法对博弈进行求解。

（1）假设企业 1 已选定产量 q_1，先进行第二阶段的计算。设企业 2 和 3 的利润函数分别为：$\pi_2=(a-q_1-q_2-q_3)\ q_2-cq_2\pi_3=(a-q_1-q_2-q_3)\ q_3-cq_3$

由于两企业均要追求利润最大，故对以上两式分别求一阶条件：

$$\frac{\partial\pi_2}{\partial q_2}=a-q_1-2q_2-q_3-c=0 \text{①}$$

$$\frac{\partial\pi_3}{\partial q_3}=a-q_1-q_2-2q_3-c=0 \text{②}$$

求解①②组成的方程组有：$q_2^*=q_3^*=\dfrac{a-q_1-c}{3}$ ③

（2）现进行第一阶段的博弈分析：对于企业 1，其利润函数为；$\pi_1=(a-$

$q_1 - q_2 - q_3)q_1 - cq_1$ 将③代入可得：$\pi_1 = \dfrac{q_1(a - q_1 - c)}{3}$ ④

④式对 q_1 求导：解得：$q_1^* = \dfrac{a-c}{2}$ ⑤

此时，$\pi_1^* = \dfrac{(a-c)^2}{12}$

（3）将式⑤代回③和④有该博弈的子博弈完美纳什均衡：

$q_1^* = \dfrac{a-c}{2}$，$q_2^* = \dfrac{a-c}{6}$，$q_3^* = \dfrac{a-c}{6}$

5. 假设 q_i 为第 i 个企业的产量，C_i 为第 i 个企业的成本，假定第 i 个企业的利润函数为：π_i（q_1，q_2）$=q_i$（P（Q）$-c_i$），$i=1$，2。给定企业 2 知道企业 1 的成本，企业 2 将选择 q_2 最大化利润函数：$\pi_2 = q_2(\dfrac{5}{4} - q_1^* - q_2)$ 或 $\pi_2 = q_2(\dfrac{3}{4} - q_1^* - q_2)$。

令 q_2^a 为成本 $c_2 = \dfrac{3}{4}$ 时企业 2 的最优产量，q_2^b 为成本 $c_2 = \dfrac{5}{4}$ 时企业 2 的最优产量。那么，从最优化一阶条件可得企业 2 的成本 $c_2 = \dfrac{3}{4}$ 时反应函数为：

$q_2^a = \dfrac{1}{2} \times (\dfrac{5}{4} - q_1)$ ①

企业 2 的成本 $c_2 = \dfrac{5}{4}$ 时反应函数为：

$q_2^b = \dfrac{1}{2} \times (\dfrac{3}{4} - q_1)$ ②

企业 1 不知道企业 2 的真实成本，从而不知道企业 2 的最优反应究竟是 q_2^a 还是 q_2^b，因此企业 1 将选择 q_1 最大化下列利润函数：

$E\pi_1 = \dfrac{1}{2}q_1(1 - q_1 - q_2{}^a) + \dfrac{1}{2}q_1(1 - q_1 - q_2{}^b)$

最优化一阶条件得企业 1 的反应函数为：

$q_1^* = \dfrac{1}{2}(1 - \dfrac{1}{2}q_2^a - \dfrac{1}{2}q_2^b)$ ③

将①②代入③可得贝叶斯纳什均衡为：$q_1^* = \dfrac{1}{3}$；$q_2^a = \dfrac{11}{24}$；$q_2^b = \dfrac{5}{24}$

五、分析论述题

答：火车站和机场餐饮商业服务的顾客往往都是一次性的，回头客、常客比较少，这些经济交易具有一次性博弈的特征，它们的价格总是比较贵质量又会差一些，顾客也会尽量不在这些地方购买商品和消费。在一般商业区和居民区的餐饮商业服务则回头客和常客较多，有明显的重复博弈特征，在居民区购买商品和消费的老顾客一般能得到比较公平、优惠的价格，还能得到较好的服务，甚至有些还可以信用消费（赊账），因此消费者一般会比较放心地消费。这就是现实生活中重复博弈和一次性博弈效率不同的典型例子之一。

第九章习题

一、单项选择题

1. B　2. B　3. C　4. C　5. B　6. A　7. C　8. D　9. D　10. A　11. C　12. B　13. A　14. A　15. D　16. C　17. C　18. B　19. C　20. B

二、多项选择题

1. CD　2. BCD　3. ABC　4. CD　5. BCD　6. ACD　7. ABD　8. ABC　9. ABCD　10. BCD

三、判断题

1. √　2. √　3. ×　4. ×　5. √　6. ×　7. ×　8. ×　9. √　10. √　11. ×　12. ×　13. ×　14. √　15. ×　16. ×　17. √　18. √　19. ×　20. √　21. √　22. ×　23. ×　24. √

四、计算题

1. 由产品需求函数 $P=85-3q$ 和生产函数 $q=2\sqrt{X}$ 得：总收益 $TR=p\times q=170\sqrt{X}-12X$

$MRP_X=\frac{dTR}{dX}=\frac{85}{\sqrt{X}}-12$

$MFC_X=P_X=5$

根据利润最大化条件：$MRP_X=MFC_X$，$\frac{85}{\sqrt{X}}-12=5$

$X=25$

$q=2\sqrt{X}=10$

$P=85-3q=55$

2. 由 $Q=6L+3L^2-0.02L^3$，得 $MP_L=6+6L-0.06L^2$

于是 $VMP_L=P\cdot MP_L=2(6+6L-0.06L^2)=12+12L-0.12L^2$

由 $TFC_L=WL=60L+3L^2$，得 $MFC_L=60+6L$

根据利润最大化条件：$VMP_L=MFC_L$，$12+12L-0.12L^2=60+6L$，

有 $0.12L^2-6L+48=0$

得 $L_1=10$（$\pi''(L_1)>0$，舍去），$L_2=40$

这样，利润极大时 $L=40$

$Q=6\times40+3\times40^2-0.02\times40^3=3760$

$W=60+3\times40=180$

3. 由需求函数 $Q=110-P$，得 $P=110-Q$

由 $P=110-Q$ 和 $Q=2L$ 得 $TR=P\times Q=(110-Q)\times Q=(110-2L)\times 2L$

$MRP_L=220-8L$

由劳动力的供给函数 $L=\frac{1}{2}W-20$ 得 $W=2$（$L+20$）

$TFC_L=WL=2L^2+40L$

$MFC_L=4L+40$

根据利润最大化条件：$MRP_L=MFC_L$

$L=15$，$W=70$，$P=80$

4.（1）由生产函数 $Q=4L^{0.5}$ 得：$MP_L=2L^{-0.5}$

当产品市场为完全竞争市场时，$MRP_L=VMP_L=P\cdot MP_L=10L^{-0.5}$

当要素市场为完全竞争市场时，$MFC_L=P_L$

根据利润最大化条件：$VMP_L=MFC_L$

企业对要素的需求函数为：$P_L=10L^{-0.5}$

（2）由产品需求函数 $Q=200-10P$ 得：$P=20-0.1Q$

$TR=P\times Q=20Q-0.1Q^2$

$MR=20-0.2Q$

由生产函数 $Q=4L^{0.5}$ 得：$MR=20-0.8L^{-0.5}$

$MRP_L=MR\cdot MP_L=40L^{-0.5}-1.6$

根据利润最大化条件：$MRP_L=MFC_L=P_L$

企业对要素的需求函数为：$P_L=40L^{-0.5}-1.6$

5.（1）由 $D_L=S_L$ 得：均衡工资水平 $W=3$，均衡劳动数量 $L=300$

（2）均衡工资水平为 4 元/小时时，劳动的供给量 $S_L=100\times4=400$

劳动市场均衡时，$D_L=S_L=400$，新的就业水平是 400

假设政府补贴为每劳动单位 A 元，劳动的需求为 $D_L=-50$（$W-A$）$+450$

由 $D_L=400$，$W=4$ 得：$A=3$

政府需补贴给企业：$3\times400=1200$

企业付给职工的总补贴：$(4-3)\times400=400$

五、分析论述题

答：（1）基尼系数衡量一个社会的收入分配状况，基尼系数越小，收入分配越平等；基尼系数越大，收入分配越不平等。

（2）我国的基尼系数提高，说明收入分配的差距拉大。

（3）在市场经济条件下，人们的收入取决于他们向市场提供的生产要素的数量与价格，收入分配的不平等是市场经济的必然结果。适度的收入差距可以激励经济主体更努力地改善经济效率，有利于经济发展。

（4）收入分配不均会带来一系列的社会问题，特别是社会治安问题。要适当注意公平，尤其是壮大中等收入阶层，并实现社会保障。

第十章习题

一、单项选择题

1. D　2. A　3. D　4. D　5. C　6. C　7. B　8. D　9. C　10. C　11. A　12. D　13. D　14. B　15. C　16. C　17. C　18. D　19. B　20. D　21. A　22. C　23. D　24. B　25. D

二、多项选择题

1. ACD　2. ABC　3. AB　4. AB　5. ABC　6. ABC　7. ABC　8. AD　9. ABCD　10. AD

三、判断题

1. ×　2. ×　3. ×　4. ×　5. √　6. ×　7. ×　8. √　9. ×　10. √　11. ×　12. √　13. √　14. √　15. ×　16. ×　17. ×　18. √　19. ×　20. ×　21. ×　22. ×　23. ×　24. ×　25. √

四、计算题

1. 解：（1）假设两个企业不对外部进行干涉，则企业一的利润函数为：$\pi_1 = 80x - 2x^2$，利润极大化的条件是：$\frac{\partial \pi_1}{\partial x} = 80 - 4x = 0$，解得：$x=20$。此时 $\pi_1 = 80x - 2x^2 = 800$。企业二的利润函数为：$\pi_2 = P_y y - y^2 - 2xy = 20y - y^2$

利润极大化的条件是：$\frac{\partial \pi_2}{\partial y} = 20 - 20y = 0$，解得：$y=10$，此时$\pi_2=100$。

（2）假设两企业进行外部性问题的交涉，则 $\pi = \pi_1 + \pi_2 = 80x - 2x^2 + 20y - y^2$，

此时利润最大化的条件是：$\frac{\partial \pi}{\partial x} = 80 - 4x - 2y = 0$，$\frac{\partial \pi}{\partial y} = 60 - 2x - 2y = 0$

由上述两式解得：$x=10$，$y=20$。此时总利润为 1 000。

（3）对企业一的负外部效应没有法规限制时，两企业分配利润的原则是：

$\pi_1 + \pi_2 = 1000, \pi_1 \geqslant 800, \pi_2 \geqslant 100$

在有法规限制企业一的负外部效应时，企业二为了自身的成本最小化，会要求企业一的产量为零。这样企业二的利润函数为：$\pi_2 = P_y y - y^2$，利润最大化时，

$\frac{\partial \pi_2}{\partial y} = 60 - 20y = 0$，$y=30$，利润最大化为900。两企业分配利润的原则是：

$\pi_1 + \pi_2 = 1000, \pi_1 \geqslant 0, \pi_2 \geqslant 900$

（4）如果政府对企业一的生产征税，企业一的利润函数为：$\pi_1 = 80x - 2x^2 - tx$，

利润最大化的一阶条件为：$\frac{\partial \pi_1}{\partial x} = 80 - 4x - t = 0$，$t = 80 - 4x$

（5）如题设条件情况下，企业一的利润函数为：$\pi_1 = 80x - 2x^2 - tx$，企业二的利润函数为：$\pi_2 = 60y - y^2 - 2xy + tx$，由于能够无交易成本的自由交涉，则总利润函数为：$\pi = \pi_1 + \pi_2 = 80x - 2x^2 - tx + 60y - y^2 - 2xy + tx$

此时利润最大化的条件是：$\frac{\partial \pi}{\partial x} = 80 - 4x - 2y = 0$，$\frac{\partial \pi}{\partial y} = 60 - 2x - 2y = 0$

由上述两式解得：$x=10$，$y=20$，所以政府的税收补贴政策没有带来影响。

2. 答：（1）如果企业可以自由排放污染，则企业的利润为：

$\pi = pq - C(q) = (200-q)q - (q^2+60q+100) = -2q^2+140q-100$

利润最大化的一阶条件为：

$\frac{d\pi}{dq} = -4q+140=0$

解得企业的产出水平为：$q=35$；市场价格为：$p=200-q=165$。

（2）如果生产者必须内部化其外部效应，则企业的利润为：

$\pi = pq - C(q) - (100+400z) = -2q^2+100q-200$

利润最大化的一阶条件为：$\frac{d\pi}{dq} = -4q+100=0$

解得企业的产出水平为：$q=25$；市场价格为：$p=200-q=175$。

（3）上述计划不能消除污染物，即不能使污染量减少为零。

①在（1）中的情况下，污染物的数量为：

$z=0.1q=3.5$

②在（2）中的情况下，污染物的数量为：

$z=0.1q=2.5$

比较①和②可见，生产者内部化其外部性只能在一定程度上减轻污染程度，不能将污染减少为零。

（4）税收设计应该采用从量税，即对每单位产量征收一定的税。因为总量税显然不能改变企业的边际决策，如果不能改变企业的边际决策，就无法影响企业的产量和排放的污染量。

假设对企业每单位产量征税为 t，则企业的利润为：

$\pi=pq-C(q)-tq=-2q^2+(140-t)q-100$

利润最大化的一阶条件为：

$\frac{d\pi}{dq}=-4q+140-t=0$

要使污染排放量为（2）中的 $z=0.1(q)=2.5$，则企业的产量为：$q=25$，则有：

$-4q+140-t=-4\times25+140-t=0$

所以 $t=40$，即政府应对企业每单位产量征收 40 的税收。

3.（1）显然，任何承包大桥的公司都将作为一个垄断者出现，因此按垄断利润最大化来求解该问题：公司若承包，则其面临的决策为 $\pi=(25-0.5Q)Q-500$

对上式求导：$\frac{d\pi}{dq}=25-Q=0$ 从而最优的汽车数为：

$Q^*=25$，最优的过桥费为：$P^*=12.5$

但此时若有公司承包，$\pi=(25-0.5Q)Q-500=-187.5$，其利润为 -187.5，所以没有公司愿意承包。

（2）若政府根据每天通过的汽车数进行补贴，假设每辆汽车补贴 t，则承包公司面临的决策为：$\pi=(25-0.5Q)Q-500+tQ$

对上式求导：$\frac{d\pi}{dq}=25-Q+t=0$，解得最优的汽车数为：

$Q=25+t$，最优过桥费为：$P=\frac{25-t}{2}$

最大利润为：$\pi=(25-0.5Q)Q-500=\frac{(25+t)^2}{2}-500$

既要使补贴数最小又要公司愿意承包，所以最小的补贴额应该满足：

$\pi=\frac{(25+t)^2}{2}-500=0$

解得：$t^*=6.62$。

这时，最优汽车数为 $Q^*=31.62$，最优过桥费为 $P^*=9.19$。

（3）若政府一年一次给承包公司固定补贴，补贴数与通过车辆无关时，承包公司按照本题第 1 问的方式来决策，因为每天亏损 187.5，所以政府一年补贴的总数额应为：$187.5\times365=68437.5$。

4.（1）两个生产者独立经营时，$MC_H=\dfrac{H}{50}$，$MC_A=\dfrac{A}{50}$

在完全竞争市场上，养蜂人利润最大时，$MC_H=P_H=1$，蜂蜜的均衡产量 $H^*=50$，苹果园利润最大时，$MC_A=P_A=2$，苹果的均衡产量 $A^*=100$

（2）两个生产者合并经营时，总成本 $TC=C_H+C_A=\dfrac{H^2}{100}+\dfrac{A^2}{100}-H$

总收益 $TR=H\cdot P_H+A\cdot P_A=H+2A$

利润 $\pi=(H+2A)-\left(\dfrac{H^2}{100}+\dfrac{A^2}{100}-H\right)$

令 $\dfrac{\partial\pi}{\partial H}=0$，$H^*=100$

$\dfrac{\partial\pi}{\partial A}=0$，$A^*=100$

（3）蜂蜜产量 $H=100$ 时，$MC_H=\dfrac{H}{50}=2$，蜂蜜价格是 1 元，政府需要给养蜂人补贴 100 元。

五、分析论述题

答：不同意。电脑编写的新程序是一种科学技术研究中的创造性成果，这种研究成果的取得要耗费大量精力与资金，私人成本较高，但研究带来的创新常常难以受到保护，很容易为别人获得并使用和获益，这就是研究与开发中正的外部效应。人们从电脑编程创新中获得的私人利益小于社会利益。由于生产者没有获得全部的社会收益，产量会低于社会的最优水平，这样，潜在的生产能力没有充分发挥出来。如果该创新设计能申请专利保护，则创新者可通过生产和销售其产品获得大量利润，使私人利益接近社会利益，有效鼓励公众从事创新活动，如果没有专利保护，公众创新积极性会受到很大打击。因此，反对对软件进行版权保护的主张是不可取的。

第十一章习题

一、单项选择题

1.C　2.A　3.B　4.B　5.A　6.B　7.D　8.D　9.B　10.B　11.D　12.B　13.C　14.D　15.B　16.A　17.B　18.D　19.D　20.B　21.A

二、多项选择题

1. ABC　2. BD　3. ACD　4. BCD　5. ABC　6. ACD　7. BCD　8. BCD　9. AC　10. CD　11. AC

三、判断题

1. ×　2. ×　3. ×　4. ×　5. ×　6. √　7. ×　8. √　9. √　10. √　11. √　12. ×　13. ×　14. ×　15. ×　16. ×　17. ×　18. ×　19. ×　20. √　21. √　22. ×　23. ×　24. ×　25. √

四、计算题

1. (1) 按收入法，*GDP*＝工资＋利息＋租金＋利润＋间接税＝100＋10＋30＋20＋10＝170

(2) 按支出法，*GDP* ＝个人消费支出＋私人投资支出＋政府购买支出＋出口－进口＝100＋50＋30＋60－70＝170

(3) 个人可支配收入＝*GDP*－间接税－所得税＋政府转移支付＝170－10－30＋5＝135

储蓄＝个人可支配收入－个人消费支出＝135－100＝35

2. 折旧＝总投资－净投资＝800－300＝500

(1) *DNP*＝国内生产总值－折旧＝4800－500＝4300

(2) *GDP*＝*C*＋*I*＋*G*＋*NE*，*NE*＝*GDP*－*C*－*I*－*G*＝4800－3000－800－960＝40

出口－进口＝*NE*，进口＝出口－*NE*＝440－40＝400

(3) 设政府税收为 *T*，政府预算盈余＝*T*－*G*－转移支付，从而 *T*－转移支付＝30＋960＝990

(4) *PDI*＝*DNP*－*T*＋转移支付＝*DNP*－（*T*－转移支付）＝4300－990＝3310

(5) *S*＝*PDI*－*C*＝3310－3000＝310

3. 解：(1) 由个人可支配收入＝个人消费支出＋储蓄可知：

储蓄 *S* ＝个人可支配收入－个人消费支出＝4100－3800＝300（亿美元）

(2) 从国民收入核算的宏观经济恒等式可知：投资＝储蓄。并且从广义上说，储蓄是包含私人部门、政府部门和国外部门的储蓄：私人部门的储蓄即为个人可支配收入扣除个人消费支出后的余额；政府部门的储蓄表现为政府财政的盈余（或财政赤字）；国外部门的储蓄表现为贸易顺差（或贸易赤字即逆差）。

因此：投资 *I* ＝私人部门的储蓄＋政府部门的储蓄＋国外部门的储蓄＝300＋（－200）＋100＝200（亿美元）

（3）由国民生产总值 $GNP=C+I+G+(X-M)$ 可知：

政府支出 $G=GNP-[C+I+(X-M)]=5000-(3800+200-100)=1100$（亿美元）

五、分析论述题

答：（1）国内生产总值只计算本年内所生产而不是销售的最终产品的总价值。往年生产而在今年销售的或今年库存中的往年生产的产品不计入国内生产总值。所以，将已积压数年的产品推销出去不影响当年的国内生产总值。

（2）某居民不用保姆而是自己做饭，国内生产总值减少。保姆的劳务收入计入国内生产总值，而居民自我服务的劳动不计入国内生产总值。

（3）某公司卖掉一些当年生产的汽车不影响当年的国内生产总值，国内生产总值只计算本年内所生产而不是销售的最终产品的总价值。存货投资也计入国内生产总值，某公司卖掉当年生产的汽车，存货减少的价值等于消费支出增量，国内生产总值不变。

第十二章习题

一、单项选择题

1. C　2. A　3. D　4. B　5. B　6. A　7. B　8. C　9. D　10. D　11. B　12. A　13. B　14. D　15. D　16. C　17. C　18. A　19. C　20. A　21. C　22. A　23. C　24. A　25. C　26. B　27. A　28. D　29. A　30. B

二、多项选择题

1. BC　2. ABC　3. ABCD　4. ABC　5. ABCD　6. ABC　7. BCD　8. AC　9. ABCD　10. AB

三、判断题

1. ×　2. ×　3. ×　4. √　5. √　6. √　7. √　8. √　9. √　10. ×　11. √　12. ×　13. ×　14. ×　15. √　16. ×　17. √　18. √　19. ×　20. √

四、计算题

1.（1）由产品市场均衡条件 $Y=C+I+G$ 可得 IS 曲线为：

$Y=90+0.8Y_d+140-5r+50=90+0.8(Y-50)+140-5r+50=240+0.8Y-5r$

则 $Y=1200-25r$

由货币市场均衡条件 $L=M$，可得 LM 曲线为：$0.2Y=200$，即 $Y=1000$。这说明 LM 曲线处于充分就业的古典区域，故均衡收入不变。联立上两个方程得：$1000=1200-25r$，均衡利率 $r=8$，将均衡利率代入投资函数，可得投资 $I=140-5r=140-5\times8=100$。

（2）在其他条件不变的情况下，政府支出增加 20 亿美元将会导致 IS 曲线发生移动。由 $Y=C+I+G$ 可得新的 IS 曲线为：$Y=90+0.8Y_d+140-5r+70=90+0.8(Y-50)+140-5r+70=260+0.8Y-5r$

化简整理得：$Y=1300-25r$。与 LM 曲线 $Y=1000$ 联立得：

$1300-25r=1000$，均衡利率 $r=12$，代入投资函数得投资 $I=140-5r=140-5\times12=80$，而均衡收入仍为 $Y=1000$

2.（1）可支配收入：$Y_d=Y-t_n=Y-50$

消费：$C=30+0.8(Y-50)=30+0.8Y-40=0.8Y-10$

均衡收入：$Y=C+I+G+nx=0.8Y-10+60+50+50-0.05Y=0.75Y+150$

解得 $Y=\dfrac{150}{0.25}=600$，即均衡收入为 600。

（2）净出口余额：$nx=50-0.05Y=50-0.05\times600=20$

（3）由投资乘数 $k_i=\dfrac{\Delta y}{\Delta i}=\dfrac{0.8\Delta y+\Delta i-0.05\Delta y}{\Delta i}=0.8\dfrac{\Delta y}{\Delta i}+1-0.05\dfrac{\Delta y}{\Delta i}$

得：$(1-0.8+0.05)\dfrac{\Delta y}{\Delta i}=1$

$k_i=\dfrac{\Delta y}{\Delta i}=\dfrac{1}{1-0.8+0.05}=4$。

3. 当 $S=-1000+0.2Y$，$I=300$ 时，由产品市场均衡条件 $I=S$，

得：均衡收入 $Y=(1000+300)/0.2=6500$

当投资增至 $I=500$ 时，均衡收入 $Y=(1000+500)/0.2=7500$

$\Delta Y=7500-6500=1000$

（1）若消费是上期收入的函数，由储蓄函数 $S=-1000+0.2Y$

得：$a=1000$，$b=0.8$，消费函数为 $C_i=1000+0.8Y_{i-1}$

均衡收入 $Y_i=C+I_0$，则投资从 300 增至 500 过程中，第 1、2、3、4 期收入分别为：

$Y_1=0.8\times6500+1000+500=6700$

$Y_2=0.8\times6700+1000+500=6860$

$Y_3=0.8\times6860+1000+500=6988$

$Y_4=0.8\times6988+1000+500=7090.4$

消费分别为：

$C_1=1000+0.8\times6500=6200$

$C_2=0.8\times6700+1000=6360$

$C_3=0.8\times6860+1000=6488$

$C_4=0.8\times6988+1000=6590.4$

(2) 边际消费倾向为 $b=0.8$，投资乘数 $K=1/(1-0.8)=5$

4. (1) 均衡条件为 $Y=C+I$，这意味着：$Y=100+0.6Y+60$，所以均衡收入 Y 为 400。

(2) 储蓄为收入减去消费，此时收入为 400，根据消费函数，消费为 340，所以储蓄为 60。

(3) 根据均衡条件，$Y_f=1000$ 意味着：$1000=100+0.6\times1000+I$，投资等于 300。所以投资量应该增加 240。

(4) 投资乘数为边际储蓄倾向的倒数。在本题中，边际消费倾向为 0.6，所以边际储蓄倾向为 0.4，因此投资乘数为 2.5。

5. (1) 经济中的 IS 曲线为 $Y=C+I$，即：$Y=800+0.8Y+2200-100r$，得到：

$r=30-0.002Y$

(2) 经济中的 LM 曲线为 $L=\frac{M}{P}$，即：$0.5Y-250r=\frac{600}{P}$ 得到 $r=0.002Y-\frac{2.4}{P}$

(3) 利用 $IS-LM$ 曲线消去 r 得到总需求曲线为 $Y=7500+\frac{600}{P}$。

五、分析论述题

答：总需求曲线向右下方倾斜的原因有以下几方面：

①利率效应，即将价格水平变动引起利率同方向变动，进而使投资和产出水平反方向变动的情况。因为当物价上升后，人们就会需要更多的货币进行交易，那么就意味着货币需求增加，在货币供给不变的情况下，将会引起利率上升。而利率的上升直接就会导致投资水平的下降，因而，总支出水平和收入水平也会随之下降。从中可以看出，物价与国民收入之间是反方向变动的。

②实际余额效应。价格水平上升，使人们所持有的货币及其他以货币衡量的具有固定价值的资产的实际价值降低，人们会变得相对贫穷，于是人们的消费水平就相应地减少，从而国民收入也会随之减少，也可以看出，价格与国民收入之间是反方向变动的。

③税收效应。当价格上升后，会使人们的名义收入增加，而名义收入的增加会使人们进入更高的纳税档次，从而使人们的税负增加，可支配收入下降，进而人们的消费水平下降，也直接会影响到国民收入。同样可以看出，价格与国民收入之间是反方向变动的。

④进出口效应。假如一国的物价水平上升，在外国消费者看来，该国的商品价格相对上升，就会减少对该国商品的消费，从而导致该国出口减少；同时，在该国消费者看来外国的消费品价格相对下降，增加对外国商品的消费，并导致进口增加；一增一减，该国净出口下降，导致总需求减少，从而国民收入减少。同样可以看出，价格与国民收入之间是反方向变动的。

第十三章习题

一、单项选择题

1. D 2. C 3. C 4. D 5. C 6. D 7. B 8. B 9. C 10. D 11. D 12. B 13. A 14. B 15. C 16. C 17. A 18. B 19. D 20. C

二、多项选择题

1. AB 2. AC 3. ABC 4. BD 5. ABCD 6. BC 7. ABCD 8. BD 9. ACD 10. AC

三、判断题

1. × 2. × 3. × 4. √ 5. √ 6. × 7. √ 8. √ 9. √ 10. √ 11. × 12. √ 13. √ 14. × 15. √ 16. √ 17. √ 18. √ 19. √ 20. √

四、计算题

1. 由题意可知，第 t 年的国民收入 $Y_t=1000$ 亿元，资本—产出比 $v=2$。根据加速原理，在该生产技术条件下，获得 1000 亿元的国民收入需要使用的资本量为：$K_t=v\times Y_t=2\times1000=2000$ 亿元，又因为 t 年初的资本存量 $K_0=1800$ 亿元。则当年新增资本存量 ΔK（即净投资 I_t）为：$I_t=K_t-K_0=2000-1800=200$ 亿元，而总投资 $G_t=D_t+I_t=200+200=400$ 亿元。

依此类推：在第 $t+1$ 年：$K_{t+1}=v\times Y_{t+1}=2\times1120=2240$ 亿元，而 $K_t=2000$ 亿元。因此，$\Delta K_{t+1}=I_{t+1}=K_{t+1}-K_t=2240-2000=240$ 亿元，$G_{t+1}=D_{t+1}+I_{t+1}=200+240=440$ 亿元

在第 $t+2$ 年：$K_{t+2}=v\times Y_{t+2}=2\times1130=2260$ 亿元，而 $K_{t+1}=2240$ 亿元。所以，$\Delta K_{t+2}=I_{t+2}=K_{t+2}-K_{t+1}=2260-2240=20$ 亿元，$G_{t+2}=D_{t+2}+I_{t+2}=200+20=220$ 亿元。

在第 $t+3$ 年：国民收入不变，不需要增加净投资，$G_{t+3}=D_{t+3}=200$ 亿元。

2. 由题意和已知条件可得，2000 年国民收入水平为 $Y_{2000}=6000-400=5600$ 亿美元

2001 年消费支出 $C_{2001}=Y_{2000}\times$（$1-0.25$）$=4200$ 亿美元

2002 年消费支出 $C_{2002}=Y_{2001}\times$（$1-0.25$）$=4500$ 亿美元

根据加速原理，2002 年的新增投资为：$I_{2002}=(C_{2002}-C_{2001})\times v=600$ 亿美元

2002 年的总投资为：$I_d+I_{2002}=1500$ 亿美元

2002 年的国民收入为：$Y_{2002}=4500+1500=6000$ 亿美元

2003 年的消费支出 $C_{2003}=Y_{2002}\times(1-0.25)=4500$ 亿美元

根据加速原理，2003 年的新增投资为：$I_{2003}=(C_{2003}-C_{2002})\times v=0$

2003 年的总投资为：$I_d+I_{2003}=900$ 亿美元

2003 年的国民收入为：$Y_{2002}=4500+900=5400$ 亿美元

3. 解：已知 $Y=1000$ 亿美元，$C=800$ 亿美元，则：$S=1000-800=200$ 亿美元

储蓄率 $s=S/Y=200/1000=20\%$

为了使该年 200 亿美元的储蓄全部转化为投资，即 $I=S$，第二年有保证的增长率应为：$G_w=20\%/4=5\%$，此时，如果第二年的增长率达到 5%

$Y_2=1000\times(1+5\%)=1050$ 亿美元

$\Delta Y=Y_2-Y_1=50$ 亿美元

由 $v=4$，则投资 $I=\Delta Y\times v=50\times 4=200$ 亿美元

即该年 200 亿美元的储蓄正好在第二年全部转化为投资，经济实现均衡增长。

4. 由题意可知，$\dfrac{\Delta Y}{\Delta K}=\dfrac{1500}{300}=5$，即投资乘数为 5

由 $\dfrac{1}{1-b}=5$ 得 $b=\dfrac{4}{5}$，即该国边际消费倾向为 $\dfrac{4}{5}$

$s=0.2$

有保证的增长率 $G_w=\dfrac{s}{v}=\dfrac{0.2}{4}=0.05$

五、分析论述题

答：由于乘数和加速数的结合，经济中将自发地形成周期性的波动，它由扩张过程和收缩过程所组成，但是，即便依靠经济本身的力量，经济波动也有一定的界限。经济波动的上限是指无论怎样增加都不会超过一定界限，它取决于社会已经达到的技术水平和一切资源可以被利用的程度。在既定的技术条件下，如果社会上一切可被利用的生产资源已充分利用，经济的扩张就会遇到不可逾越的障碍，产量停止增加，投资也就停止增加，甚至减少。这就是经济波动的上限。经济波动的下限是指产量或收入无论怎样收缩都不会再下降的一条界限，它取决于总投资的特点和加速作用的局限性。因为总投资降至最小时即为本期不购买任何机器设备，也即总投资为零，它不可能小于零。这就构成了

衰退的下限。又因为从加速原理来看，它在没有生产能力剩余的情况下才起作用。如果厂商因经济收缩而开工不足，企业有过剩的生产能力，则加速原理就不起作用了。此时，只有乘数作用，经济收缩到一定程度后就会停止收缩，一旦收入不再下降，乘数作用又会使收入逐渐回升。这就是经济波动的下限。

第十四章习题

一、单项选择题

1. C　2. C　3. C　4. C　5. C　6. A　7. B　8. D　9. D　10. C　11. D　12. D　13. D　14. A　15. A　16. B　17. C　18. C　19. A　20. C

二、多项选择题

1. ABC　2. ABC　3. BD　4. BCD　5. AB　6. ACD　7. CD　8. ACD　9. ABC　10. ABD

三、判断题

1. ×　2. ×　3. ×　4. √　5. √　6. ×　7. ×　8. ×　9. ×　10. √　11. √　12. √　13. √　14. ×　15. ×　16. ×　17. √　18. ×　19. ×　20. √　21. ×　22. √　23. ×　24. √　25. √

四、计算题

1. 根据货币乘数的计算公式：$m=\dfrac{1+cr}{cr+rr}$，已知 $cr=0.2$，$rr=0.1$，则 $m=\dfrac{1+0.2}{0.2+0.1}=4$。已知 $M=1200$，$m=4$，根据公式 $m=\dfrac{M}{B}$，$B=300$ 万元，即中央银行需要在金融市场上购买 300 万元的政府债券。

2.（1）由产品市场均衡条件 $Y=C+I+G$ 可得 IS 曲线为：

$Y=40+0.8Y_d+140-10r+50=40+0.8(Y-50)+140-10r+50=190+0.8Y-10r$

则，$Y=950-50r$①

由货币市场均衡条件 $L=M$，可得 LM 曲线为：$0.2Y-5r=100$

$Y=500+25r$②

联立①②两个方程得 $950-50r=500+25r$，均衡利率 $r=6$，均衡收入 $Y=650$

（2）当政府购买从 50 亿美元增加到 80 亿美元时，IS 曲线为：

$Y=40+0.8Y_d+140-10r+80=220+0.8Y-10r$

则，$Y=1100-50r$③

联立③②两个方程得 $1100-50r=500+25r$，均衡利率 $r=8$，均衡收入

$Y=700$

（3）政府支出增加引起利率上升，使私人投资减少，存在“挤出效应”，

如果利率不变，则国民收入应该是 $Y=1100-50r=1100-50\times6=800$，挤出效应是国民收入的差额 100 亿美元。

五、分析论述题

答：当政府支出 1 000 亿元用于基础设施建设时，总需求的增加可能大于也可能小于 1 000 亿元。分析如下：

（1）当政府支出 1 000 亿元用于基础设施建设时，直接增加钢铁、建筑等企业的利润，利润增加又使企业雇佣更多工人，并增加生产。随着工人看到收入更多，企业所有者看到利润更多，他们对这种收入增加的反应是增加他们自己对消费品的支出。结果，政府对基础设施的投入还增加了经济中许多其他企业产品的需求。由于政府支出的每一元可以增加的物品与劳务的总需求大于一元，所以说政府购买对总需求有一种乘数效应。在这第一轮之后，这种乘数效应还会继续。当消费支出增加时，生产这些消费品的企业雇佣了更多工人，并有更高的利润。更高的收入和利润又刺激了消费支出，以此类推。因此，当政府支出 1 000 亿元用于基础设施建设时，总需求的增加会大于 1 000 亿元。

（2）在政府增加 1 000 亿元用于基础设施建设刺激了物品与劳务需求的同时，它也引起了利率上升，而且较高的利率往往减少了物品与劳务需求。这就是说，当政府购买增加了 1 000 亿元时，它也会挤出投资。政府支出增加还可能引起价格水平的上升，从而减少私人消费与投资，这也是一种挤出效应。这种挤出效应部分抵消了政府购买增加对总需求的影响。在这种情况下，总需求的增加可能会小于 1 000 亿元。总之，当政府增加 1 000 亿元的购买时，总需求的增加可以大于或小于 1 000 亿元，这取决于是乘数效应大还是挤出效应大。

参 考 文 献

朱明．2005．西方经济学（宏观部分习题集）［M］．第2版．西安：陕西师范大学出版社．

朱明．2004．西方经济学（微观部分习题集）［M］．第2版．西安：陕西师范大学出版社．

西方经济学教学题库编写组．2014．西方经济学教学题库（微观部分）［M］．镇江：江苏大学出版社．

张旭祥，等．2015．经济学基础［M］．北京：中国农业出版社．

尹伯成．2006．现代西方经济学习题指南（微观经济学）［M］．第5版．上海：复旦大学出版社．

高鸿业．2011．西方经济学［M］．第5版．北京：中国人民大学出版社．

黎诣远．2003．微观经济分析［M］．第2版．北京：清华大学出版社．

金圣才．2004．西方经济学（宏观部分）考研真题与典型题详解［M］．北京：中国石化出版社．

曼昆．2010．经济学基础［M］．第5版．北京：北京大学出版社．

胡放之，等．2014．宏观经济学学习指导与习题精解［M］．武汉：华中科技大学出版社．

图书在版编目（CIP）数据

《经济学基础》学习指导及习题集 / 张旭祥，邬晓鸥主编. —北京：中国农业出版社，2017.8

ISBN 978-7-109-23122-1

Ⅰ.①经… Ⅱ.①张…②邬… Ⅲ.①经济学—高等学校—教学参考资料 Ⅳ.①F0

中国版本图书馆 CIP 数据核字（2017）第 159172 号

中国农业出版社出版

（北京市朝阳区麦子店街 18 号楼）

（邮政编码 100125）

责任编辑 赵 刚

北京中兴印刷有限公司印刷 新华书店北京发行所发行

2017 年 8 月第 1 版 2017 年 8 月北京第 1 次印刷

开本：720mm×960mm 1/16 印张：15

字数：280 千字

定价：38.00 元